JN034712

Q&A これはよくわかる！
社団・財団・NPO法人の
運営・会計・税務

TKC全国会 公益法人経営研究会

専門研究委員・税理士
脇坂誠也

専門研究委員・税理士
石川広紀

TKC出版

はじめに

「新たに法人を設立するとき、どの法人格を選択すればよいのでしょうか？」

最近、このような質問をよくいただきます。法人を設立する際には、株式会社、合同会社などの営利法人に加え、特定非営利活動法人（ＮＰＯ法人）、一般社団法人・公益社団法人、一般財団法人・公益財団法人といった非営利法人も選択肢の一つになり得ます。

本書でも紹介していますが、昨今、ＮＰＯ法人、一般社団法人、一般財団法人が年々増えています。また、公益性の高い事業を行う公益社団法人、公益財団法人に移行する一般社団法人、一般財団法人も一定数存在します。

このように非営利法人を選択する事例が増えている背景には、法人設立時に、事業内容、資金の支援、意思決定の方法、課税関係を比較すると、営利法人よりも非営利法人のほうがふさわしい、またはメリットを享受できるケースがあるからにほかなりません。

本書では、営利法人と非営利法人との差異をさまざまな視点から論じ、ＮＰＯ法人、一般社団法人、一般財団法人、公益社団法人、公益財団法人の運営・会計・税務について解説します。

具体的には、各章で次のとおり解説しています。

第1章「非営利法人の歴史」では、営利法人と非営利法人との違いや、非営利法人の歴史、非営利法人はなぜ必要なのかについて解説します。各論として、共益活動と公益活動の違いや、社団法人と財団法人の違いなども論じています。

第2章「ＮＰＯ法人の運営・会計・税務」では、ＮＰＯ法人の特徴や存続要件をはじめ、その設立方法についても説明します。また、法人運営においては、毎事業年度所轄庁に提出する書類や定款変更について述べ、認定ＮＰＯ法人の制度についても解説しています。

第3章「一般社団法人・一般財団法人の運営・会計・税務」では、一般社団法人・一般財団法人を設立する方法をはじめ、法人税法上の取り扱いである非営利型法人・普通法人について解説します。また、法人運営についても、理事会・総会・評議員会の開催方法から情報公開まで詳細に紹介しています。

第4章「公益社団法人・公益財団法人の運営・会計・税務」では、一般社団法人・一般財団法人が公益社団法人・公益財団法人に移行するための手続きを解説します。移行するための要件である公益認定基準（特に、収支相償・公益目的事業比率・

遊休財産規制の財務3基準）や定款への規定をはじめ、行政庁の監督の一つである立入検査についても記載しました。また、公益法人会計基準で定められた公益法人が作成すべき書類についても紹介しています。

第5章「非営利法人の税制」では、各非営利法人を横断して、法人税・消費税・寄付金税制について解説します。例えば、法人税における収益事業課税、消費税における特定収入、寄付金税制における遺贈寄付など、それぞれ非営利法人特有な内容を中心に解説しています。

最終章である、第6章「ＮＰＯ法人、一般社団・財団法人、公益社団・財団法人の比較」では、第1章から第5章までの内容を踏まえて、法人設立時における法人格の選択肢をはじめ、営利法人と非営利法人との比較、非営利法人の中でもＮＰＯ法人、一般社団法人・一般財団法人、公益社団法人・公益財団法人における設立費用、法人運営、税制、寄付の優遇措置等の差異について、検討しました。

本書を通して、多くの非営利法人の関係者や非営利法人を支援する方々のお役に立つことができれば幸いです。

最後に、本書の出版にご尽力いただいた中村雅浩代表幹事をはじめとするＴＫＣ全国会公益法人経営研究会の皆様、本書の編集にご尽力いただいたＴＫＣ出版の柿崎法夫氏、矢部正樹氏に、心から感謝申し上げます。

令和３年４月

脇坂誠也

石川広紀

これはよくわかる！
社団・財団・ＮＰＯ法人の運営・会計・税務

目次

CONTENTS

第1章
非営利法人の歴史

第2章
NPO法人の運営・会計・税務

第5章 非営利法人の税制

Coffee Break

凡例

本書では、次の法令の名称をそれぞれ略称で記載しています。

法令名	略称	条文番号略称
一般社団法人及び一般財団法人に関する法律（平成18年法律第48号）	一般社団・財団法人法	法人法第○条、法人○
一般社団法人及び一般財団法人に関する法律施行令（平成19年政令第38号）		法人法施行令第○条
一般社団法人及び一般財団法人に関する法律施行規則（平成19年法務省令第28号）		法人法施行規則第○条
公益社団法人及び公益財団法人の認定等に関する法律（平成18年法律第49号）	公益法人認定法	認定法第○条、認定○
公益社団法人及び公益財団法人の認定等に関する法律施行令（平成19年政令第276号）		認定法施行令第○条
公益社団法人及び公益財団法人の認定等に関する法律施行規則（平成19年内閣府令第68号）		認定法施行規則第○条、認定規○
一般社団法人及び一般財団法人に関する法律及び公益社団法人及び公益財団法人の認定等に関する法律の施行に伴う関係法律の整備等に関する法律（平成18年法律第50号）	整備法	整備法第○条、整備○
一般社団法人及び一般財団法人に関する法律及び公益社団法人及び公益財団法人の認定等に関する法律の施行に伴う関係法律の整備等に関する法律施行令（平成19年政令第277号）		整備法施行令第○条
一般社団法人及び一般財団法人に関する法律及び公益社団法人及び公益財団法人の認定等に関する法律の施行に伴う関係法律の整備等に関する法律施行規則（平成19年内閣府令第69号）		整備法施行規則第○条
特定非営利活動推進法（平成10年法律第7号）		ＮＰＯ法第○条

※本書では、「特定非営利活動法人」を「ＮＰＯ法人」と記載しています。また、法律では「寄附」という用語が使われますが、本書では、一般的に使われる「寄付」という表現に統一しています。

ＴＫＣ全国会公益法人経営研究会（略称：ＴＫＣ公益研）は、ＴＫＣ全国会の中でも、特に公益法人制度と会計・税務に精通した会員により構成されたグループです。「一般社団・財団法人の新規設立」「移行認定申請のサポート」「公益法人会計基準への対応」「税務申告対応」「改正消費税の対応等の会計・税務全般」等、公益法人の支援を展開しています。
詳細はホームページ（https://www.tkc.jp/koueki/）をご覧ください。

ＴＫＣ公益研のホームページはこちら

第1章

非営利法人の歴史

Q01 営利法人と非営利法人はどう違うのでしょうか。

A **営利法人は事業活動により得た利益を構成員に分配することを目的とする法人ですが、非営利法人は、得た利益を構成員に分配せずに、次の活動に使用することを目的とする法人です。**

1．営利法人とは

営利法人とは、営利を目的として事業を営む法人です。「営利を目的とする」とは、事業活動によって得た利益を構成員に分配する、ということです。

株式会社、合名会社、合資会社、合同会社などが営利法人にあたります。株式会社の場合には、構成員である株主の経済的な利益を追求し、株主に利益を分配することを目的としています。

2．非営利法人とは

非営利法人は、利益を構成員に分配するのではなく、法人の目的を達成するために使用する組織です。本書のテーマである、一般社団法人、一般財団法人、公益社団法人、公益財団法人、ＮＰＯ法人は非営利法人です。ほかに、宗教法人、学校法人、社会福祉法人などもあります。

非営利法人は利益を得てはいけないと思っている人がいますが、それは間違いです。非営利法人が利益を得ても構いません。モノを販売したり、お金を支払って従業員を雇ったりしても問題ありません。ただ、得た利益は構成員には分配せず、次の活動のために使う必要があります。

また、非営利法人にはもう一つ、株式会社などの営利法人とは違う大きな特色があります。それは、「持分のない法人である」ということです。持分のないとは、その法人の持ち主（持分者）が誰もいない、ということです。株式会社であれば、株主がその法人の持分者です。しかし、非営利法人は、法人の目的を定めたり、実際に運営をしていったりする人はいても、その法人の持分者はいません。その法人の財産は、誰のものでもないということです。

3．非営利法人を選択するということ

株式会社などの営利法人ではなく、非営利法人を選択するということはどのようなことを意味するのでしょうか。

「公益社団法人や公益財団法人、認定ＮＰＯ法人になることで寄付金控除を受けられるようになる」「法人税が収益事業課税になり、会費や寄付金には原則として課税されない」などの税制上の違いはありますが、事業収益だけで成り立っている非営利法人にとっては営利法人と行っていることに大きな違いはないケースもあります。例えば、介護保険事業などは、営利法人でも非営利法人でも行われています。こうしたケースにおいて、非営利法人を選択するということにどのような意味があるのでしょうか。

非営利法人を選択するということは、私的な利益を目的としないことを公に表明するということです。非営利法人を選ぶことにより、周囲に志が伝わりやすくなり、賛同者が得られやすくなる側面があります。

一方で、非営利法人は賛同者を得る必要があることから、手間がかかり、営利法人よりも事業の自由度が低くなる側面もあります。また、配当を受けることはできず、法人の持分は誰のものでもないため、「とにかく稼ぎたい」という人には不向きです。

非営利法人は、利益を分配することを目的とするのではなく、利益を次の活動のために使うことが目的なので、非営利法人を見るにあたっては、定款や事業報告、ホームページなどから、その法人が何を目指しているのか、どんな成果を上げているのかを知ることが重要です。

図1.1　営利法人と非営利法人の違い

営利法人	・事業活動によって得た利益を構成員に分配することを目的とする。 ・株主等にその法人に対する持分がある。 （例）株式会社、合同会社、合名会社、合資会社　など
非営利法人	・利益を上げることは構わない。 ・得た利益を構成員に分配せず、次の活動のために使用することを目的とする。 ・法人は誰のものでもない（持分者がいない）。 （例）ＮＰＯ法人、一般社団法人、一般財団法人、公益社団法人、公益財団法人、社会福祉法人、学校法人　など

Q02 非営利法人の歴史を教えてください。

A 非営利法人の制度は明治の時代からありましたが、行政の縛りがきつく、自由な活動が制限されていました。1998年にNPO法が成立し、行政の指導監督を受けずに簡易に法人格を取得できる非営利法人の制度が生まれました。2008年には、公益法人制度改革により、従来の公益法人制度が、2つの制度に分かれ、簡易に法人格が取れ、自由に活動できる一般社団法人・一般財団法人と、公益認定等委員会などの認定を受けて税制上の優遇がある公益社団法人・公益財団法人の制度ができました。

1．従来の社団法人・財団法人の制度

非営利法人という法人自体は昔からありました。我が国においても、財団法人・社団法人などの公益法人の制度は1896年（明治29年）の民法制定の時点で存在していました。しかし、現在の制度とは違い、公益法人の設立には行政の許可が必要であり、公益性の有無等の審査は行政の裁量に委ねられていました。しかも、設立後も行政の指導監督のもとにおかれて、自由な活動が制限されていました。つまり、民間が行政からの指導監督を受けずに公益的な活動をしようとしても、非営利法人となる道はなく、株式会社として活動するか、法人格は取らずに任意団体として活動するしかありませんでした。

例えば、不登校の子どもなどが通うフリースクールは、学校法人や社団法人として設立することはできませんでした。フリースクールを運営する団体が法人格を取得しようと思ったら、株式会社などの営利法人にするしかなく、法人格は取りたいけれども、仕方なく任意団体として活動している団体がたくさんありました。

これに風穴を開けたのが、1998年のＮＰＯ法の成立です。行政の指導監督を受けずに、簡易に法人格を取得できる非営利法人の制度が生まれ、フリースクールのような団体でも非営利法人として設立できるようになったのです。

2. ＮＰＯ法の成立

ＮＰＯ法成立の契機になったのは、1995年の阪神淡路大震災でした。この震災で救援活動に参加したボランティアは150万人以上といわれています。行政はできるだけのことはしましたが、「常に公平で均一なサービスを提供しなければいけない」という行政の大原則が、障害になりました。多様なニーズに行政は応えられないことが、災害をきっかけに露呈したのです。また、主務官庁の指導監督が厳しい社団法人や財団法人なども、災害のような予定していない緊急的な事業を行政の許可を得ないで実施することに制約がありました。

これに対して、民間のボランティア団体は、すべての人に均質のサービスを提供する必要がないため、機動力と柔軟性という特質を遺憾なく発揮しました。柔軟性があるということは、ある意味では不公平ともいえますが、だからこそ行政にはできないことができたというわけです。

そのような中で、1998年、ＮＰＯ法は成立しました。ＮＰＯ法が成立する前は、非営利法人はすべて許認可制で、行うことができる事業は限られ、行政からの日常的な指導監督もありましたが、ＮＰＯ法の成立によって、行政の指導監督を受けない非営利法人を設立できるようになったのです。ＮＰＯ法では、法令に定める要件を満たしていれば、所轄官庁は必ず設立を認める認証主義を取っています。また、法令や定款に違反がある恐れがある場合を除き、呼び出しや調査をすることができません。日常のＮＰＯ活動には口を出せないことになっています。

さらに、2001年には、ＮＰＯ法人の中でより公益性の高い法人に税制上の優遇を与える認定ＮＰＯ法人制度もできました。

3. 公益法人制度の改革

ＮＰＯ法が1998年に施行されて10年。今度は、明治以来続いてきた公益法人（社団法人・財団法人）に関する法制度が2008年12月に抜本的に変わりました。

従来の公益法人制度は、主務官庁制、許可主義であり、法人の設立と公益性の判断は一体でした。主務官庁制とは、公益法人の設立および指導監督に関する権限は、主務官庁に与えられるものです。許可主義とは、団体に法人格を与えるかどうかを行政庁の自由な裁量に任せ、個別的に許可を与える主義をいいます。

この公益法人制度が大きく変わり、主務官庁制、許可主義が廃止され、法人の設立と公益性の判断が次のように分離されました。

①非営利の社団、財団について、公益性の有無にかかわらず、定款を作成するなどの手順を踏んで登記すれば設立できる、一般社団法人・一般財団法人制

度を創設

② 「一般社団法人」「一般財団法人」のうち、申請があった法人について、民間有識者からなる合議制機関の意見に基づき公益性を判断し、公益性が高い法人を認定して税制上の優遇措置を与える、公益社団法人・公益財団法人制度を創設

つまり、法人格の取得と公益性の判断を分けた2階建ての制度になったのです。

図1.2　非営利法人の歴史

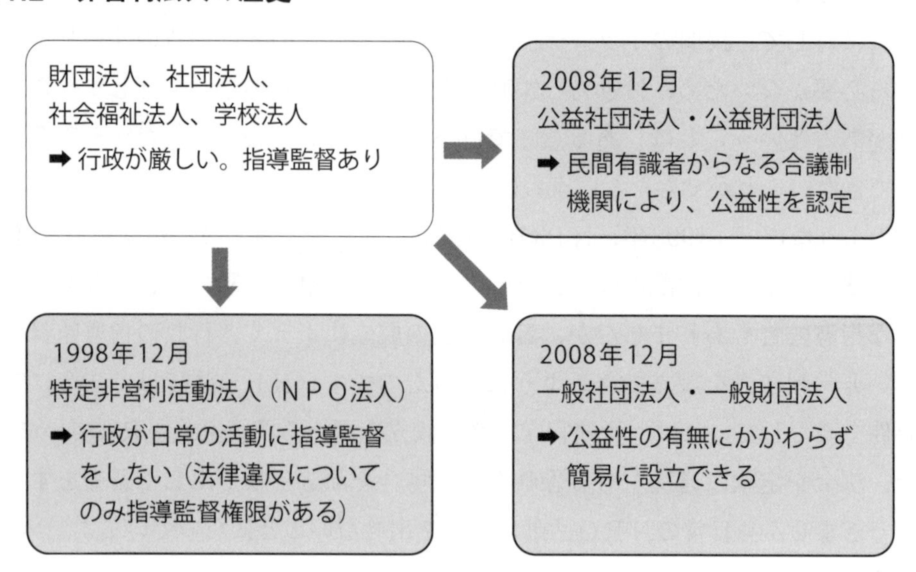

「ＮＰＯ」と「ＮＰＯ法人」

ＮＰＯは、「Non Profit Organization」の略称ですので、「非営利組織」のことです。ジョンズ・ホプキンズ大学非営利セクター国際比較プロジェクトでは、ＮＰＯを次のように定義しています。

① **非営利：**利益を分配しないこと。ただし、組織を維持したり、公益的な活動に使ったりするために利益を獲得することは構わない。その利益を出資者などで分け合わないということ。この点で、公益的な精神で行われていたとしても、株式会社はＮＰＯではない。
② **非政府：**民間の組織であり、政府から独立していること。行政に依存する度合いが高い公益法人などはこの点でＮＰＯとはいえない。
③ **形式：**組織としての体裁を備えていること。一時的な活動を前提とするような組織はＮＰＯには含めない。
④ **自立性：**他組織に支配されず、独立して組織を運営していること。独立した意思決定のできない、何かの付属機関であるような組織は、ＮＰＯとはいえない。
⑤ **自発性：**自発的に組織され、寄付やボランティア労働力に部分的にでも依存していること。報酬の有無にかかわらず、自発的に社会の役に立とうと活動をしている人がいるような組織でないとＮＰＯとはいえない。

我が国では、特定非営利活動法人のことを、通称「ＮＰＯ法人」というため、「ＮＰＯ＝ＮＰＯ法人」のことだと思っている人も多いのですが、世界的には、非営利組織のことを「ＮＰＯ」と呼びます。つまり、一般社団法人・一般財団法人や公益社団法人・公益財団法人でも、上記のような条件を備えている団体は「ＮＰＯ」といえるのです。

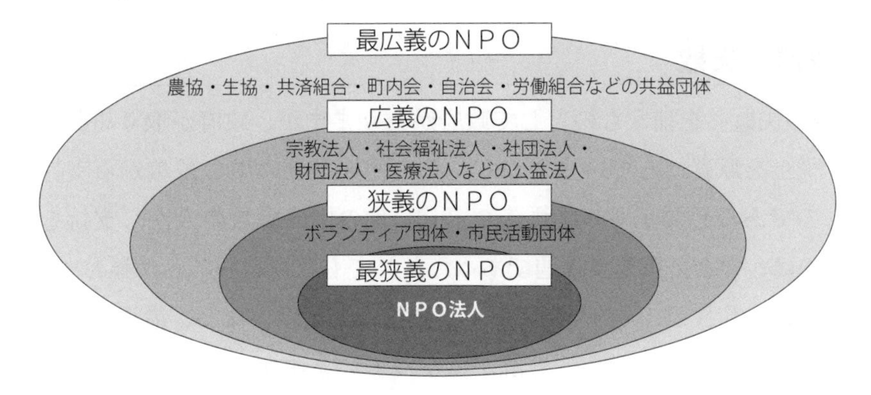

出典：大阪市ボランティア・市民活動センターホームページ内の図をもとに一部改変

Q03 非営利法人は、なぜ必要なのでしょうか。

A 多様な社会にあってさまざまな課題がある中で、その課題解決には市場原理や公的支援だけでは補うことができず、そこには非営利法人が必要となっています。一般に、「市場の失敗」と「政府の失敗」と説明されることが多いです。この理論について説明します。

1．市場の失敗

「市場の失敗」とは、市場原理に任せておくと、必要な財やサービスが世の中に供給されないことをいいます。

市場は、食料品や衣服、自動車、娯楽など個人的に消費されるものを扱う上では非常に優れています。このような品物は、市場において消費者という需要と、企業などによる供給が価格メカニズムを通して適切に調整されます。

しかし、このような市場原理だけでは十分に供給できない財やサービスが世の中にはたくさんあります。震災が起こったときに、適切に被災者に支援物資を届けることは市場原理ではできません。障害者、ひとり親などの弱者への適切なサービスや、引きこもりなどの社会的課題も、解決するには市場だけでは限界があります。

このようなものを補うのが政府の役割の一つです。しかし、政府だけに頼ることにも限界があり、民間の支援も必要といわれるゆえんです。

2．政府の失敗

「市場の失敗」を補うものとして政府がありますが、政府が取り組む事業というのは、税金を原資にしていますから、その使途は世の中の多数から支持を受けているものである必要があります。つまり、世の中の多数の人から支持を受けていないものは、たとえ重要な課題であったとしても取り組むことが難しいのです。

例えば、ＬＧＢＴ（性的少数者）や不登校、発達障害など、最近はマスコミなどでも取り上げることが増え、理解が広がっていますが、少し前までは、多くの人は、ほとんど理解がなかったのではないでしょうか。こういう問題を政府が真正面から取り上げ、税金を使って支援していくには、とても長い年月がかかり、政府に頼っていてはいつまでも支援を受けられない場合があります。

こうしたことから、非営利組織は、「多数の人の支持を得られない、あるいは理解されないかもしれないけれど大切な問題に取り組む組織」として必要とされているということができます。

また、国民の大多数の支持がある場合でも、政府の行動には、煩雑さ、対応の遅さ、官僚的な反応などがつきものです。例えば、震災支援に際して政府は、迅速性や柔軟性に欠けている部分があるとしばしば指摘されます。公平性を重視する政府としては致し方ない部分もありますが、政府の支援の限界を感じるところです。

このように、公平性を重視するあまりに迅速性や柔軟性に欠ける政府を補うために、非営利組織が必要だともいわれています。

図1.3　非営利組織はなぜ必要なのか？

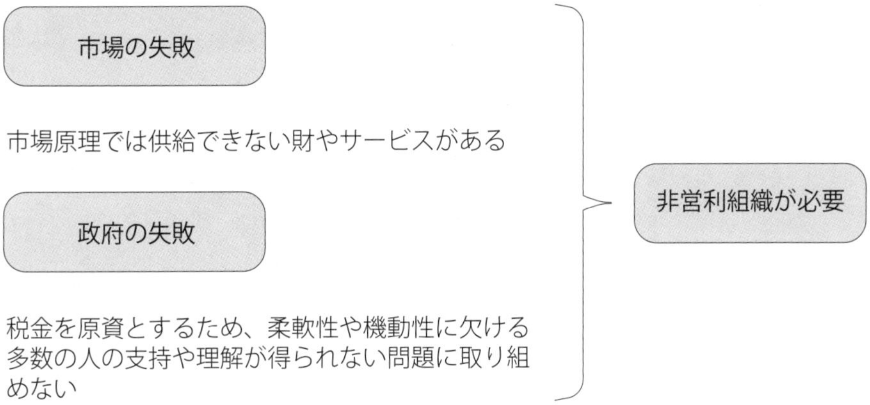

市場の失敗

市場原理では供給できない財やサービスがある

政府の失敗

税金を原資とするため、柔軟性や機動性に欠ける
多数の人の支持や理解が得られない問題に取り組めない

→ 非営利組織が必要

休眠預金等活用法

2018年1月より、休眠預金等活用法が施行されました。休眠預金とは、10年以上お金の出し入れがなく、金融機関との取引がない状態の預金等をいい、払戻額を差し引いても、年間700億円程度発生しているといわれています。この忘れられたお金を民間公益活動に活用しようと始まったのが休眠預金等活用法です。

休眠預金は、国・自治体では対応が困難な社会課題に対し、ＮＰＯなどの民間団体が行う、以下の公益活動に対して活用されます。

1．子どもや若者の支援
2．日常生活などで困難を有する人の支援
3．社会的に困難な状況に直面する地域の支援

民間の団体が民間の団体を公募して助成事業を選ぶこと、伴走支援を行うこと、複数年度の支援が可能なことなどが特徴です。新型コロナウイルス感染症拡大に対する緊急支援枠が創設されたこともあり、多くの非営利法人が休眠預金を活用した事業を展開し始めています。

Q04 共益活動と公益活動はどう違うのでしょうか。

A 共益活動とは、「特定の人たちの利益を目的とする活動」のことで、公益活動とは、「不特定多数の者の利益を目的とする活動」のことです。公益社団法人、公益財団法人、ＮＰＯ法人は、公益活動を主たる活動とする法人ですが、一般社団法人、一般財団法人は、共益活動、公益活動のどちらが主たる活動でも構いません。

1.「共益」と「公益」の違い

特定の人たちの利益を目的とする活動のことを「共益」といいます。同窓会のようなものがその典型です。「同窓会」は、通常、参加メンバーの利益のために活動するので「共益」団体です。

一方、不特定多数の者の利益を目的とする活動のことを「公益」といいます。国際協力を行う団体は、途上国の人たちのために活動をしますから、不特定多数の者の利益を目的としているということで、「公益」団体です。

2.「共益を目的とした法人」と「公益を目的とした法人」

明治時代に制定された民法では、営利法人と公益法人に分けていました。社団法人や財団法人、学校法人、社会福祉法人なども、公益を目的とした法人、つまり公益法人です。1998年に制定されたＮＰＯ法人も、公益法人の一種としてできました。しかし、ＮＰＯ法人ができても、経済的な利益は目的としないが、専ら構成員の利益を図ることを目的として設立される団体、つまり共益団体は法人格を取得できませんでした。

この問題を改善するために、2002年に中間法人法が制定され、中間法人ができました。しかし、中間法人は、法人税の取り扱いが全所得課税であったこともあり、あまり設立されませんでした。そして2008年に、一般社団・財団法が制定され、これまでに設立された中間法人は一般社団法人に移行することになりました。

こうした背景から、非営利法人は「共益を目的とした法人」と「公益を目的とした法人」に分かれています。整理すると、ＮＰＯ法人や公益社団法人・公益財団法人は「公益を目的とした法人」、公益法人の一種です。これに対し、一般社団法人・一般財団法人は、「共益を目的とした法人」、「公益を目的とした法人」のどちらでも設立することができるというわけです。

図1.4　共益を目的とした法人と公益を目的とした法人

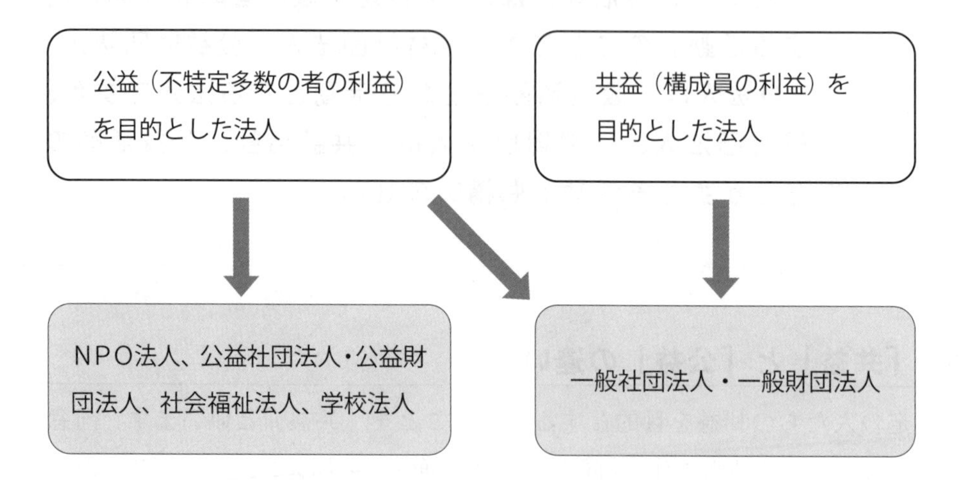

Q05 社団法人と財団法人はどう違うのでしょうか。

A 社団とは、一定の共同目的のために複数人が組織的に結合した人の団体であり、永続性を有するものです。財団とは、一定の目的のために寄付された財産の集合体です。2008年の公益法人制度改革で、登記だけで簡単に設立できる「一般社団法人・一般財団法人」と、公益認定等委員会が公益性を認定して税制上の優遇を受ける「公益社団法人・公益財団法人」に分かれました。

1．社団法人とは

社団とは、一定の共同目的のために複数人が組織的に結合した人の集合体であり、永続性を有するものです。構成員の加入脱退の自由が予定され、団体意思（社員総会）に基づいて選ばれた代表機関によって運営されます。そのような団体に法人格を与えたものが「社団法人」です。

株式会社も、ＮＰＯ法人も、株主総会、社員総会の意思決定に基づき選ばれた理事が運営をしますので、社団の一形態といえます。

社団法人は、その構成員である社員（一般的には「正会員」といわれる人）による社員総会により、目的を変更することも可能です。

一般社団法人、公益社団法人は、社員が2名以上いれば設立できますが、ＮＰＯ法人は、社員が10名以上いないと設立できません。また、一般社団法人は、監事は任意である一方、公益社団法人やＮＰＯ法人は必須であるなど、法人格により違いはありますが、基本的な仕組みは同じです。

社団法人の運営形態の典型的なパターンを図1.5に示します。

2．財団法人とは

財団とは、一定の目的のために寄付された財産の集合体です。財団を構成する寄付財産は、個人財産とは分別管理されます。このような団体に法人格を与えたものが「財団法人」です。

財団法人の目的は、財産を拠出した設立者の意思を実現することです。その設立者の意思を実現するために、評議員会を構成し、評議員会が理事を選任し、理事で構成された理事会が業務を執行します。

財団法人の目的は設立者の意思を実現することなので、財団法人の目的を変更することは原則としてできません。ただし、定款に評議員会で目的の変更ができる旨を定めた場合は、変更することができます。

財団法人の運営形態の典型的なパターンを図1.6に示します。

図1.5　社団法人の機関設計

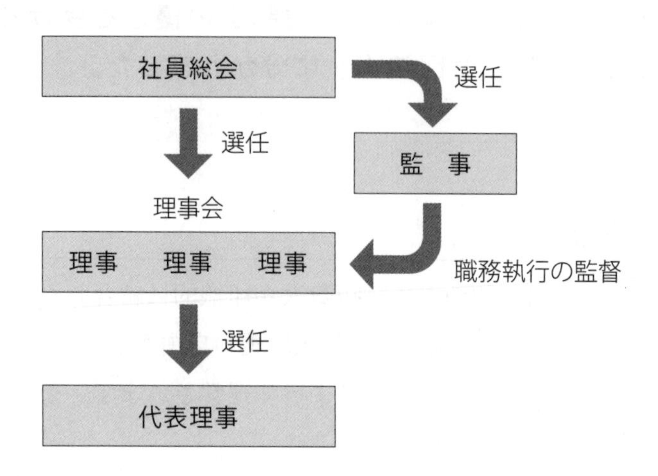

図1.6　財団法人の機関設計

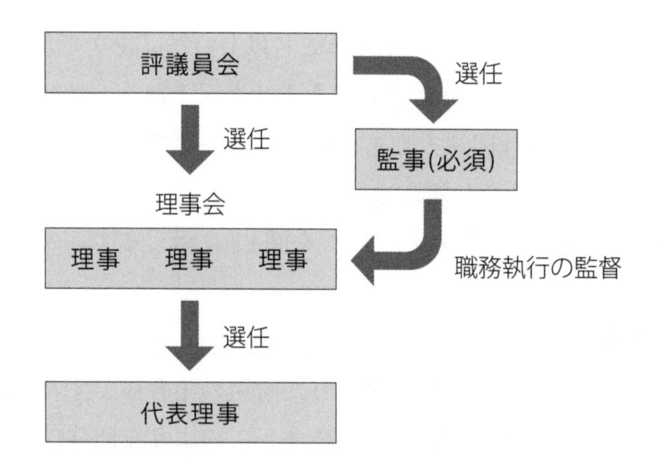

3．社団法人と財団法人の違い

両者の機関設計を見ると、財団法人は、社団法人の社員総会が評議員会に置き換わっただけのように見えます。しかし、社団法人の社員総会と財団法人の評議員会は、その位置づけが違います。

社団法人における社員総会は、何か一定の目的を実現するために集まった人たちの集合体です。社員総会で、その法人がどのようなことを目指していくのかを決めることができます。社員総会は最高の意思決定機関です。

それに対して、財団法人の評議員会というのは、設立者の意思を実現するためにきちんと運営されているかどうかについて代表理事、理事等の役員を監視するという役割です。

設立者の意思を実現するために存在するのが財団法人です。それを実際に運営するのは役員です。役員に任せておくと、設立者の意思を実現しているかどうかが担保されない恐れがあるので、それを介する人たちとして評議員という人たちがいます。設立者が理事や評議員になることもありますが、財団法人は設立者が亡くなった後も継続していきますので、設立者の意思の実現を監視する役割として評議員会が位置づけられています。

図1.7　社団法人と財団法人の違い

社団法人	財団法人
・一定の共同目的のために複数人が組織的に結合した人の団体であり、永続性を有するもの。 ・構成員の加入脱退の自由が予定され、団体意思（社員総会）に基づいて選ばれた代表機関によって運営される。 ・株式会社も、ＮＰＯ法人も、株主総会、社員総会の意思決定に基づき選ばれた役員が運営をするので、社団の一形態。	・一定の目的のために寄付された財産の集合体。 ・財団を構成する寄付財産は、個人財産とは分別管理される。 ・創立者の意思を実現することが目的（目的の変更は、定款に定めていない限りできない）。 ・評議員会によって選ばれた役員が運営し、評議員会が牽制・監督する。

Q06 NPO法人、一般社団法人・一般財団法人、公益社団法人・公益財団法人は、どれくらいありますか。

A NPO法人は、約5万1,000法人、一般社団法人は約6万5,000法人、一般財団法人は約7,700法人、公益社団法人は約4,200法人、公益財団法人は約5,500法人です。合計すると、約13万4,000法人になります。

1. NPO法人

ＮＰＯ法人は、5万1,042法人（2020年10月末現在。内閣府ＮＰＯホームページより）が認証されています。1998年にＮＰＯ法ができてから、急激にその数を増やしましたが、2014年度に5万法人を突破してからは、同じくらいの数で推移しています。[1]

ＮＰＯ法人のうち、税制上の優遇がある認定ＮＰＯ法人は、2020年10月末現在で、1,177法人（同上）になります。2011年度までは244法人でしたが、2011年のＮＰＯ法改正（2012年4月1日施行）後に急速に増加しています。

2. 一般社団法人・一般財団法人

一般社団法人は、6万5,682法人（2020年12月24日現在。国税庁、法人番号検索サイトより）あります。年間6,000法人前後が増加しており急速にその存在感を増しています。2008年の公益法人制度改革前から社団法人であった法人のうち、一般社団法人に移行した法人は、7,281法人[2]なので、現在の一般社団法人の大部分は、2008年の公益法人制度改革後に設立された法人ということになります。

一般財団法人は、7,706法人（同サイト）あります。年間の増加法人数は200～300法人です。2008年の公益法人制度改革前から財団法人であった法人のうち、

1　ＮＰＯ法人を国税庁の法人番号公表サイトで検索すると、5万9,128法人（2020年12月24日現在）と出て、内閣府のホームページの数字と大きな開きがあります。所轄庁からの認証は取り消されているが、登記はそのままにしているＮＰＯ法人が多いのではないかと推測されます。
2 「公益法人制度改革の進捗と成果について」内閣府　平成26年8月

一般財団法人に移行したのは4,398法人なので、一般財団法人については、その半数以上は、2008年の公益法人制度改革前から財団法人として活動していた法人と思われます。

3．公益社団法人・公益財団法人

公益社団法人は、4,206法人（2020年12月24日現在。国税庁、法人番号検索サイトより）あります。2008年の公益法人制度改革前から社団法人であった法人のうち、公益社団法人に移行した法人は3,967法人なので、公益社団法人の大部分は2008年の公益法人制度改革前から社団法人として存在していた法人ということになります。

公益財団法人は、5,577法人（同サイト）あり、公益社団法人よりも数は多くなります。2008年の公益法人制度改革前から財団法人であった法人のうち、公益財団法人に移行したのは5,083法人なので、公益財団法人も、その多くが2008年の公益法人改革前から財団法人として存在していたということになります。

図1.8　ＮＰＯ法人、一般社団法人・一般財団法人、公益社団法人・公益財団法人の数や傾向

法人類型	法人数	特　色
ＮＰＯ法人	約5万1,000法人 うち認定ＮＰＯ法人は約1,200法人	近年は5万法人強で推移 認定ＮＰＯ法人は増加傾向
一般社団法人	約6万5,000法人 （7,281法人）	年間約6,000法人ほどのペースで増加 2008年の公益法人制度改革後に設立された法人が大部分
一般財団法人	約7,700法人 （4,398法人）	年間200～300法人増加 半分以上は、2008年の公益法人制度改革前から存在していた法人
公益社団法人	約4,200法人 （3,967法人）	2008年の公益法人制度改革前から存在していた法人が大部分
公益財団法人	約5,500法人 （5,083法人）	2008年の公益法人制度改革前から存在していた法人が大部分

※括弧内は、2008年12月の新しい公益法人制度施行時に存在していた法人のうち、それぞれの法人に移行した法人数

諸外国の非営利組織の状況

英国では、民間公益活動の主体は「チャリティ」と呼ばれており、400年を超える歴史があります。チャリティ法に定めるチャリティ目的の事業を行うものは、法人形態か非法人形態かを問わず、原則として、チャリティ委員会に申請して認定を受け、登録チャリティ（Register Charity）になります。登録チャリティ数は、約16万団体あります。我が国の公益法人制度は、英国のチャリティ制度を参考にしてできた制度です。

一方、米国では、内国歳入法第501条C項3号に定められている団体に寄付者の寄付に対する所得控除などがあり、その数は、130万ほどあるといわれています。この501（C）3の資格を持つ団体のことを、一般に米国におけるＮＰＯといいますが、我が国のＮＰＯよりもずっと範囲が広く、宗教団体、私立学校、非営利の病院なども含まれます。我が国の認定ＮＰＯ法人制度の認定要件の中心であるパブリック・サポート・テストは、米国の制度を参考にしてつくられたものです。ＮＰＯ法人制度も、米国の制度を参考にしているといわれています。

＜第1章　参考文献＞

脇坂誠也『社会起業家のためのＮＰＯ・新公益法人Ｑ＆Ａ』三和書籍、2009年12月

レスター・Ｍ・サラモン『米国の非営利セクター入門』ダイヤモンド社、1994年3月

澤村明、田中敬文、黒田かをり、西出優子『はじめてのＮＰＯ論』有斐閣ストゥディア、2017年4月

第2章

NPO法人の運営・会計・税務

Q01 ＮＰＯ法人の特徴を教えてください。

A 市民が行う自由な社会貢献活動の健全な発展を促進するためにできた公益法人です。所轄庁[1]が公益性の判断を行うのではなく、情報公開により公益性を担保します。

１．ＮＰＯ法の目的

ＮＰＯ法の目的は、その第1条で、次のように掲げられています。

> この法律は、特定非営利活動を行う団体に法人格を付与すること並びに運営組織及び事業活動が適正であって公益の増進に資する特定非営利活動法人の認定に係る制度を設けること等により、ボランティア活動をはじめとする市民が行う自由な社会貢献活動としての特定非営利活動の健全な発展を促進し、もって公益の増進に寄与することを目的とする。

ここでは、次の2つのことをいっています。

①公益の増進に寄与すること

②市民が行う自由な社会貢献活動の健全な発展を促進すること

上記①は、ＮＰＯ法人が公益を目的とする法人であることを宣言したものです。これ自体は、他の法人の法律にも同じような表現があり、目新しいことではなくＮＰＯ法の特色としては、むしろ②のほうにあります。

単に公益的な活動をするだけではなく、「市民が行う自由な社会貢献活動の健全な発展を促進すること」が目的です。ボランティアをしたい、寄付をしたい、社会貢献をしたい、そういう人たちを結びつけ、その力を社会につなげ問題解決を図る、それがＮＰＯ法人の果たすべき役割です。

1　所轄庁とは、ＮＰＯ法人の認証権及び監督権を持つ行政機関を指します。原則として主たる事務所が所在する都道府県知事になりますが、その事務所が一の指定都市の区域内のみに所在する場合は、その指定都市の長になります（ＮＰＯ法第９条）。

２．ＮＰＯ法の公益性の考え方

ＮＰＯ法ができるまでは公益法人の公益性は行政が判断していました。行政が審査をして許可されなければ設立することができなかったのです。

それに対し、ＮＰＯ法では、市民活動の公益性は、後から市民がつくっていくものであり、行政が判断するものではないと考えられています。ＮＰＯ法人は、市民から信頼を得て、新しい公益的なサービスを提供することが期待されています。

ＮＰＯ法第29条と第30条によって、「ＮＰＯ法人は、毎事業年度1回、事業報告書、会計報告書等を所轄庁に提出し、所轄庁はそれを公開しなければいけない」とされています。多くの人は、ＮＰＯ法人になると所轄庁に毎年1回事業報告書等を提出し、所轄庁のチェックを受けなければいけないと考えていますが、ＮＰＯ法が目指していることは、法律に違反していないことを所轄庁がチェックすることと、それを一般の人が見られるように情報公開の手伝いをすることです。

事業報告書等を提出すると、提出された事業報告書、会計報告書、定款、役員名簿、社員名簿等は、誰でも所轄庁で閲覧、謄写できるだけでなく、ウェブ上に設置された内閣府のＮＰＯ法人ポータルサイトから容易に入手することができます。これはほかの法人にはない制度です。

参考

内閣府　ＮＰＯ法人ポータルサイト
https://www.npo-homepage.go.jp/npoportal/

Q02 NPO法人は、どのような要件を備えている必要がありますか。

A 特定非営利活動を行うことを主たる目的とするなど、以下の要件（1．NPO法人の要件）を満たすことが必要です。

1．NPO法人の要件

（1） 特定非営利活動を行うことを主たる目的とすること

特定非営利活動とは、不特定かつ多数の者の利益の増進に寄与するもので、次に掲げる20分野（NPO法別表）のいずれかに該当するものです。

1. 保健、医療又は福祉の増進を図る活動
2. 社会教育の推進を図る活動
3. まちづくりの推進を図る活動
4. 観光の振興を図る活動
5. 農山漁村又は中山間地域の振興を図る活動
6. 学術、文化、芸術又はスポーツの振興を図る活動
7. 環境の保全を図る活動
8. 災害救援活動
9. 地域安全活動
10. 人権の擁護又は平和の推進を図る活動
11. 国際協力の活動
12. 男女共同参画社会の形成の促進を図る活動
13. 子どもの健全育成を図る活動
14. 情報化社会の発展を図る活動
15. 科学技術の振興を図る活動
16. 経済活動の活性化を図る活動
17. 職業能力の開発又は雇用機会の拡充を支援する活動
18. 消費者の保護を図る活動

19. 前掲の1～18に掲げる活動を行う団体の運営又は活動に関する連絡、助言又は援助の活動
20. 前掲の1～19に掲げる活動に準ずる活動として都道府県又は指定都市の条例で定める活動

公益的な活動は、この20分野のいずれかに該当すると考えられます。

また、「不特定多数の者の利益の増進に寄与する」活動ですので、共益的な活動を主たる目的とする団体はＮＰＯ法人にはなれません。そのような団体は、一般社団法人を目指すことになります。

（2） 営利を目的としないこと

「営利を目的としない」とは、収益事業を行ってはいけない、給与などの必要経費を支払ってはいけないということではなく、構成員に利益を分配しないということです。

（3） 活動の目的が宗教活動、政治活動、選挙活動ではないこと

活動の目的が次のいずれにも該当しないことが必要です。

・宗教活動（宗教の教義を広め、儀式行事を行い、及び信者を教化育成する）
・政治活動（政治上の主義の推進、支持、反対）
・選挙活動（特定の公職の候補者もしくは公職にある者又は政党の推薦、支持、反対）

（4） 社員の資格の得喪に関し、不当な条件を付さないこと

ＮＰＯ法人は、合理的な理由もなく社員を特定のものに限定したり、特定の者を排除したりするようなことは禁止されています。この「社員の資格の得喪」の要件は、公益社団法人・公益財団法人になるための公益認定の要件にもあります（153頁参照）。

ただし、ここでいう「不当な条件」を付さないことというのは、例えば活動のために専門的資格を有していることを入会の条件としている場合など、その団体の活動にとって合理的な条件であれば認められます。

（5） 役員のうち、報酬を受ける者の数が3分の1以下であること

ＮＰＯ法人の非営利性を担保するための規定で、他の法律にはない、ＮＰＯ法独特の規定です。詳しくは、本章Ｑ12（59頁）を参照ください。

（6）暴力団でないこと

暴力団又は暴力団の構成員の統制の下にある団体でないことが必要です。

（7） 10人以上の社員を有すること

10人以上の社員が必要であるという規定は、ＮＰＯ法人が、社会貢献活動の活性化を目的とした市民参加型の法人であることを特色づける規定です。

（8） 理事、監事を置くこと

理事3名以上、監事1名以上を置くことが定められています。

Q03 ＮＰＯ法人を設立する方法を教えてください。また、設立に際して留意すべき事項はありますか。

A ＮＰＯ法人は、所轄庁の認証を受けて設立する認証主義を採用しています。所轄庁の認証を受け、法務局に登記して設立します。

１．ＮＰＯ法人の機関設計

ＮＰＯ法人には、社員総会のほか、３人以上の理事及び１人以上の監事を置かなければいけません（ＮＰＯ法第15条）。

理事会は、ＮＰＯ法に規定されておらず、法定機関ではありませんが、大部分のＮＰＯ法人は理事会を設置しています。

●ＮＰＯ法人の機関設計

社員総会 ＋ 理事 ＋ 理事会※ ＋ 監事

（※理事会は法定機関ではなく、設置義務はないが、大部分のＮＰＯ法人が設置）

２．ＮＰＯ法人の設立手続きの流れ

ＮＰＯ法人の設立手続きの流れは、次のとおりです。

定款や設立趣意書の作成

⬇

設立総会の開催

⬇

所轄庁へ設立認証の申請（ＮＰＯ法第10条第１項）

⬇

所轄庁で提出書類の一部を公衆に縦覧（同法同条第２項）

⬇

所轄庁が認証（又は不認証）を書面により通知（同法第12条第３項）

⬇

法務局へ設立登記（同法第13条第１項）

⬇

所轄庁へ設立登記完了届出書等を提出（同法同条第２項）

3．定款や設立趣意書などを作成

中心メンバー（設立発起人）が集まり、ビジョン、ミッションを策定し、定款、設立趣意書、事業計画書などを作成します。

ビジョンとは、「その法人がどんな社会の状況や状態を目指しているのか」ということです。例えば、がんに関する普及啓発を目指す法人のビジョンとしては「がんになっても生きがいのある社会を実現すること」を掲げています。

ミッションとは、ビジョンの実現に向けたその法人の社会的な役割です。先の例でいえば、「がんに関するあらゆる情報を、科学的根拠に基づき発信していく」などです。

4．設立総会の開催

設立当初の社員が集まり、発起人で作成した定款などについて議決します。任意団体からＮＰＯ法人化をした場合には、任意団体の財産の新法人への引継ぎなども決議します。

5．設立認証の申請

所轄庁へ設立認証申請書等を提出します。提出するのは、次の書類です。

1. 定款
2. 役員名簿（役員の氏名及び住所又は居所並びに各役員についての報酬の有無を記載した名簿）
3. 役員の就任承諾書及び誓約書の謄本
4. 役員の住所又は居所を証する書面
5. 社員のうち 10 人以上の氏名及び住所又は居所を示した書面
6. 認証要件に適合することを確認したことを示す書面
7. 設立趣旨書
8. 設立についての意思の決定を証する議事録の謄本
9. 設立当初の事業年度及び翌事業年度の事業計画書
10. 設立当初の事業年度及び翌事業年度の活動予算書

「設立当初及び翌事業年度の事業計画書、活動予算書」は、設立趣意書や定款に掲げられた事業と整合性のあるものを作成する必要があります。これは、設立時に、今後どのような事業を、どれくらいの規模で行っていくと考えているのかを申請して公開する書類であり、実際の事業がそのとおりでなかったとしても問題になることはありません。

6．所轄庁で提出書類の一部を公衆に縦覧

ＮＰＯ法人が所轄庁に設立認証の申請、定款変更の認証申請等をした場合には、所轄庁が申請書を受理した日から1か月間[2]（所轄庁により短縮可）、次に掲げる書類が縦覧されます。

これにより、誰でも希望すれば縦覧書類を見ることができます。

1. 定款
2. 役員名簿
3. 設立趣旨書
4. 設立当初の事業年度及び翌事業年度の事業計画書
5. 設立当初の事業年度及び翌事業年度の活動予算書

7．所轄庁が認証（または不認証）を書面により通知

所轄庁は、正当な理由がない限り、申請書を受理した日から3か月以内に認証または不認証をし、書面により通知します。

所轄庁は、申請が認証基準に適合すると認めるときには設立を認証しなければならないとされています。 また、その確認は書面審査によって行うことが原則とされています。なお、認証にかかる手数料はありません。

8．法務局へ登記

法人設立の認証書を受け取った団体は、その認証書が到達した日から２週間以内に、その主たる事務所の所在地を管轄する法務局（登記所）において、ＮＰＯ法人設立の登記をしなければなりません（組合等登記令第2条）。

必要な書類は、次のとおりです。

2　2020年12月2日に、ＮＰＯ法改正案が国会で可決し、設立時や定款変更時に義務付けられている申請書類の縦覧について、縦覧期間が現行の1か月から2週間に短縮することになりました。その結果、法律施行後は、認証又は不認証までの期間は、2.5か月になります。法律の施行は、令和3年6月9日とされており、本書の発刊時に法律は施行されていませんので、以下、施行前の法律で記載をします。

・設立登記申請書
・印鑑届書
・認証書の写し
・定款の写し
・役員の就任承諾書及び宣誓書の写し
・設立当初の財産目録の写し
・代表者の印鑑証明書
・法人印

主たる事務所以外に事務所がある場合には、設立の登記をした後、それぞれの事務所の所在地を管轄する法務局において2週間以内に登記をしなければなりません（組合等登記令第11条）。

なお、登記にかかる登録免許税は非課税です。

9．所轄庁への届け出

登記後、遅滞なく設立登記完了届出書類（設立登記完了届出書1部、登記事項証明書1部、設立当初の財産目録1部）を所轄庁に提出します。

図2.1　ＮＰＯ法人設立の流れ

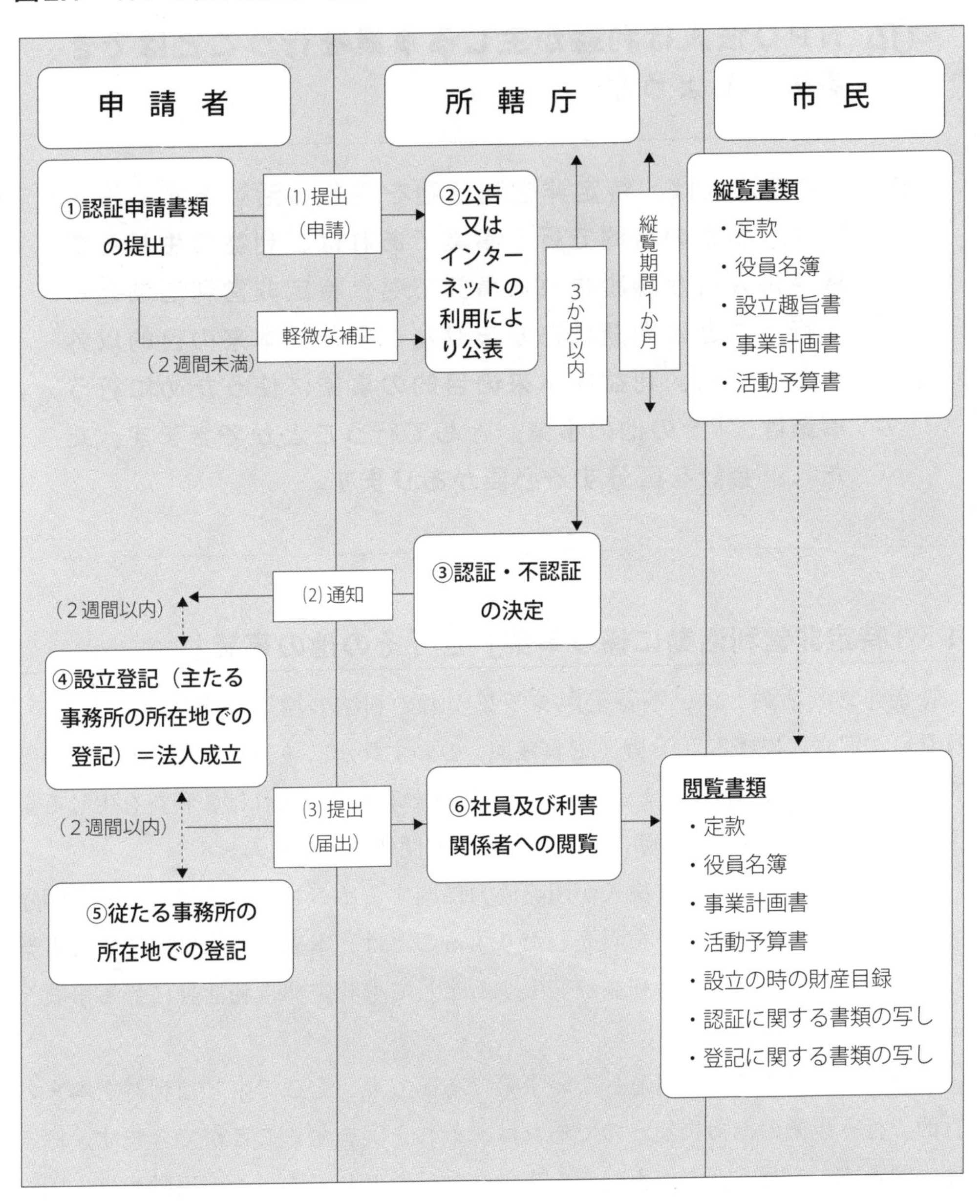

出典：「特定非営利活動促進法に係る諸手続の手引き」内閣府政策統括官（経済社会システム担当）付参事官（共助社会づくり推進担当）

Q04 NPO法人は利益が生じる事業を行うことはできるのでしょうか。

A NPO法人は、特定非営利活動を主たる活動とする法人です。本来の目的で行う事業であれば、利益の生じる事業や法人税が課税される事業でも、特定非営利活動として行うことに問題はありません。また、本来の目的以外であっても、利益を本来の目的の事業に使うために行う事業は、「その他の事業」として行うことができます。ただし、会計を区分する必要があります。

1.「特定非営利活動に係る事業」と「その他の事業」

特定非営利活動とは、不特定かつ多数の者の利益の増進に寄与するもので、ＮＰＯ法別表に掲げる20分野（22頁参照）のいずれかに該当するものです。そのＮＰＯ法人の本来の目的（ミッション）に関連する事業であれば、利益を生じる事業であっても特定非営利活動に係る事業として問題ありません。

例えば、国際協力を行う法人が国際協力に関するイベントを開催したり、国際協力に関連するカレンダーを販売したりすることは、本来の目的に関連する事業なので、その事業によって利益が発生するとしても特定非営利活動に係る事業と考えます。

一方で、本来の目的に関連しない事業であっても、そこで生じた利益を本来の目的で行う事業のために使うのであれば、それを実施することができます。例えば、国際協力を行う法人が不動産の寄付を受けたとします。その不動産は、国際協力という本来の活動には使い道がありませんが、他人に賃貸し、その賃貸収入で得た利益を本来の活動に充てるとします。この場合、不動産賃貸業は国際協力に関連する活動ではないので特定非営利活動に係る事業にはなりませんが、事業を「その他の事業」として行うことはできます。

ただし、「その他の事業」はＮＰＯ法人の本来の目的で行う事業ではないので、そのような事業を行うためにはいくつかの決まりがあります。

2.「その他の事業」とは

ＮＰＯ法第5条では、「その他の事業」について、次のように掲げられています。

> 特定非営利活動法人は、その行う特定非営利活動に係る事業に支障がない限り、当該特定非営利活動に係る事業以外の事業（以下「その他の事業」という。）を行うことができる。この場合において、利益を生じたときは、これを当該特定非営利活動に係る事業のために使用しなければならない。
>
> 2　その他の事業に関する会計は、当該特定非営利活動法人の行う特定非営利活動に係る事業に関する会計から区分し、特別の会計として経理しなければならない。

まとめると、次のようになります。

①特定非営利活動に係る事業に支障がない限り行うことができる。

②利益を生じたときは、特定非営利活動に係る事業のために使用する。

③会計は、特定非営利活動に係る事業に関する会計と区分する。

「その他の事業」に関する会計を、特定非営利活動に係る事業に関する会計から区別する方法は、ＮＰＯ法人会計基準に示されています。

その他の事業で利益を生じたときは、特定非営利活動に係る事業のために使用しなければいけないので、その他の事業の利益相当額は「経理区分振替額」で振り替え、その他の事業の「当期正味財産増減額」は0円になります。その他の事業で赤字が経常化しているような場合には、「その他の事業を行うことが特定非営利活動に係る事業に支障がある」とみなされ、所轄庁の報告徴収等の対象になることがありますので注意が必要です。

3. ＮＰＯ法上の「その他の事業」と法人税法上の「収益事業」との関連

ＮＰＯ法人は、法人税法上の収益事業を行う場合に法人税が課税されますが、法人税法上の収益事業とＮＰＯ法上の「その他の事業」は法律の根拠が違いますので、まったく別のものになります。

法人税法上の収益事業は、法人税法施行令で定められた34の事業を、継続的に事業場を設けて行われる事業をいいます（208頁参照）。

例えば、ＮＰＯ法人の本来の目的に関連した書籍の出版やグッズの販売を継続的に行っている場合には、ＮＰＯ法上は、特定非営利活動に係る事業になりますが、法人税法上は収益事業として課税対象になります。したがって、法人税法上の収益事業を行っている場合でも、ＮＰＯ法上の「その他の事業」を行っていなければ、理事会、総会で承認を受け、所轄庁に提出する活動計算書は図2.2のような、「その他の事業を実施している場合の活動計算書」ではなく、79頁のような活動計算書になります。

図2.2　その他の事業を実施している場合の活動計算書

（名称）×××

活動計算書

××年××月××日から××年××月××日まで

（単位：円）

	特定非営利活動	その他の事業	合　計
Ⅰ 経常収益			
1. 受取会費	×××		×××
2. 受取寄付金	×××		×××
3. 事業収益	×××	×××	×××
4. その他収益	×××		×××
経常収益計	×××	×××	×××
Ⅱ 経常費用			
1. 事業費			
(1)人件費			
・・・・・	×××	×××	×××
(2)その他経費			
・・・・・・	×××	×××	×××
2. 管理費			
(1)人件費			
・・・・・	×××		×××
(2)その他経費			
・・・・・・	×××		×××
経常費用計	×××	×××	×××
経理区分振替額	×××	△×××	×××
当期正味財産増減額	×××	×××	×××
前期繰越正味財産額	×××	×××	×××
次期繰越正味財産額	×××	×××	×××

図2.3　ＮＰＯ法上の「その他の事業」と法人税法上の「収益事業」の関係

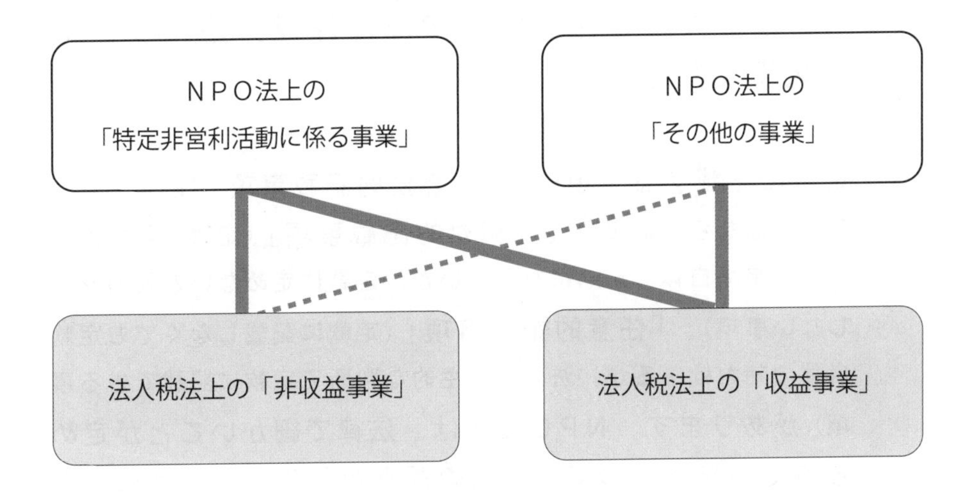

※ＮＰＯ法上の「その他の事業」が法人税法上の「非収益事業」になることは極めて稀なケースと思われます。

Q05 ＮＰＯ法人設立における定款の作成方法について教えてください。

A 定款に記載する事項には、「必要的記載事項」（必ず記載しなければならない事項）、「相対的記載事項」（定款に記載がなくても定款自体は無効にならないが、定款に定めないと効力を生じない事項）、「任意的記載事項」（定款に記載しなくても定款自体の効力はあるが、法人の自主的な判断で定款に記載できる事項）があります。ＮＰＯ法人は、法律で細かいことが定められていませんので、法人の運営がしやすいように、定款でさまざまなことを決められます。

1．定款の作成

定款とは、法人の組織や運営についての根本的な規則を書面にしたものです。ＮＰＯ法人を設立するためには、定款を作成しなければいけません（ＮＰＯ法第10条第1項）。ＮＰＯ法はかなり簡素につくられており、それぞれの法人が自分たちでつくったルールに基づいて運営することが重視されています。

定款の記載事項は、必要的記載事項、相対的記載事項および任意的記載事項に分けることができます。

2．必要的記載事項

定款に必ず記載しなければならない事項を必要的記載事項といいます。ＮＰＯ法では、次の事項を規定しています（ＮＰＯ法第11条第1項）。

（1） 目　的

法人の事業活動が社会にもたらす効果や、どのような意味で社会の利益につながるのか、法人としての最終目標等が具体的かつ明確に伝わるように記載します。

（2） 名　称

特に制限はありませんが、国や自治体の機関等と誤認するおそれのある名称や、特定の個人や企業等団体の名称を用いることは不適当です。なお、英文名や略称を付ける場合は、次のように表記します。

例：「また、英文名を□□□□といい、略称を○○会とする。」

（3） その行う特定非営利活動の種類及び当該特定非営利活動に係る事業の種類

ＮＰＯ法別表に掲げる20項目（22頁参照）のいずれかに属する活動を記載します。

（4） 主たる事務所及びその他の事務所の所在地

「主たる事務所」と「その他の事務所（＝従たる事務所）」を明確に区分した上で、設置する事務所をすべて記載します。ただし、記載が必要となるのはそれぞれの事務所所在地の最小行政区画（市町村など、東京都の場合特別区）まででよく、それ以下の住所は任意的記載事項です。

（5） 社員の資格の得喪に関する事項

社員となりうる資格、入会・退会の自由、除名、会員の種別などの手続きを定めておきます。

（6） 役員に関する事項

役員の任期は、絶対的記載事項です。

役員の人数について、理事は3人以上、監事は１人以上を置かなければいけません。なお、役員の定数は「○○人以上○○人以下」というように上限と下限を設けることもできます。

（7） 会議に関する事項

総会や理事会に関する事項です。

総会の招集方法は、絶対的記載事項です。

定款で理事会等に委任しているもの以外は、すべて社員総会の議決事項になります。

「定款の変更」、「解散」、「合併」以外の事項については、その権能を社員総会にするか理事会にするかを決めることができます。

（8） 資産に関する事項

資産の構成、種類、管理、運用方法、処分等を記載します。

（9） 会計に関する事項

会計の原則、会計の区分、予算の作成方法、会計書類の作成などを記載します。

（10） 事業年度

事業年度の開始日や終了日については、自由に決めることができます。

（11） その他の事業を行う場合には、その種類その他当該その他の事業に関する事項

その他の事業を行わない場合には記載しません。

(12) 解散に関する事項

解散の際には、定款に特別の定めがない限り、社員総数の4分の3以上の承諾が必要です。

(13) 定款の変更に関する事項

定款変更の際には、定款に特別の定めがない限り、社員総数の2分の1以上が出席する社員総会において、「その出席した社員の4分の3以上の議決」が必要です。

(14) 公告の方法

公告は、次のいずれかの方法で定めることができます。

①官報に掲載する方法

②時事に関する事項を掲載する日刊新聞紙に掲載する方法

③電子公告

④主たる事務所の公衆の見やすい場所に掲示する方法

3. 相対的記載事項

定款に記載がなくても定款自体は無効になることはありませんが、定款に定めないと効力を生じない事項です。定款で定めることでＮＰＯ法の要件よりも定款の記載が優先されます。代表的なものを次に記載します。

(1) 理事の代表権の制限（ＮＰＯ法第16条）

理事長のみが法人の代表権を有する場合に記載します。もしそのような記載がない場合には、理事の全員が代表権を持つことになります。

(2) 定款の変更に関わる特別多数要件の変更（ＮＰＯ法第25条第2項）

定款変更は、社員総会において社員総数の2分の1以上が出席し、その出席者の4分の3以上の多数をもってしなければいけませんが、定款に特別の定めがあるときは、その記載が優先されます。

(3) 解散の決議に関する特別多数要件の変更（ＮＰＯ法第31条の2）

解散の決議は、総社員の4分の3以上の賛成がなければすることができませんが、定款に別段の定めがあるときは、その記載が優先されます。

(4) 役員の任期の伸長（ＮＰＯ法第24条第2項）

定款で役員を社員総会で選任するとしている場合において、後任の役員が選任されていないときに限り、定款で定められた任期の末日後、最初の社員総会が終結するまでその任期を伸長することの定めをおくことができます。

（5） 社員による臨時総会の開催請求に必要な社員数（NPO法第14条の3第2項）

臨時社員総会の招集は、社員総数の5分の1以上を必要としますが、定款をもってこれを増減することは可能です。

（6） 総会の決議事項の事前通知原則の例外規定（NPO法第14条の6）

社員総会で、あらかじめ通知していない事項も議決できるようにするためには、「ただし、議事が緊急を要する場合は、当日総会出席者総数の●分の▲以上の議決により議題とすることができる」などと加えて規定します。

（7） 残余財産の帰属先（NPO法第32条第2項）

残余財産の帰属は、定款に帰属先を定めない場合、または帰属先が明確でない場合は、国または地方公共団体に譲渡されるか国庫に帰属されることとなります。

定款に定める場合には、次に掲げる者のうちから選定されるようにしなければいけません（NPO法第11条第3項）。

①国または地方公共団体

②公益社団法人または公益財団法人

③学校法人

④社会福祉法人

⑤更生保護法人

⑥特定非営利活動法人

4．任意的記載事項

定款に記載しなくても定款自体の効力はありますが、法人の自主的な判断で定款に記載できる事項です。

任意的記載事項については、定款以外の規定で定めることも可能です。将来変更する可能性があるものについては、定款ではなく「規定」などに定めておく方法もあります。

例えば、正会員以外の会員の種別を定款で定めるかどうかは、任意的記載事項になります。

Q06 ＮＰＯ法人の一事業年度の流れについて教えてください。

A ＮＰＯ法人は、社員総会の決議を経たうえで、事業年度終了後3か月以内に事業報告書等を所轄庁に提出しなければいけません。

1．一事業年度の流れ

ＮＰＯ法人における一事業年度の流れは、図2.4のとおりです。なお、3月決算を前提としています。

図2.4　ＮＰＯ法人の一事業年度の流れ

（3月決算の場合）

月	会計	法人運営	税務
4月	決算業務		法人地方税均等割の免除申請（収益事業を行っていない場合）
5月		・監事監査 ・理事会の開催 ・定時社員総会の開催／公告 ・所轄庁へ事業報告書等の提出 ・役員変更登記	消費税の税務申告
6月			法人税等の税務申告
7月			
8月			
9月			
10月			
11月			
12月			年末調整
1月		事業計画等策定業務	法定調書・給与支払報告書の提出
2月			
3月			

2．社員総会・所轄庁への報告のスケジュール

定時社員総会は、毎事業年度の終了後、3か月以内に開催します。

社員総会終了後に、所轄庁に事業報告書等を提出します（49頁参照）。認定

ＮＰＯ法人の場合には、上記以外に、役員報酬規程等の提出が必要です（71頁参照）。

期限内に所轄庁にこれらの書類を提出することは、認定ＮＰＯ法人の認定要件にもなっているので、認定ＮＰＯ法人及び認定を目指しているＮＰＯ法人は、期限内にこれらの書類を提出することは、特に重要です。

3年以上にわたって事業報告書等が未提出の場合には、認証が取り消されることがあります（ＮＰＯ法第43条）。

また、任期中に役員の氏名又は住所の変更があったとき、役員が新たに就任したとき、任期満了と同時に再任したときは、遅滞なく「役員変更等届出書」を所轄庁に提出します。

再任、任期満了、死亡、辞任、解任、代表者変更、住所の変更等の場合には、「役員の変更届出書」と変更後の役員名簿を、新任の場合には、これらに加えて、就任承諾書及び誓約書の写しと、役員の住所又は居所を証する書面の提出が必要です。

また、認定ＮＰＯ法人の場合には、助成金の支給を行った場合、支給後、遅滞なく「助成金の支給を行った場合の実績の提出書」と「助成金支給実績」を提出します。

所轄庁への提出書類のスケジュール（認定ＮＰＯ法人以外）

<事業年度終了後3か月以内>

事業報告書、活動計算書、貸借対照表、財産目録、前事業年度の年間役員名簿、前事業年度末日における社員のうち10人以上の者の名簿

<変更の事由が生じた場合>

役員変更届出書、変更後の役員名簿

認定ＮＰＯ法人の所轄庁への提出書類のスケジュール

上記書類に加え

<事業年度終了後3か月以内>

役員報酬規程等提出書、前事業年度の役員報酬又は給与の支給に関する規定、前事業年度の収益の明細等、認定基準に適合している旨及び欠格事由に該当していない旨を説明する書類

<支給が行われた場合>

助成金の支給を行った場合の実績の提出書、助成金支給実績

Q07 ＮＰＯ法人の社員総会開催までの流れ（招集、議題、議事録）とその運営方法について教えてください。

A 社員総会開催の大まかな流れは、①社員総会の招集、②社員総会当日に各議題の決議・報告、③社員総会終了後の議事録の作成、備置きです。

１．ＮＰＯ法人の社員総会

ＮＰＯ法人は、少なくとも毎年1回、通常総会を開かなければいけません（ＮＰＯ法第14条の2）。通常総会の時期は法律では定められていませんが、所轄庁に事業報告書や会計報告書を提出するのが事業年度終了後3か月以内なので、通常総会も事業年度終了後3か月以内に開催することになります。

また、臨時総会は、理事が必要と認める場合（ＮＰＯ法第14条の3第1項）、社員の5分の1以上から請求があった場合（ＮＰＯ法14条の3第2項）、監事が、監査の結果、不正の行為や定款違反などを発見した場合（ＮＰＯ法第18条第3号、第4号）に招集することができます。「社員の5分の1」という要件は、定款で増減することができます。

２．社員総会の招集

（1） 招集の方法

ＮＰＯ法人は、社員総会の招集の通知は、その社員総会の日より少なくとも5日前に目的である事項を示し、定款で定めた方法に従って行わなければなりません（ＮＰＯ法第14条の4）。

なお、定款で社員総会の招集通知の期限を5日前よりも前にすることは問題ありません。また、定款で定めれば、電磁的方法（電子メール等）で招集通知を送ることも可能です。

（2） 招集通知に記載する事項

招集通知に記載する事項にはＮＰＯ法の定めはありませんが、多くのＮＰＯ法人は、定款に「招集するときに記載する事項」を載せています。

社員総会で決議する事項は、原則としてあらかじめ通知する必要があります。

ただし、定款に招集通知に記載していない事項も決議ができることを定めている場合には、招集通知に記載していない事項を決議することも可能です（ＮＰＯ法第14条の6）。例えば、定款に、「ただし、議事が緊急を要する場合は、当日総会出席者総数の●分の▲以上の議決により議題とすることができる」などと加えて規定することで可能になります。

3．社員総会の議題

ＮＰＯ法では、社員総会で決議しなければいけない事項として法律で定められているのは、次の3つの事項です。

(1) 定款の変更（ＮＰＯ法第25条第1項）
(2) 解散（ＮＰＯ法第31条第1項第1号）
(3) 合併（ＮＰＯ法第34条第1項）

ただし、実際には多くのＮＰＯ法人が、この3項目以外の項目についても社員総会の決議事項として定款で定めています。

どこまで社員総会の決議事項にし、どの項目を理事会の決議に委ねるかは、その法人の考え方によります。総会でできる限り多くの決議をする総会主導型のＮＰＯ法人であれば、次のような決議事項が考えられます。

(1) 定款の変更
(2) 解散及び合併
(3) 会員の除名
(4) 事業計画及び予算並びにその変更
(5) 事業報告及び決算
(6) 役員の選任及び解任
(7) 役員の職務及び報酬
(8) 入会金及び会費の額
(9) 資産の管理の方法
(10) 借入金（その事業年度内の収益をもって償還する短期借入金を除く）その他新たな義務の負担及び権利の放棄
(11) 解散における残余財産の帰属
(12) 事務局の組織及び運営
(13) その他運営に関する重要事項

一方で、ＮＰＯ法人の中には、重要な事項はできる限り理事会で決める、理事会主導型の運営が合っているところもあります。そのようなＮＰＯ法人では、法律で定められた要件を満たした上で、その法人の運営が適切にできる形を検討し、決議事項を理事会に多く移管させることが望ましいといえます。

４．社員総会の運営と議事録の作成

（1） 社員総会の議長

社員総会の議長は、定款の規定によります。

（2） 社員総会の決議

① 社員総会の定足数

ＮＰＯ法では、社員総会の決議において、定款変更、解散、合併を除いて、定足数の定めはありません。

定足数を社員総数の2分の1以上としている法人が多いですが、定足数を減らすことも、定足数を設けないことも可能です。

② 定款変更の決議

定款変更は、社員総数の2分の1以上が出席し、その出席者の4分の3以上の多数をもってしなければいけません。ただし、定款に特別の定めがあるときはこの限りではありません（ＮＰＯ法第25条第2項）。

③ 解散の決議

解散の決議は、総社員の4分の3以上の賛成がなければ決議することができません。ただし、定款に別段の定めがあるときはこの限りではありません（ＮＰＯ法第31条の2）。

④ 合併の決議

合併の決議は、社員総数の4分の3以上の多数をもってしなければいけません。ただし、定款に特別の定めがあるときは、この限りではありません（ＮＰＯ法第34条第2項）。

（3） 議決権の行使及び社員総会の開催方法

① 委任状又は代理人による議決権の行使

社員総会に出席しない社員は、書面又は代理人によって表決をすることができます（ＮＰＯ法第14条の7第2項）。

また、社員は、定款の定めるところにより、電磁的方法により表決をすることもできます（ＮＰＯ法第14条の7第3項）。

②　ＷＥＢによる議決権の行使

社員が実際に集まらずともさまざまなIT・ネットワーク技術を活用することによって、実際上の会議と同等の環境が整備されるのであれば、社員総会を開催したものと認められます。

その場合、役員のみならず、社員も発言したいときは自由に発言できるようなマイクが準備され、その発言を他者や他の会場にも即時に伝えることができるような情報伝達の双方向性、即時性のある設備・環境が整っていることが必要です（内閣府「新型コロナウイルス感染拡大に係るＮＰＯ法Q&A」）。

③　決議の省略

社員総会は実際には開催せずに、電磁的方法などによる持ち回りで決議することで、社員総会を開催したとみなすことができます（ＮＰＯ法第14条の9第1項）。これを「社員総会の決議の省略」といいます。

この「決議の省略」は、社員総会の目的である事項のすべてについて社員の全員が可決する旨の決議が必要です（ＮＰＯ法第14条の9第2項）。

（４）　議事録の作成

ＮＰＯ法では議事録の作成は義務付けられていませんが、役員の選任の登記をする場合や、定款変更の認証申請などの場合には議事録が必要になります。議事録には、一般的に以下の項目を記載します。

(1)　日時および場所
(2)　正会員総数および出席者数（書面表決者または表決委任者がある場合にあっては、その数を付記すること）
(3)　審議事項
(4)　議事の経過の概要及び議決の結果
(5)　議事録署名人の選任に関する事項

図2.5　定時社員総会の一般的な流れ

監事監査

事業報告、財務諸表等の監査

理事会招集

定款で定めた方法により招集
定款に定めれば電磁的方法も可

理事会開催

定款で定めた決議事項を決議

社員総会の招集

開催日の少なくとも5日前までに招集通知を発送
定款に定めれば電磁的方法も可

社員総会の開催

定款で定めた決議事項を決議
定款の変更、解散、合併は社員総会で必ず決議
終結後遅滞なく貸借対照表を公告

理事会開催

代表理事・業務執行理事の選任

所轄庁へ事業報告書等を提出

事業年度終了後3か月以内

Q08 NPO法人の理事、理事会、監事の役割について教えてください。

A 理事は、NPO法人の代表機関として法人を代表し、定款や社員総会の決議に従って法人の事務を執行します。監事は、理事の業務執行の状況や法人の財産の状況を監査します。理事会はNPO法では法定機関ではありませんが、大部分のNPO法人が理事会を設置しています。

1．理事の役割

理事は、NPO法人の業務について、NPO法人を代表します（NPO法第16条）。つまり、理事は法人を代表して業務を執行する役割があります。

ただし、NPO法人における理事の代表権は、定款で制限することができます（NPO法第16条但書）。多くのNPO法人は、定款で理事長あるいは代表理事といわれる人に代表権を制限しています。

代表権を定款で制限した場合には、その代表権を有する者以外の理事は登記をする必要がありません。

2．理事会

（1） NPO法における理事会の位置づけ

NPO法には、理事会の規定はなく、理事会は法定機関ではありません。しかし、大部分のNPO法人が理事会を設置しています。

NPO法に理事会の規定はありませんので、理事会をどのように運営していくのかは、定款や理事会運営規則等でそれぞれの法人が定めます。

（2） 招集手続き

理事会の招集手続きは、定款等で定めます。招集権者は、代表理事と定めることが一般的です。「書面」による通知に加え、「電磁的方法（電子メール）」も可能とする規定にすることもできます。

（3） 決 議

NPO法では、「特定非営利活動法人の業務は、定款に特別の定めのないときは、理事の過半数をもって決する」（ＮＰＯ法第17条）としており、理事会の決議も、定款に特別な定めがない限り、過半数をもって決するとされています。

一般社団法人・一般財団法人や公益社団法人・公益財団法人は、理事会において、書面による議決権行使をすることはできません（111頁）が、ＮＰＯ法人は、定款などに定めることで、やむを得ない理由で理事会に出席できない理事は、書面表決をすることなどが可能です。

なお、決議について特別の利害関係を有する理事は、議決に加わることができません（ＮＰＯ法第17条の4）。

（4） 理事会の決議事項

ＮＰＯ法で定められている法定の総会決議事項は、定款の変更、合併、解散の3つだけですが、それ以外の項目で、理事会決議にする場合には、定款に、理事会で決議する項目として記載しなければいけません。

（5） 議事録

ＮＰＯ法には、理事会の議事録に関する規定はありませんが、業務執行の意思決定がされた日時や場所、議事の経過の要領およびその結果、出席理事、監事名などに関して議事録を作成することは、法人のガバナンス上必要なことです。そのため、多くのＮＰＯ法人は、定款に議事録の作成について定めています。

3．監事の役割

監事は、理事の業務執行の状況及びＮＰＯ法人の財産状況を監査します。

（1） 業務執行の監査

理事の業務執行が、形式的に法令や定款の定め、内部規則類に合致しているかだけでなく、実質的にみて妥当性を持っているかどうかについても監査します。

（2） 財産状況の監査

法人の帳簿や証憑書類、預金通帳等をチェックします。

（3） 不正行為等の報告

監査の結果、法人の業務や財産に関し不正行為や法令定款に違反する重大な事実を発見した場合には、監事は社員総会または所轄庁に報告しなければいけません。

（4） 総会の招集

上記（3）の不正行為等の報告をするために、監事は社員総会を招集することができます。通常総会でその報告が可能であれば、監事が招集する必要はありませんが、通常総会を待っていられない場合には、臨時に社員総会を招集できます。

(5) 理事に意見を述べる

監事は、理事の業務執行や法人の財産状況について、理事に意見を述べることができます。

4．理事、監事の人数と親族制限等

(1) 理事、監事の人数

ＮＰＯ法人は理事を３名以上、監事を１名以上置かなければいけません（ＮＰＯ法第15条）。

(2) 親族制限

それぞれの役員について、その配偶者もしくは3親等以内の親族が1人を超えて役員に含まれてはいけません。例えば、甲という役員がいる場合に、甲の配偶者乙と、甲の3親等以内の親族丙がともに役員になってはいけません。

また、その役員並びにその配偶者および3親等以内の親族が、役員の総数の3分の1を超えて含まれてはなりません。例えば、役員が理事3名、監事1名の場合で、理事または監事を新たに選任する場合には、役員甲の配偶者または3親等以内の親族は、理事にも監事にもなれません（ＮＰＯ法第21条）。

つまり、役員総数（理事、監事）が5名以下の場合には、親族等は1名も含むことができず、6名以上の場合には、1名のみ親族等を含むことができるということです。

(3) 監事の制限

監事は、理事または特定非営利活動法人の職員を兼ねることはできません（ＮＰＯ法第19条）。

認定ＮＰＯ法人を目指す法人が理事や監事を選任するときの注意点

認定ＮＰＯ法人を目指す法人は、「特定の法人の役員要件」を満たしておく必要があります。

認定ＮＰＯ法人の要件の中に、「役員の総数のうちに特定の法人（その法人との間に一定の関係のある法人を含みます）の役員又は使用人である者並びにこれらの者と親族関係を有する者並びにこれらの者と特殊の関係にある者の数の占める割合が３分の１以下であること」というものがあります。特定の法人とは、株式会社、ＮＰＯ法人、一般社団法人・一般財団法人、公益社団法人・公益財団法人など、法人格は問いませんが、ある特定の１つの法人です。

例えば、ＮＰＯ法人甲の理事が3名、監事が1名で、そのうち2名が、一般社団法人乙の理事、監事、職員等であると、ＮＰＯ法人甲は、認定ＮＰＯ法人になれません。

この要件自体は公益認定の要件にもあります（認定法第5条第11号）。ただ、一般社団法人・一般財団法人が、公益社団法人・公益財団法人になるための公益認定申請では、今後の計画に認定を与えますので、この要件を満たしたうえで申請をすることが可能です。

その一方で、認定ＮＰＯ法人は、過去の実績（実績判定期間は、初回申請時は、原則直前2事業年度）に対して認定をします。もし、認定ＮＰＯ法人の申請時にこの要件を満たしていない場合は、要件を満たすように変更したとしても、変更してから2年以上経過しないと申請ができません。

この要件を満たしていないために申請ができなかった法人が多数あるので、認定ＮＰＯ法人を目指す可能性がある場合は、事前に役員が他のどのような法人の役員等になっているのかを確認し、この要件を常に満たしておくことをおすすめします。

Q09 所轄庁に毎事業年度提出する書類はどのようなものでしょうか。

A 事業報告書、活動計算書、貸借対照表、財産目録、前事業年度の年間役員名簿、前事業年度末日における社員のうち10人以上の者の名簿です。

1．所轄庁に提出する書類

ＮＰＯ法人は、事業年度終了後3か月以内に、下記の書類を所轄庁に提出します。

- 事業報告書
- 活動計算書
- 貸借対照表
- 財産目録
- 前事業年度の年間役員名簿
- 前事業年度末日における社員のうち10人以上の者の名簿

このうち、活動計算書，貸借対照表，財産目録は、会計関係の書類ですので、本章Ｑ17（77頁参照）で説明します。ここでは、それ以外の提出書類について説明します。

2．事業報告書

事業報告書は、ＮＰＯ法人が、その事業年度にどのような活動を行い、どのような成果があったのかを記載するものです。

各所轄庁から事業報告書の様式が出ていますが、この様式どおりに提出しなければいけないわけではありません。多くのＮＰＯ法人は、理事会や総会のために事業報告書を作成していることでしょう。その際に、作成する事業報告書には、その事業年度に行った活動の詳細や、成果が記載されていると思われますので、この場合は所轄庁の様式に合わせて事業報告書をわざわざ書き換える必要はなく、総会に提出した事業報告書を、所轄庁に提出しても問題はありません。

3．前事業年度の年間役員名簿

「前事業年度の年間役員名簿」は、図2.6のようなものです。

役員名簿には、前事業年度中に1日でも役員であった者は、途中で退任した者も含めて、全部記載します。

「前事業年度内の就任期間」は、役員の任期ではなく、前事業年度中に役員として在籍した期間を記載します。

「報酬を受けた期間」に記載するのは、ＮＰＯ法上の役員報酬として、報酬を受けた者の、報酬を受けた期間です。理事でも、法人の職員として常勤しており、職員分の給与のみの支給を受けている場合には、「無」と記載します。

なお、役員に変更があった場合には、その都度所轄庁に対して、別途「役員の変更等届出書」を提出します。

図2.6 「前事業年度の年間役員名簿」の例

	役名 どちらかに○	（フリガナ） 氏名	住所又は居所	前事業年度内の 就任期間	報酬を受けた期間 （該当者のみに記入）
1	理事・ 監事			年　月　日 ～ 年　月　日	年　月　日 ～ 年　月　日
2	理事・ 監事			年　月　日 ～ 年　月　日	年　月　日 ～ 年　月　日
3	理事・ 監事			年　月　日 ～ 年　月　日	年　月　日 ～ 年　月　日
4	理事・ 監事			年　月　日 ～ 年　月　日	年　月　日 ～ 年　月　日

4．前事業年度末日における社員のうち10人以上の者の名簿

「前事業年度末日における社員のうち10人以上の者の名簿」は、図2.7のようなものです。

「社員のうち10人以上の者」とは、「社員の中から最低でも10人分の氏名及び住所（居所）を記載する」という意味です。例えば、社員が20人いる場合は、その

中から10人を選んで記載してもよいし、20人全員を記載しても構いません。

また、「前事業年度の役員名簿」と異なり、事業年度の末日現在で在籍する社員について記載します。したがって、年度の途中で退会（退社）した社員については、記載しません。[3]

図2.7 「前事業年度末日における社員のうち10人以上の者の名簿」の例

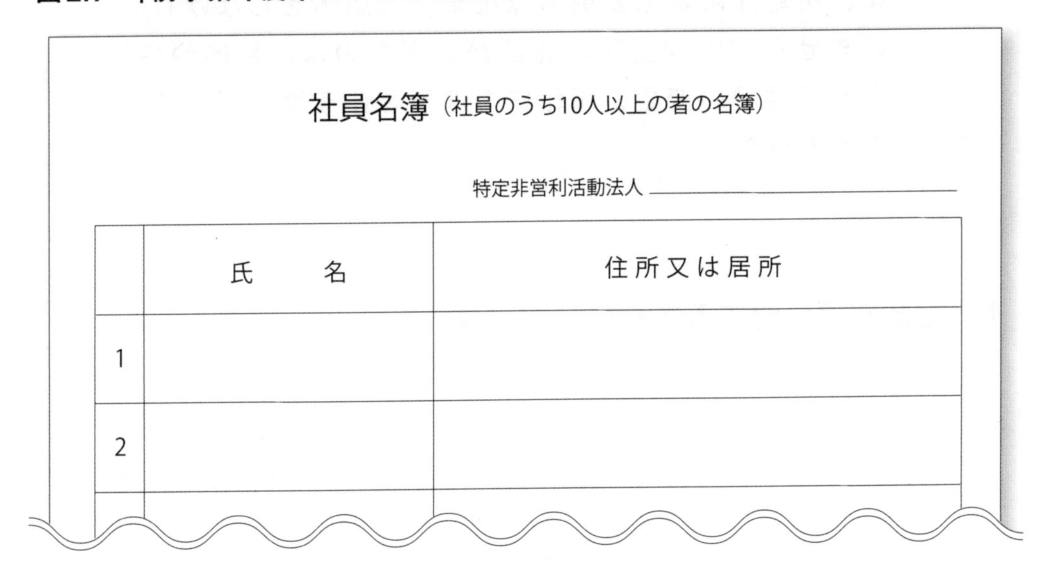
社員名簿（社員のうち10人以上の者の名簿）

特定非営利活動法人 ＿＿＿＿＿＿＿＿＿＿

	氏　　名	住所又は居所
1		
2		

3　2020年12月2日に可決した改正ＮＰＯ法（施行日は2021年6月9日）では、個人情報の保護のため、ＮＰＯ法人や所轄庁が利害関係者や一般市民に閲覧、謄写させる役員名簿、社員名簿のうち、住所、居所についての記載部分が除かれることになりました。

定款変更

Q10 定款変更をする場合には、どのような手続きが必要ですか。

A 定款変更をする場合には、社員総会の決議を経るとともに、所轄庁に定款変更の認証または届出をしなければいけません。定款変更の認証が必要なのは、目的や名称、事業の種類の変更、所轄庁の変更を伴う事務所の移転などがあります。

1．定款変更に関する社員総会の決議

定款の変更は、定款で定めるところにより、社員総会の議決を経なければいけません（ＮＰＯ法第25条第1項）。

定款変更のための社員総会は、社員総数の2分の1以上が出席し、その出席者の4分の3以上の多数をもってしなければいけません。ただし、定款に特別の定めがあるときは、この限りでありません（ＮＰＯ法第25条第2項）。

2．定款変更に関する所轄庁の認証

（1） 定款変更をした場合に所轄庁の認証が必要な事項

ＮＰＯ法人は、次の事項について、定款変更をした場合に、所轄庁の認証を受けなければいけません。なお、定款変更の認証が必要な事項は、所轄庁に認証を受けなければ効力は生じません（ＮＰＯ法第25条第3項）。

(1) 目的
(2) 名称
(3) 特定非営利活動の種類（20分野）及び特定非営利活動に係る事業の種類
(4) 主たる事務所及びその他の事務所の所在地（所轄庁の変更を伴う場合のみ）
(5) 社員の資格の得喪に関する事項
(6) 役員に関する事項（役員の定数に係るものを除く）
(7) 会議に関する事項
(8) その他の事業を行う場合には、その種類その他当該その他の事業に関する事項

(9) 解散に関する事項（残余財産の帰属すべき者に係るものに限る。）
(10) 定款の変更に関する事項

※このうち、(1)、(2)、(3)、(4)、(8)は登記事項になります。

(2) 所轄庁への提出書類

定款変更の認証を受けるためには次の書類を所轄庁に提出します（ＮＰＯ法第25条第4項）。

(1) 定款変更認証申請書
(2) 新旧対照表
(3) 定款変更を議決した社員総会の議事録の謄本
(4) 変更後の定款
※事業の変更を伴う定款変更の場合は、上記の申請書類(1)～(4)に加えて、下記の書類が必要です。
(5) 定款変更の日の属する事業年度及び翌事業年度の事業計画書
(6) 定款変更の日の属する事業年度及び翌事業年度の活動予算書

定款変更認証申請書が受理されると、所轄庁のホームページで公表され、受理した日から1か月間、変更後の定款が縦覧され、また、申請が受理された日から3か月以内に、認証か不認証か決定されます（ＮＰＯ法第25条第5号）。

3. 届出だけで済む事項

以下の事項を定款変更した場合には、所轄庁での認証は不要で、届出だけで済みます。

(1) 所轄庁の変更を伴わない事務所の所在地の変更
※所轄庁の変更を伴わない事務所の所在地の変更とは、例えば、千葉市内にしか事務所を持たない法人（所轄庁は千葉市）が、同じ市内に事務所を増設した場合や、神奈川県に主たる事務所を有する法人（所轄庁は神奈川県）が、埼玉県に事務所を増設した場合などです。
(2) 役員の定数に関する事項
(3) 資産に関する事項
(4) 会計に関する事項

(5) 事業年度

(6) 残余財産の帰属すべき者に係るものを除く解散に関する事項

(7) 公告の方法に関する事項

Q11 NPO法人の情報公開とNPOポータルサイトについて教えてください。

A NPO法人は、活動内容についての公益性を所轄庁から判断されない代わりに、情報公開を積極的に進め、市民監視により公益性を担保するという考え方を取っており、情報公開は非常に重要な制度です。事務所における書類の備置きおよび閲覧、貸借対照表の公告などだけでなく、認証時における所轄庁での公表、所轄庁での書類の閲覧、謄写、内閣府が設置したNPO法人ポータルサイトでの情報公開など多岐にわたっています。

1．定款、役員名簿、事業報告書等の情報公開規定

（1） 法人事務所における書類の備置き

ＮＰＯ法人は、毎事業年度初めの3か月以内に、前事業年度の事業の実績の有無にかかわらず、一定の書類を作成し、その作成の日から起算して5年が経過した日を含む事業年度の末日までの間、全ての事務所に備え置かなければなりません（ＮＰＯ法第28条第1項）。

また、設立時の財産目録、役員名簿および定款等をすべての事務所に備え置かなければなりません（ＮＰＯ法第28条第2項）。

（2） 法人事務所における書類の閲覧

ＮＰＯ法人は、一定の書類について、社員その他の利害関係人から閲覧の請求があったときは、正当な理由がある場合を除き、閲覧させなければなりません（ＮＰＯ法第28条第3項）。

（3） 所轄庁における閲覧および謄写

ＮＰＯ法人が所轄庁に提出した、一定の書類は、誰でも所轄庁の窓口で閲覧または謄写をすることができます（ＮＰＯ法第30条）。

（4） ＮＰＯ法人ポータルサイト

所轄庁およびＮＰＯ法人は、ＮＰＯ法人の事業報告書、その他の活動の状況に関する情報を内閣総理大臣が整備するデータベースに記録することにより、その

情報の積極的な公表に努めるものとしています（ＮＰＯ法第72条第2項）。

これは、ＮＰＯ法人に対する信頼性のさらなる向上が図られるよう、内閣府ＮＰＯ法人ポータルサイト等を活用した積極的な情報の公表に努めるようにという努力義務です。

ＮＰＯ法人ポータルサイトは、誰でも全国のＮＰＯ法人のさまざまな情報が容易に検索でき、所轄庁に提出した一定の書類をダウンロードすることができます。

図2.8　ＮＰＯ法人の情報公開に関する書類一覧

ＮＰＯ法人

種類	開示対象	主たる事務所	従たる事務所	事務所での閲覧・謄写の請求		所轄庁での閲覧、謄写の請求	
		備置き期間		請求者	拒否	請求者	閲覧期間
定款等	定款 定款の認証に関する書類の写し 登記に関する書類の写し	常時	常時	利害関係人	正当な理由がなければ拒んではならない	一般市民	最新のもの
役員名簿	役員名簿	常時	常時	利害関係人	正当な理由がなければ拒んではならない	一般市民	最新のもの
財産目録	成立時の財産目録	常時	常時		−		−
事業報告等	事業報告書 活動計算書 貸借対照表 財産目録 前事業年度の年間役員名簿 前事業年度末日における社員のうち10人以上の者の名簿	作成の日から5年間	作成の日から5年間	利害関係人	正当な理由がなければ拒んではならない	一般市民	過去5年間に提出を受けたもの

利害関係人：社員、債権者、保証人、法人と取引等の契約関係にある者、法人に対して損害賠償請求権を有する者等

認定ＮＰＯ法人

種類	開示対象	主たる事務所	従たる事務所	事務所での閲覧・謄写の請求		所轄庁での閲覧、謄写の請求	
		備置き期間		請求者	拒否	請求者	閲覧期間
定款等	定款 定款の認証に関する書類の写し 登記に関する書類の写し	常時	常時	一般市民	正当な理由がなければ拒んではならない	一般市民	最新のもの
役員名簿	役員名簿	常時	常時	一般市民	正当な理由がなければ拒んではならない	一般市民	最新のもの
財産目録	成立時の財産目録	常時	常時	−	−	−	−
事業報告等	事業報告書 活動計算書 貸借対照表 財産目録 前事業年度の年間役員名簿 前事業年度末日における社員のうち10人以上の者の名簿	作成の日から5年間	作成の日から5年間	一般市民	正当な理由がなければ拒んではならない	一般市民	過去5年間に提出を受けたもの

<table>
<tr><th rowspan="2">種類</th><th rowspan="2">開示対象</th><th>主たる事務所</th><th>従たる事務所</th><th colspan="2">事務所での閲覧・謄写の請求</th><th colspan="2">所轄庁での閲覧、謄写の請求</th></tr>
<tr><th colspan="2">備置き期間</th><th>請求者</th><th>拒否</th><th>請求者</th><th>閲覧期間</th></tr>
<tr><td rowspan="6">認定関係書類</td><td>認定基準等チェック表、欠格事由チェック表、寄付金を充当する予定の事業内容等</td><td>認定の日から5年間</td><td>認定の日から5年間</td><td rowspan="5">一般市民</td><td rowspan="5">正当な理由がなければ拒んではならない</td><td rowspan="5">一般市民</td><td rowspan="5">過去5年間に提出を受けたもの</td></tr>
<tr><td>「助成金の支給の実績」を記載した書類</td><td rowspan="4">作成の日から5年間</td><td rowspan="4">作成の日から5年間</td></tr>
<tr><td>前事業年度の役員報酬又は職員給与の支給に関する規程</td></tr>
<tr><td>前事業年度の収益の明細など</td></tr>
<tr><td>法第45条第1項第3号(ロに係る部分を除く。)、第4号イ及びロ、第5号並びに第7号に掲げる基準に適合している旨及び法第47条各号のいずれにも該当していない旨を説明する書類</td></tr>
<tr><td>寄付者名簿</td><td>作成の日から5年間</td><td>作成の日から5年間</td><td>－</td><td>－</td><td>－</td><td>－</td></tr>
</table>

2．所轄庁のホームページによる公表

所轄庁は、ＮＰＯ法人の設立認証の申請、定款変更の認証申請および合併の認証申請があった場合には、申請書を受理した日から1か月間、次に掲げる事項をホームページにより公表します。

①法人設立、定款認証または合併の認証申請があったこと

②申請のあった年月日

③申請に係る特定非営利活動法人の名称

④代表者の氏名

⑤主たる事務所の所在地

⑥定款に記載された目的

また、公表されている間は、所轄庁の窓口において、定款、役員名簿等、設立趣意書等を誰でも縦覧することができます（ＮＰＯ法第10条第2項、第25条第5項、第34条第5項）。

3．貸借対照表の公告

（1） 貸借対照表の公告

ＮＰＯ法人は、前事業年度の貸借対照表の作成後、遅滞なく、次に掲げる方法のうち定款で定める方法によりこれを公告しなければなりません（ＮＰＯ法第28条の2第1項）。

①官報に掲載する方法（同条同項第1号）

②日刊新聞紙に掲載する方法（同条同項第2号）

③電子公告（同条同項第3号）

④法人の主たる事務所の公衆の見やすい場所に掲示する方法（同条同項第４号）

（２） 貸借対照表の要旨の公告で足りる場合

貸借対照表の公告の方法として、官報に掲載する方法又は日刊新聞紙に掲載する方法を定款で定める法人は、当該貸借対照表の要旨を公告することで足ります（ＮＰＯ法第28条の2第2項）。

（３） 電子公告を公告の方法に定める場合

事故その他やむを得ない事由によって電子公告による公告をすることができない場合の当該公告の方法として、①官報に掲載する方法又は②日刊新聞紙に掲載する方法のいずれかを定款で定めることができます（ＮＰＯ法第28条の2第3項）。

また、電子公告による公告をする場合には、前事業年度の貸借対照表の作成の日から起算して5年が経過した日を含む事業年度の末日までの間、継続して当該公告をしなければなりません（ＮＰＯ法第28条の2第4項）。

前項の規定により電子公告による公告をしなければならない期間（公告期間）中公告の中断が生じた場合において、次のいずれにも該当するときは、その公告の中断は当該電子公告による公告の効力に影響を及ぼしません（ＮＰＯ法第28条の2第5項）。

①中断事由について善意でかつ重大な過失がないこと又は正当な事由があること

②公告の中断が生じた時間の合計が公告期間の10分の１を超えないこと

③公告の中断を知ったとき速やかにその旨、公告の中断が生じた時間及び中断の内容を当該電子公告に付して公告したこと

役員報酬

Q12 NPO法には、役員報酬を受けることができる人は役員総数の3分の1以下であるという規定がありますが、ここでいう役員報酬とは、どのような報酬をいいますか。

A NPO法でいう役員報酬は、役員という地位に対する報酬で、活動計算書では、管理費に計上されるものです。役員でも、事業に係る分に対する報酬はNPO法では役員報酬にあたりませんが、活動計算書には、「役員報酬」として記載するか注記に記載します。

1．NPO法における役員報酬

ＮＰＯ法では、「役員のうち報酬を受けるものの数は、役員総数の3分の1以下であること」が求められています（ＮＰＯ法第2条2項1号ロ）。これは、「利益の分配をしてはいけない」ということを担保する制度として、実質的な利益分配につながりやすい役員報酬について、一定の制限を設けた規定で、他の法律にはない、ＮＰＯ法独特の規定です。

しかし、そうすると、理事が3名で、3名とも常勤の場合に、報酬を支払うことができるのは1名のみということになってしまいます。そこで、ここでいう「報酬」とは、「役員としての報酬」であり、役員が同時に職員としての身分も有する場合には、その職員としての職務執行の対価としての給与は、これに当たらないと考えられています（内閣府 ＮＰＯ法Ｑ＆Ａ 2−3−14）。例えば、理事長が、理事長という職務に対して報酬が支払われる場合には、ＮＰＯ法上の役員報酬になりますが、理事兼事務局長が、理事としての報酬はなく、事務局長として、ほかの職員と同じ給与規程等に基づいて支払われる報酬は、ＮＰＯ法上は役員報酬になりません。

そして、所轄庁に提出する、「前事業年度の年間役員名簿」の「報酬を受けた期間（該当者のみに記入）」（50頁参照）に記載するのは、ＮＰＯ法の役員報酬を受けている場合だけです。

2．活動計算書への記載

ＮＰＯ法における役員報酬とは、役員という職務に対する報酬ですので、活動計算書には、管理費に「役員報酬」として計上します。

一方で、役員でも、職員として職務執行の対価としての給与は、その職務の内容が事業に係る部分であれば事業費に、管理に係る部分であれば管理費に計上します。勘定科目は、いずれも「役員報酬」になります。これは、役員への人件費の支払いの総額を、ＮＰＯ法人の内外に公開することが、役員、とりわけ法人の代表者が独断で自分への支払いを不当に大きくすることなどの防止に役立つと考えられているからです。

一方で、ＮＰＯ法人のスタッフとして長年勤務した上で、法人の経営にも参画してもらうために、スタッフと兼任で理事に選任され、または使用人と役員を兼務しているような場合には、従来の使用人としての業務に対する支払いは、「給料手当」として表示します。

ただし、「指定管理を受けた事業では役員報酬という勘定科目が使用できない」などの理由により、役員への支払いを給料手当という勘定科目で計上せざるを得ないような場合が実務上存在します。そのため、事業費に「給料手当」、管理費に「給料手当」と計上したうえで、「財務諸表の注記」の「役員及びその近親者との取引の内容」に役員報酬という勘定科目を使用しないで支給した役員への人件費を注記することができることとしています（ＮＰＯ法人会計基準のＱ＆Ａ 14−4）。

図2.9　役員報酬という科目で表示する場合の活動計算書への表示

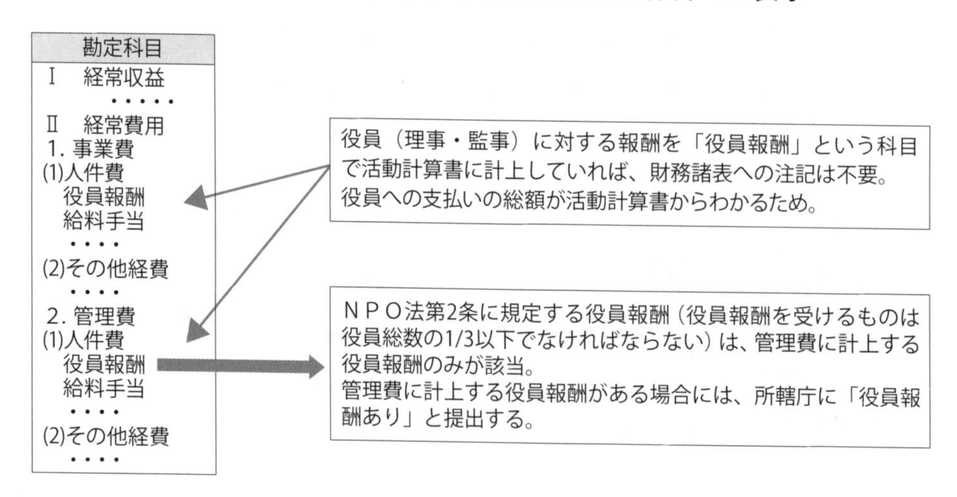

図2.10　給料手当という科目で表示をする場合の活動計算書への表示

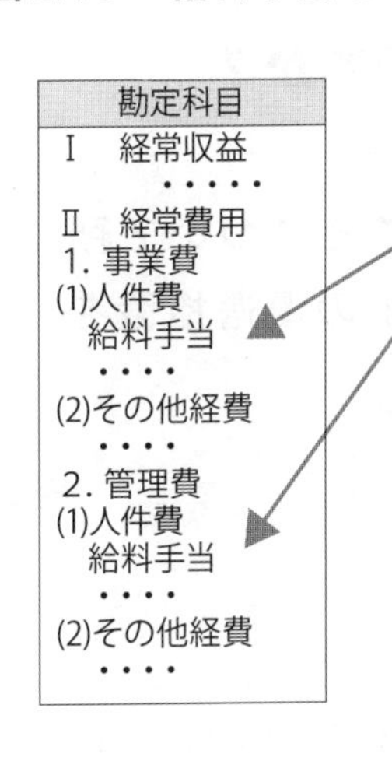

役員に対する報酬を、事業費にも管理費にも「給料手当」という科目で活動計算書に計上された場合には、財務諸表への注記で給料手当として計上した役員報酬の総額（使用人兼務役員の使用人分を含む）を記載する。注記（うち役員との取引）を見ることで、役員への支払額の総額がわかる。

<財務諸表の注記>.
○役員及びその近親者との取引の内容.
役員及びその近親者との取引は以下のようになっています。

（単位：円）

科　目	財務諸表に計上された金額	うち役員との取引	うち、近親者及び支配法人等との取引
（活動計算書）事業費 人件費			
給与手当	10,328,000	1,500,000	2,000,000
（活動計算書）管理費　人件費			
給与手当	5,328,000	1,200,000	1,200,000
活動計算書計	15,656,000	2,700,000	3,200,000

Q13 認定ＮＰＯ法人とはどのような制度ですか？

A ＮＰＯ法人の中でも、より公益性が高いことについて所轄庁の認定を受けた法人に対して、税制上の優遇措置を与えるという制度です。

1．認定ＮＰＯ法人制度の概要

認定ＮＰＯ法人制度は、ＮＰＯ法人の中でも、その運営組織や事業活動が適正であり、公益の増進に資するものとして所轄庁の認定を受けた法人に対して、税制上の優遇措置を与えようという制度です（ＮＰＯ法第44条第1項）。

しかし、この「公益性が高いかどうか」を行政の人が判断したのでは、ＮＰＯ法が、行政が公益性を判断せず、市民の自由な社会貢献活動を積極的に推進するという趣旨に反します。そこで、認定ＮＰＯ法人制度では、公益性が高いかどうかを、「多くの人が支持している活動であれば、それは公益性が高い活動であろう」と考え、パブリック・サポート・テストという、市民からどれだけ支援されているのかを、公益性の判断基準の中心に沿えました。[4]

パブリック・サポート・テストには、絶対値基準、相対値基準、条例個別指定基準の3つの基準があり、そのどれかの基準を満たしていれば、クリアできます。

パブリック・サポート・テスト以外に、運営組織や事業活動が適正であるかなど7つの基準があり、それがすべて満たされていることを所轄庁に認定されると、認定ＮＰＯ法人になることができます。

2．認定ＮＰＯ法人の税制上の優遇措置

認定ＮＰＯ法人は、以下の4つの税制上の優遇措置があります。

4　認定ＮＰＯ法人制度には、パブリック・サポート・テストをクリアできなくても認定を与える「特例認定ＮＰＯ法人制度」があります。ただし、特例認定ＮＰＯ法人は、設立後5年以内の法人しかなれず、認定期間は3年間で、再度の更新はできません。認定ＮＰＯ法人になるためのステップという位置づけになります。

①個人が認定ＮＰＯ法人に寄付をした場合に、寄付金控除が受けられる。
②法人が認定ＮＰＯ法人に寄付をした場合に、損金に計上できる金額の枠が広がる。
③相続人が相続財産を認定ＮＰＯ法人へ寄付した場合に、相続税が非課税になる。
④みなし寄付金が受けられる（200万円または所得金額の50%が限度）。

このうち、①～③は、寄付者に対する優遇措置です。ＮＰＯ法人制度は、市民が行う社会貢献活動の健全な発展を促進するための法人制度です。社会貢献活動にはさまざまな形が考えられますが、そのうち、寄付という形で社会貢献活動に参加する人たちを後押しする制度が、①～③の寄付者に対する優遇措置です。寄付者に対する優遇措置の詳細は234～244頁を参照ください。

一方、④のみなし寄付金は、認定ＮＰＯ法人自身に対する優遇措置です。法人税法上の収益事業で得た利益を収益事業以外の事業に使用した場合に、200万円または所得金額の50%を限度として、寄付金とみなし、損金算入を認めるという制度です。

3．認定ＮＰＯ法人になるための手続き

認定ＮＰＯ法人になるためには、実績判定期間内に、一定の要件を満たしていることについて所轄庁の認定を受けなければいけません。

実績判定期間は、初回申請時は、その法人の直前に終了した事業年度終了の日以前2年内に終了した各事業年度のうち、最も古い事業年度開始の日から当該終了の日までの期間をいい、通常は、直前2事業年度です。

認定ＮＰＯ法人の申請をする場合には、所轄庁に、認定を受けるためのさまざまな申請書を提出するほか、寄付者名簿を提出しなければいけません。パブリック・サポート・テストをクリアしていることを証明するために、寄付金の明細が必要であるためです（条例個別指定基準で申請する場合には、寄付者名簿が不要です）。なお、寄付者名簿には、寄付者の氏名、住所、寄付金の受領日、金額を記載することになっています。

図2.11　寄付者名簿

寄 付 者 名 簿

法人名		事業年度	年　月　日～　年　月　日

No.	寄付者の氏名又は名称	住所又は事務所の所在地	寄付金の額	受領年月日	備 考
			円	・　・	
			円	・　・	

4．認定ＮＰＯ法人の更新

認定ＮＰＯ法人制度は、更新制度をとっています。認定の有効期間は、所轄庁による認定の日から起算して5年となっており、認定の有効期間の満了後、引き続き認定ＮＰＯ法人として活動を行おうとする認定ＮＰＯ法人は、有効期間の満了の日の6か月前から3か月前までの間に、有効期間の更新の申請書を提出し、有効期間の更新を受けることができます（ＮＰＯ法第51条第2項、第3項、第5項）。

更新時における実績判定期間は、その法人の直前に終了した事業年度終了の日以前5年内に終了した各事業年度のうち、最も古い事業年度開始の日から当該終了の日までの期間をいい、通常は、直前5事業年度です。

図2.12　実績判定期間

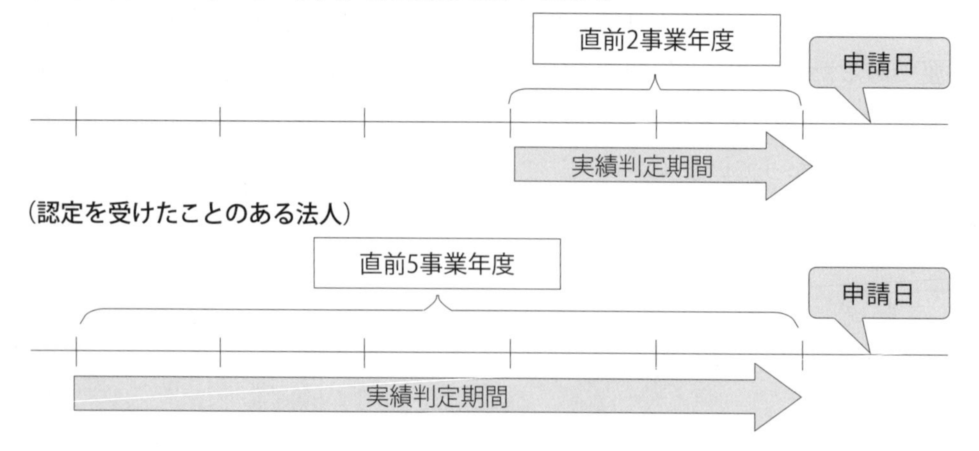

Q14 認定NPO法人になるにはどのような要件を備えている必要があるのでしょうか。また、どのような手続きが必要でしょうか。

A パブリック・サポート・テストをクリアしていることなど、8つの要件を満たしている必要があります。認定NPO法人になろうとする法人は、所轄庁に認定を受けるための申請書を提出します。通常は、その後に所轄庁の実地調査が行われます。

1．認定NPO法人の要件

認定ＮＰＯ法人になるには、以下の8つの要件をすべて満たしている必要があります（ＮＰＯ法第45条第1項）。

(1) パブリック・サポート・テスト（PST）をクリアしていること
(2) 活動の対象が会員などをメインとした共益的な活動ではないこと
(3) 運営組織および経理について適正であること
(4) 事業活動について、一定の要件を満たしていること
(5) 情報公開が適正にされていること
(6) 所轄庁へ事業報告書等が提出されていること
(7) 法令違反、不正の行為等がないこと
(8) 設立後1年を超える期間を経過していること

また、上記の基準を満たしていても、暴力団もしくは暴力団の構成員等の統制下にある法人など、欠格事由に該当するＮＰＯ法人は認定ＮＰＯ法人になれません。

2．認定要件の詳細

(1) 要件1：パブリック・サポート・テストをクリアしていること

認定ＮＰＯ法人になるための要件のうち、一番難しいのが、「パブリック・サポート・テストをクリアしていること」という要件です。

パブリック・サポート・テストは、一般市民からどれだけ支援されているか、ということを審査するものです。「広く、多くの市民から支援されている法人は、活動内容に公益性が高いから、支援されている度合いが高いだろう。そういう団体を認定していこう」というのが、パブリック・サポート・テストの考え方です。

パブリック・サポート・テストには、以下の3つの基準があり、どれか1つを満たしていればクリアできます。

図2.13　パブリック・サポート・テストの3つの基準

絶対値基準	実績判定期間内の各事業年度中の寄付金の額の総額が3,000円以上である寄付者の数の合計数が年平均100人以上いること
相対値基準	実績判定期間における経常収入金額（総収入金額等から国の補助金等を引いた金額）のうち、寄付金等収入金額（寄付金、助成金等、一部会費も算入できる）の占める割合が20%以上であること
条例個別指定基準	都道府県又は市区町村から条例で個別に指定されていること

パブリック・サポート・テストは、米国から導入された基準で、従来は「相対値基準」しかありませんでした。しかし、相対値基準は、介護保険事業者など、事業収益を中心としたＮＰＯ法人は、幅広く支援を受けていたとしても、収入のうち寄付の占める割合が20%を超えているということは考えづらく、パブリック・サポート・テストをクリアすることがほぼ不可能でした。また、相対値基準は計算式が非常に難しく、事業年度が終了しないと相対値基準をクリアしているかどうかがわからないという問題がありました。

そこで、2011年のＮＰＯ法改正で、「絶対値基準」という、支援をした人の人数で判断するという新しい基準が導入されることが決まりました。さまざまな議論の中で、3,000円以上の寄付者が100人以上いるということになりました。ただし、役員や役員と生計を一にする親族はカウントできません。

改正の議論の中で、3,000円×100人という基準が、地方ではハードルが高すぎるのではないか、という意見がありました。そこで、都道府県または市区町村が、それぞれの地域が独自に基準をつくり、その地域で活動するＮＰＯ法人が、都道府県または市区町村がつくった独自の基準をクリアしているときは、パブリック・サポート・テストをクリアしたと考えることになりました。これが「条例個別指定基準」です。条例個別指定の要件は、地域によりさまざまであり、例えば、「1,000円×50人」という基準や、「ボランティア50人」という基準を定めているところもあります。

（2） 要件2：活動の対象が会員などをメインとした共益的な活動ではないこと

事業活動において、共益的な活動の占める割合が50％未満である必要があります。

（3） 要件3：運営組織および経理について適正であること

具体的には、次の要件を満たすことです。

＜運営組織が適正である要件＞

①役員の総数のうちに役員並びにその配偶者及び三親等以内の親族等の占める割合が3分の1以下であること
②役員の総数のうち特定の法人の役員または使用人等である者の占める割合が3分の1以下であること
③各社員の表決権が平等であること

＜経理が適正である要件＞

④会計について、公認会計士等の監査を受けていること又は青色申告法人と同等の取引記録、帳簿の保存を行っていること
⑤支出した金銭で、その費途が明らかでないものがあるもの、帳簿に虚偽の記載があるものその他の不適正な経理が行われていないこと

認定の申請をしようとして、②の要件で問題になりクリアできなかった例が非常に多くあります（48頁参照）。

会計ソフトを使わずに、エクセルから活動計算書等を作成している法人は、総勘定元帳に相当するものがなく、④の要件をクリアできないということがあります。

また、使途不明金などがあると、⑤の要件で問題になることがあります。

（4） 要件4：事業活動について、一定の要件を満たしていること

具体的には、次の要件を満たすことです。

①宗教活動、政治活動および特定の公職者等又は政党を推薦、支持または反対する活動を行っていないこと
②役員、社員、職員または寄付者等に特別の利益を与えないことおよび営利を目的とした事業を行う者および①の活動を行う者等に寄付を行っていないこと
③実績判定期間における事業費の総額のうちに特定非営利活動に係る事業費の額の占める割合が80%以上であること
④実績判定期間における受入寄付金総額の70%以上を特定非営利活動に係る事業費に充てていること

政治資金パーティーの参加費をＮＰＯ法人が支払っていた場合に、政治活動への寄付とされたケースがあります。

（5） 要件5：情報公開が適正にされていること

情報公開に関する書類については、図2.8（56頁）を参照してください。

（6） 要件6：所轄庁へ事業報告書等が提出されていること

事業年度終了後3か月以内に所轄庁に提出する事業報告書等を提出していないと、この要件が満たされません。

（7） 要件7：法令違反、不正の行為等がないこと

主にＮＰＯ法違反や定款に記載されたとおりに法人が運営されているかなどがチェックされます。

（8） 要件8：設立後1年を超える期間を経過していること

申請書を提出した日を含む事業年度の初日において、設立から1年を超える期間が経過していることが必要です。

3．所轄庁への提出書類

認定ＮＰＯ法人として認定を受けようとするＮＰＯ法人は、次の書類を所轄庁に提出し、認定を受けることとなります（ＮＰＯ法第44条第2項）。

①認定ＮＰＯ法人としての認定を受けるための申請書
②寄付者名簿（実績判定期間内の各事業年度分）
③各認定基準（上記要件1～要件8）に適合する旨および欠格事由に該当しない旨を説明する書類
④寄付金を充当する予定の具体的な事業の内容を記載した書類

パブリック・サポート・テストを条例個別指定で受けようとする場合には、②の寄付者名簿の提出は不要です。

4. 実地調査から認定まで

所轄庁は提出された申請書類に基づき、まず「書面審査」を行います。その後、ほとんどの所轄庁で「実地調査」が行われます。

実地調査では、パブリック・サポート・テストの根拠となる会計帳簿や備置きが求められている定款・役員名簿等などの確認が行われます。調査の結果、改善や修正を求められることがあります。

認定の申請をしてから認定を受けるまでの期間は、所轄庁により違いもありますし、改善や修正がどれだけあるのかなどによりさまざまですが、だいたい4～6か月程度はかかります。

寄付が進まないのは税制が原因なのか？

「日本で寄付が進まないのは寄付税制が十分でないからだ」ということがいわれています(※)。しかし、個人が寄付をした場合の寄付金控除のうち、税額控除（寄付金特別控除）などは英米などにはない制度なので、充実しているともいえるでしょう。ただし、以下のような問題点もあります。

①寄付の税制優遇を受けられる法人の数が、英米などと比較して、圧倒的に少ない（16頁参照）。

②不動産や株式の寄付をした場合に含み益に課税されるみなし譲渡課税など、富裕層が寄付をするにあたってのネックになる税制がある。

③英国では、寄付金控除による減税分が寄付者ではなくチャリティに入金されるギフトエイドの仕組みが広がっており、米国では、プランドギビングといわれる信託を使った寄付の仕組みが発展している。

最近では、日本でも、震災における寄付やクラウドファンディングを利用しての寄付、遺贈寄付など、さまざまな寄付の形が広がってきています。

※年間の寄付額は、米国では約30兆円、人口がわが国の半分程度である英国でも、約1兆5,000億円に対して、わが国は、7,700億円程度といわれています（出典：「寄付白書2017」日本ファンドレイジング協会）

図2.14　認定NPO法人の審査等において確認する書類

	確認する可能性のある書類の事例	（参考）対応する主な認定基準
1	特定非営利活動法人の事業活動内容がわかる資料 （パンフレット、会報誌、マスコミで紹介されている記事、事業所一覧等）	パブリック・サポート・テストに関する基準 活動の対象に関する基準 事業活動に関する基準 不正行為等に関する基準
2	実績判定期間から直近までの総勘定元帳等の帳簿や取引記録 （会計について公認会計士又は監査法人の監査を受けている場合の「監査証明書」を含みます。）	パブリック・サポート・テストに関する基準 活動の対象に関する基準 運営組織及び経理に関する基準 事業活動に関する基準 不正行為等に関する基準
3	申請書に記載された数字の計算根拠となる資料 （例）・事業費と管理費の区分基準 ・役員の総数に占める一定のグループの人数割合	パブリック・サポート・テストに関する基準 活動の対象に関する基準 運営組織及び経理に関する基準 事業活動に関する基準
4	寄付金・会費の内容がわかる資料 （寄付申込書等寄付の受入が証明できる書類、現物寄付の評価額、寄付金・会費に係る特典等）	パブリック・サポート・テストに関する基準 活動の対象に関する基準 事業活動に関する基準
5	絶対値基準（寄付金額の合計額が年3,000円以上の者の人数が年平均100人以上）の算出方法がわかる資料	パブリック・サポート・テストに関する基準
6	条例により個別に指定を受けていることがわかる資料	パブリック・サポート・テストに関する基準
7	補助金・助成金を受けている場合、その募集要項、申請書 及び報告書等	パブリック・サポート・テストに関する基準 事業活動に関する基準
8	事業費の内容がわかる資料 （事業活動の対象、イベント等の実績（開催回数、募集内容等）、支出先、給与台帳等）	活動の対象に関する基準 運営組織及び経理に関する基準 事業活動に関する基準
9	閲覧に関する細則（社内規則）	情報公開に関する基準
10	法人運営に関する資料 （社員名簿、総会・理事会の招集通知、議案書、提出された委任状、書面表決書、議事録等）	運営組織及び経理に関する基準
11	特定非営利活動法人が特定の第三者を通じて活動を行っている場合、特定の第三者の活動内容及び特定非営利活動法人と特定の第三者との関係がわかる資料	活動の対象に関する基準 事業活動に関する基準 不正行為等に関する基準

出典：「特定非営利活動法人ガイドブック（認定編）」74頁　東京都生活文化局

Q15 認定NPO法人になった後、どのような手続きや義務が必要になりますか。

A 認定NPO法人は、事業年度終了後3か月以内に、役員報酬規程等提出書を所轄庁に提出しなければいけません。また、認定NPO法人として継続していくためには、5年ごとに更新の申請をする必要があります。

1．役員報酬規程等の提出義務

認定ＮＰＯ法人は、事業年度終了後3か月以内に以下の書類を事業報告書等と役員報酬規程等を所轄庁（2以上の区域内に事務所を設置する法人は所轄庁以外の関係知事）に提出しなければなりません（ＮＰＯ法第55条第1項）。

(1) 認定ＮＰＯ法人の役員報酬規程等提出書
(2) 前事業年度の役員報酬又は職員給与の支給に関する規程
(3) 収益の源泉別の明細、借入金の明細その他の資金に関する事項を記載した書類
(4) 資産の譲渡等に係る事業の料金、条件その他その内容に関する事項を記載した書類
(5) 次に掲げる取引に係る取引先、取引金額その他その内容に関する事項を記載した書類
①収益の生ずる取引及び費用の生ずる取引のそれぞれについて、取引金額の最も多いものから順次その順位を付した場合におけるそれぞれ第1順位から第5順位までの取引
②役員等との取引
(6) 寄付者（その認定ＮＰＯ法人の役員、役員の配偶者若しくは三親等以内の親族又は役員と特殊の関係のある者で、前事業年度におけるその認定ＮＰＯ法人に対する寄付金の合計額が20万円以上であるものに限ります。）の氏名並びにその寄付金の額及び受領年月日を記載した書類
(7) 給与を得た職員の総数及びその職員に対する給与の総額に関する事項を記載した書類

（8） 支出した寄付金の額並びにその相手先及び支出年月日
（9） 海外への送金又は金銭の持出しを行った場合におけるその金額及び使途並びにその実施日を記載した書類
（10） 認定基準に適合している旨及び欠格事由に該当していない旨を説明する書類

2． 情報公開

認定ＮＰＯ法人は、一定の書類（56頁参照）を、その登記上のすべての事務所に備え置かなければなりません。また、寄付者名簿を除き、これらの書類は、正当な理由がある場合を除いて、その登記上のすべての事務所において閲覧させなければなりません（ＮＰＯ法第52条第4項、同法第54条第4項）。

また、事務所において閲覧対象になった書類は、所轄庁で閲覧、謄写の対象になります（ＮＰＯ法第56条）。

ＮＰＯ法人との違いとして、次のことが挙げられます。1つは、ＮＰＯ法人が事務所で閲覧させるのは、利害関係者に対してだけですが、認定ＮＰＯ法人は、利害関係者だけでなく、一般市民に対して閲覧義務があることです。もう1つは、ＮＰＯ法人よりも閲覧対象になる書類が増えていることです。前述の（1）～（10）の書類も閲覧対象ですので、例えば、役員報酬規程や給与規程、役員等との取引なども閲覧対象になるということです。

3． その他の書類

（1） 助成金の報告書類

認定ＮＰＯ法人は、助成金の支給を行ったときは支給後すみやかに「助成金の支給を行った場合の実績の提出書」を所轄庁に提出します。

（2） 代表者を変更した場合の書類

認定ＮＰＯ法人は、代表者を変更したときには、「代表者の変更等届出書」および「変更後の役員名簿」を遅滞なく所轄庁に届け出ます。

4． 認定の有効期間の更新申請書

認定ＮＰＯ法人が、認定の有効期間の更新を受けるためには、有効期間の満了の日の6か月前から3か月前までの間に、有効期間の更新の申請書に次の書類を添えて所轄庁に提出します（ＮＰＯ法第51条第2項、第3項、第5項）。

①認定ＮＰＯ法人の認定の有効期間の更新の申請書
②各認定基準に適合する旨及び欠格事由に該当しない旨を説明する書類
③寄付金を充当する予定の具体的な事業の内容を記載した書類

認定の有効期間の更新の申請書には、寄付者名簿の提出は義務ではありませんが、寄付者名簿の作成の日から5年間、事務所に備え置く必要がありますので、作成しておく必要があります（ＮＰＯ法第54条第2項）。

また、上記②、③に係る各書類のうち、毎事業年度に提出している書類に記載しており、その書類の内容に変更がないものは、その添付を省略することができます（ＮＰＯ法第51条第5項）。

Q16 NPO法の中で会計はどのような位置づけですか。また、NPO法とNPO法人会計基準はどのような関係なのでしょうか。

A NPO法人制度の要である情報公開制度にとって会計は重要な役割を果たします。NPO法人会計基準は、NPO法人の情報公開制度に資するために、民間主導で策定した会計基準です。行政主導で作成した会計基準ではなく、強制されるものではありませんが、現段階においてNPO法人にとって望ましい会計基準であると位置づけられています。

1. NPO法における会計の位置づけ

NPO法人は、市民が行う自由な社会貢献活動を促進するためにできた法人です。市民が行う自由な社会貢献活動を促進するためには、多様な価値観を認め、行政が公益性を判断したり、活動について過度に介入したりすることがないようにしています。行政が過度に介入しない代わりに、法人自らが積極的に情報を公開し、市民が監視することにより公益性を担保しようと考えています。この情報公開制度の要の1つが会計報告です。

2. NPO法人会計基準の策定の経緯

1998年にNPO法が成立した当時は、NPO法人が作成する会計書類は、収支計算書、貸借対照表、財産目録でした。当時は会計基準がなかったため、さまざまな形の収支計算書が作成されました。NPO法で重要な情報公開の要である会計書類が統一されていない状態でした。

そのような事態に対して、2007年6月に国民生活審議会が、NPO法人も統一した会計基準を作成すること、そして、その会計基準は、民間主導で作成することを提言しました。それを受けて、2009年3月に、NPOを支援する組織で構成されるNPO法人会計基準協議会が立ち上がり、専門家や研究者、実務家、助成財団等の24名で構成されるNPO法人会計基準策定委員会に会計基準の策定を諮問しました。策定委員会は、1年4か月の間に8回の委員会をすべてオープンにして開催し、その間に、全国17か所での中間報告、15か所での最終報告の説明会を経て、2010年7月20日にＮＰＯ法人会計基準が策定されました。

この会計基準では、ＮＰＯ法人が作成すべき財務諸表を、活動計算書、貸借対照表、財務諸表の注記とし、財産目録は、財務諸表を補完する書類と位置づけました。しかし、この時点では、ＮＰＯ法では作成する会計書類は活動計算書ではなく、収支計算書としていたため、会計基準と法律で作成する会計書類が異なっていました。

そこで、2012年4月のＮＰＯ法の改正で、法律もＮＰＯ法人会計基準に合わせる形で、ＮＰＯ法人が作成すべき計算書類は、活動計算書、貸借対照表とし、計算書類を補完するものとして財産目録を作成することとなりました。一方で、附則で、当分の間活動計算書に代えて収支計算書を作成しても構わないこととなり、この附則は現在でも残っています。

3．ＮＰＯ法人会計基準とＮＰＯ法の関係

ＮＰＯ法で定められているのは、活動計算書、貸借対照表および財産目録を作成することです。ＮＰＯ法第27条には、真実性の原則、正規の簿記の原則、継続性の原則が定められていますが、ＮＰＯ法人会計基準で会計書類を作成することを強制するものではありません。ＮＰＯ法の趣旨から考えて、会計のルールを強制させるのではなく、各ＮＰＯ法人が、自分でどのような会計基準に沿って作成するのかを判断するということが望ましいとされているからです。

所轄庁では、ＮＰＯ法人会計基準が、現段階においてＮＰＯ法人にとって望ましい会計基準であると位置づけられており、所轄庁が作成している「手引き」(「ＮＰＯ法人の設立及び運営の手引き」等、名称は統一されていません）では、会計に関する事項は、ＮＰＯ法人会計基準に沿って書かれています。

<参考>ＮＰＯ法における会計の原則（ＮＰＯ法第27条）

特定非営利活動法人の会計は、この法律に定めるもののほか、次に掲げる原則に従って、行わなければならない。

一　削除

二　会計簿は、正規の簿記の原則に従って正しく記帳すること。

三　計算書類（活動計算書及び貸借対照表をいう。次条第一項において同じ。）及び財産目録は、会計簿に基づいて活動に係る事業の実績及び財政状態に関する真実な内容を明瞭に表示したものとすること。

四　採用する会計処理の基準及び手続については、毎事業年度継続して適用し、みだりにこれを変更しないこと。

Q17 NPO法人が所轄庁に提出する会計書類はどのようなものですか。

A NPO法人が所轄庁に提出する会計書類は、活動計算書、貸借対照表、財務諸表の注記、財産目録です。NPO法人は、事業年度終了後3か月以内に活動計算書、貸借対照表、財産目録を作成し、所轄庁に提出しなければいけません。提出された会計書類は所轄庁において閲覧の対象になると同時に、NPO法人ポータルサイトを通じて一般に公開されます。

1．活動計算書

活動計算書は、企業会計でいう損益計算書です。活動計算書は、発生主義に基づいて作成しますので、会計処理は寄付金や助成金など、一部にＮＰＯ独特の会計処理がありますが、基本的に企業会計と同じです。

しかし、表示方法は企業会計の損益計算書とは、大きく異なります。企業会計における損益計算書は、利益を計算することが主眼です。したがって、利益を、売上総利益、営業利益、経常利益、税引前利益、当期純利益など、細かく表示をします。一方、ＮＰＯ法人などの非営利法人は、利益の獲得を目的とした法人ではありません。その主眼は、活動を通してミッションを達成することです。つまり費用が中心になってきます。

活動計算書では、費用の部を「事業費」と「管理費」に分けます。「事業費」はそのＮＰＯ法人のミッション達成のために直接要した費用、「管理費」はその法人の管理全般に係る費用です。活動を行っていくにあたっては、当然、そのための原資、つまり、資金調達が必要です。それが収益です。収益は、「受取会費」「受取寄付金」「受取助成金等」「事業収益」「その他収益」の5つに分かれています。

そして、収益から費用を引いた金額が、「当期正味財産増減額」で、企業会計でいう、「当期純利益」に相当するものです。ＮＰＯ法人などの非営利法人は、利益を上げることは目的ではありませんが、利益がでないと、法人を継続的に運営していくことができません。そのような意味において、非営利法人においても利益は重要なものです。

活動計算書の様式は、ＮＰＯ法人会計基準で定められています。その他の事業を行っている場合には、会計を区分しなければならないため、その他の事業を行っていない場合の活動計算書（様式1）と、その他の事業を行っている場合の活動計算書（様式4）（32頁図2.2参照）の2種類があります。

なお、法人税の申告を行っている場合には、収益事業の損益計算書が必要です。ただし、法人税法上の収益事業とＮＰＯ法のその他の事業は、通常別のものですので、法人税法上の収益事業を行っているが、その他の事業を行っていない場合には、総会や所轄庁に提出する活動計算書は様式１を使い、税務署に提出する収益事業の損益計算書は別に作成します。

図2.15　ＮＰＯ法人会計基準　様式１「活動計算書」

活動計算書

××年×月×日から××年×月×日まで

（単位：円）

科目	金額		
Ⅰ 経常収益			
1．受取会費			
正会員受取会費	×××		
賛助会員受取会費	×××	×××	
2．受取寄付金			
受取寄付金	×××		
施設等受入評価益	×××	×××	
3．受取助成金等			
受取民間助成金		×××	
4．事業収益			
○○事業収益		×××	
5．その他収益			
受取利息	×××		
雑収益	×××		
経常収益計			×××
Ⅱ 経常費用			
1．事業費			
（1）人件費			
役員報酬	×××		
給料手当	×××		
法定福利費	×××		
福利厚生費	×××		
・・・・・・・・・	×××		
人件費計	×××		
（2）その他経費			
会議費	×××		
旅費交通費	×××		
施設等評価費用	×××		
・・・・・・・・・	×××		
・・・・・・・・・	×××		
その他経費計	×××		
事業費計		×××	
2．管理費			
（1）人件費			
役員報酬	×××		
給料手当	×××		
法定福利費	×××		
福利厚生費	×××		
・・・・・・・・・	×××		
人件費計	×××		
（2）その他経費			
会議費	×××		
旅費交通費	×××		
・・・・・・・・・	×××		
・・・・・・・・・	×××		
その他経費計	×××		
管理費計		×××	
経常費用計			×××
当期経常増減額			×××
Ⅲ 経常外収益			
1．固定資産売却益		×××	
・・・・・・・・・		×××	
経常外収益計			×××
Ⅳ 経常外費用			
1．過年度損益修正損		×××	
・・・・・・・・・		×××	
経常外費用計			×××
税引前当期正味財産増減額			×××
法人税、住民税及び事業税			×××
当期正味財産増減額			×××
前期繰越正味財産額			×××
次期繰越正味財産額			×××

2．貸借対照表

貸借対照表は、「資産の部」、「負債の部」「正味財産の部」からなり、「資産の部」は、「流動資産」と「固定資産」に、負債の部は「流動負債」と「固定負債」に分かれます。企業会計の貸借対照表とほぼ同じものと考えればよいかと思います。公益法人会計基準のように、正味財産の部を「指定正味財産」と「一般正味財産」に分けることは原則としてはしません。ただし、重要性が高い場合には、「指定正味財産」と「一般正味財産」に分けることができます。

図2.16　NPO法人会計基準　様式2「貸借対照表」

貸借対照表

××年×月×日現在

（単位：円）

科目	金額		
Ⅰ 資産の部			
1．流動資産			
現金預金	×××		
未収金	×××		
・・・・・・・・	×××		
流動資産合計		×××	
2．固定資産			
（1）有形固定資産			
車両運搬具	×××		
什器備品	×××		
・・・・・・・・・	×××		
有形固定資産計	×××		
（2）無形固定資産			
ソフトウェア	×××		
・・・・・・・・・	×××		
無形固定資産計	×××		
（3）投資その他の資産			
敷金	×××		
○○特定資産	×××		
・・・・・・・・・	×××		
投資その他の資産計	×××		
固定資産合計		×××	
資産合計			×××
Ⅱ 負債の部			
1．流動負債			
未払金	×××		
前受助成金	×××		
・・・・・・・・	×××		
流動負債合計		×××	
2．固定負債			
長期借入金	×××		
退職給付引当金	×××		
・・・・・・・・	×××		
固定負債合計		×××	
負債合計			×××
Ⅲ 正味財産の部			
前期繰越正味財産		×××	
当期正味財産増減額		×××	
正味財産合計			×××
負債及び正味財産合計			×××

３．財産目録

財産目録は、ＮＰＯ法、ＮＰＯ法人会計基準ともに、財務諸表（活動計算書、貸借対照表）とは別の会計書類と位置づけられており、ＮＰＯ法人会計基準でも、具体的にどのように作成するのかについての規定はありません。ＮＰＯ法人会計基準で様式が示されていますが、貸借対照表の内訳明細の様式をとっています。

図2.17　ＮＰＯ法人会計基準　様式５「財産目録」

財産目録

××年×月×日現在

（単位：円）

科目	金額		
Ⅰ 資産の部			
1．流動資産			
現金預金			
手元現金	×××		
××銀行普通預金	×××		
未収金			
××事業未収金	×××		
・・・・・・・・・	×××		
流動資産合計		×××	
2．固定資産			
（1）有形固定資産			
什器備品			
パソコン1台	×××		
応接セット	×××		
・・・・・・・・・	×××		
有形固定資産計	×××		
（2）無形固定資産			
ソフトウェア			
財務ソフト	×××		
無形固定資産計	×××		
（3）投資その他の資産			
敷金	×××		
○○特定資産			
××銀行定期預金	×××		
投資その他の資産計	×××		
固定資産合計		×××	
資産合計			×××
Ⅱ 負債の部			
1．流動負債			
未払金			
事務用品購入代	×××		
預り金			
源泉所得税預り金	×××		
流動負債合計		×××	
2．固定負債			
長期借入金			
××銀行借入金	×××		
固定負債合計		×××	
負債合計			×××
正味財産			×××

Q18 NPO法人会計基準において、独特の考え方・会計処理としてはどのようなものがありますか。

A ①小規模法人に配慮し、重要性の原則を幅広く解釈することにしています。②事業別の内訳は財務諸表の注記に記載します。③無償のサービス提供や、ボランティアを会計上表現することができることとしています。④使途が制約された寄付等は、原則として注記に記載することとしています。

1．小規模法人に配慮し、重要性の原則を幅広く解釈する

ＮＰＯ法人は、小規模法人が多く、収入規模500万円以下の法人が半数以上を占めるといわれています。そのような小規模な法人が多いＮＰＯ法人に、どのようにして会計基準を定着させるのかという問題がありました。小規模法人用の会計基準を別につくるという考えもありますが、ＮＰＯ法人会計基準では、小規模法人用の会計基準はつくらず、その代わり、重要性の原則を柔軟に解釈し、少しでも小規模法人の負担の軽減を図ることとしました。

具体的には、次のような工夫がされています。

(1) 少額の資産や定期的に支払う費用などは、実際に支払ったときに費用に計上することができることとしました（ＮＰＯ法人会計基準14項、15項）。
(2) 現預金以外に資産、負債がない場合として、「記載例１」を示し、実質的に現金収支計算書と同じ会計処理になる活動計算書を示しました。
(3) 活動計算書や貸借対照表は、簡略な表示とし、活動計算書や貸借対照表に表示できない重要な情報は「財務諸表の注記」に記載することとしました。
(4) 会計基準の配列を工夫し、小規模法人は、会計基準の最初の部分だけを見ればよいこととし、徐々に複雑な会計処理を付け加えるような配置にしました。

図2.18　NPO法人会計基準　記載例１（現預金以外に資産・負債がない場合）

（名称）　××××

活動計算書

××年××月××日から××年××月××日まで

（単位：円）

科目	金額		
Ⅰ 経常収益			
1．受取会費		700,000	
2．受取寄付金		290,000	
3．受取助成金等		10,000	
経常収益計			1,000,000
Ⅱ 経常費用			
1．事業費			
（1）人件費			
臨時雇賃金	200,000		
人件費計	200,000		
（2）その他経費			
旅費交通費	300,000		
通信運搬費	100,000		
その他経費計	400,000		
事業費計		600,000	
2．管理費			
（1）人件費			
人件費計	0		
（2）その他経費			
印刷製本費	150,000		
通信運搬費	100,000		
雑費	50,000		
その他経費計	300,000		
管理費計		300,000	
経常費用計			900,000
当期正味財産増減額			100,000
前期繰越正味財産額			200,000
次期繰越正味財産額			300,000

受取会費は確実に入金されることが明らかな場合を除き、実際に入金したときに計上します。詳細はQ&A12-1～12-3をご参照ください。

経常費用は、「事業費」と「管理費」に分けます。事業費と管理費の意味については、Q&A14-1、事業費と管理費の按分の方法については、Q&A14-2を参照ください。

「事業費」と「管理費」について、それぞれ「人件費」と「その他経費」に分けたうえで、支出の形態別（旅費交通費、通信運搬費など）に内訳を記載します。事業費を事業の種類別に表示したり、事業部門別、管理部門別に損益を表示する場合には記載例2の注記の2をご参照ください。

現預金以外に資産・負債がない場合には、当期の現預金の増減額を表します。

前期の活動計算書の「次期繰越正味財産額」を記載します。

（名称）　××××

貸借対照表

××年××月××日現在

（単位：円）

科目	金額		
Ⅰ 資産の部			
1．流動資産			
現金預金	300,000		
流動資産合計		300,000	
2．固定資産			
固定資産合計		0	
資産合計			300,000
Ⅱ 負債の部			
1．流動負債			
流動負債合計		0	
2．固定負債			
固定負債合計		0	
負債合計			0
Ⅲ 正味財産の部			
前期繰越正味財産		200,000	
当期正味財産増減額		100,000	
正味財産合計			300,000
負債及び正味財産合計			300,000

活動計算書の「次期繰越正味財産額」と、貸借対照表の「正味財産合計」は一致します。

出典：ＮＰＯ法人会計基準協議会「ＮＰＯ法人会計基準　実務担当者のためのガイドライン」（図中の「Ｑ＆Ａ」「記載例２」は、ガイドライン内のＱ＆Ａ、記載例）

2．事業別の内訳は財務諸表の注記に記載する

ＮＰＯ法人会計基準が策定する以前の収支計算書では、事業費は、事業別に表示されることが一般的でした。次のような表示方法です。

1．事業費	
（1） 普及啓発事業	・・・円
（2） 調査研究事業	・・・円

しかし、このような表示だと、どのような費用にどれくらいお金が使われたのかがわかりません。特に、人件費にどれくらいお金が使われたのかがまったくわからないという状況がありました。

そこで、ＮＰＯ法人会計基準では、事業費、管理費の表示については、形態別の表示とすることになり、さらに、人件費とその他経費に分けて表示をするということになりました。

ただ、そうするとどの事業にどれくらいお金が使われているのかがわからないという問題が出てきます。そこで、財務諸表の注記に、どの事業にどれくらいのお金が使われているのかを事業別に表示するという方法をとることになりました。この場合の「事業」は、定款に掲げられた事業区分でも構いませんし、プロジェクトなどがあれば、そのプロジェクトを分けて表示することも可能です。

事業の内訳の表示の仕方には、「事業費の内訳」として、費用だけを事業別に表示する方法と、「事業別損益の状況」として、収益も含めて、事業別に表示する方法があり、法人が自由に選択することができます。事業別の表示を行わないということも可能です。図2.19に、「事業別損益の表示」について示します。

図2.19　事業別損益の表示

財務諸表の注記

事業別損益の状況

科　目	A事業	B事業	事業部門計	管理部門	合計
Ⅰ経常収益					
受取会費				×××	×××
受取寄付金	×××		×××		×××
事業収益	×××	×××	×××		×××
経常収益計	×××	×××	×××	×××	×××
Ⅱ経常費用					
(1)人件費					
給料手当	×××	×××	×××	×××	×××
・・・・	×××	×××	×××	×××	×××
人件費計	×××	×××	×××	×××	×××
(2)その他経費					
業務委託費		×××	×××		×××
・・・・	×××	×××	×××	×××	×××
その他経費計	×××	×××	×××	×××	×××
経常費用計	×××	×××	×××	×××	×××
当期経常増減額	×××	×××	×××	×××	×××

3．無償のサービス提供やボランティアを計上することができる

ＮＰＯ法人は、支援者等の好意で、無償または著しく低い価格で土地や建物等の不動産やパソコン・車などの動産を使用している場合や、ボランティアによる無償または著しく低い価格での労力に支えられていることがよくあります。

このようなサービスも、現金による受取寄付と変わらないので、金銭換算して財務諸表でも表現することができることとしました。ただし、これは、金銭換算して財務諸表で公表したいと望む法人の任意であり、望まない法人は、従来どおり事業報告書に記載するだけで構いません。

財務諸表に計上する方法としては、①財務諸表の注記だけに記載し、活動計算書には計上しない方法、②活動計算書に計上し、注記にも記載する方法の2つがあります。

②の活動計算書に計上するためには、お金で寄付を受け取ったのと同レベルで「客観的に把握できる」必要があります。一方、①の財務諸表の注記だけに記載する場合は、「合理的に算定できる」レベルで構いません。

財務諸表に計上する場合も、具体的にどのような基準で計上したのかを注記に記載することとしています。

図2.20　財務諸表への表示の具体例

＊施設の提供等の物的サービスの受入については、客観的に確定できるため活動計算書に計上し、ボランティアによる役務の提供は合理的に算定できるため財務諸表の注記に記載する場合

図2.21　活動計算書に計上し、注記にも記載する場合の活動計算書の具体例

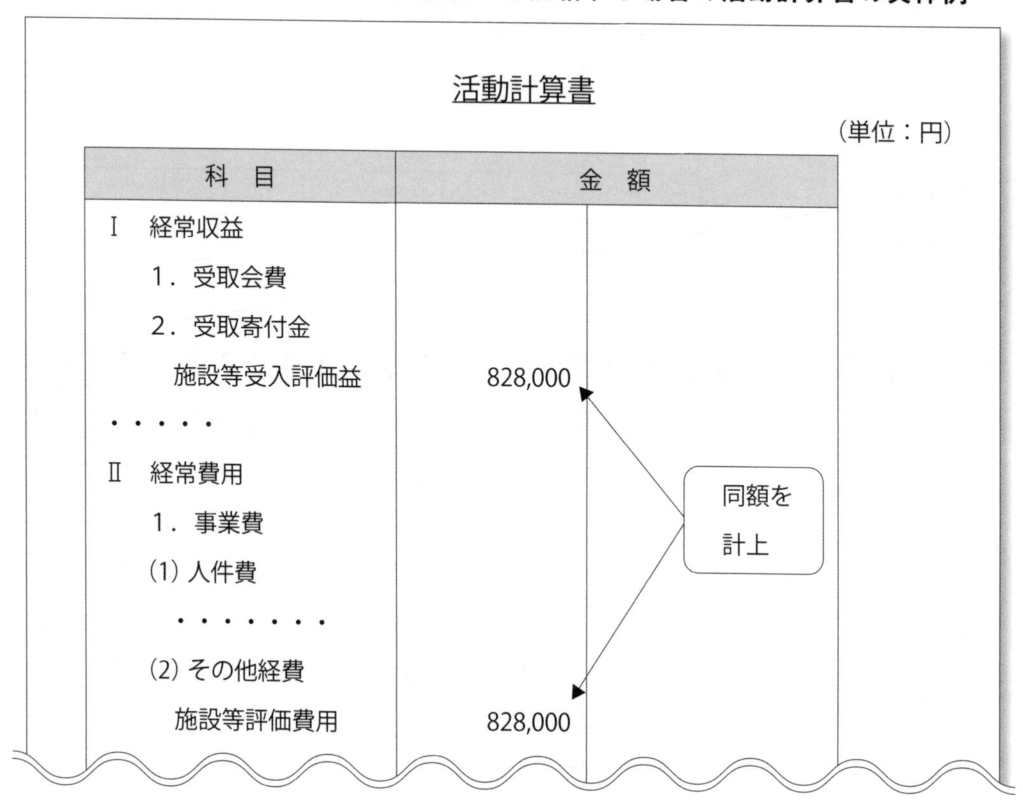

活動計算書

（単位：円）

科　目	金　額	
Ⅰ　経常収益		
1．受取会費		
2．受取寄付金		
施設等受入評価益	828,000	
・・・・・		
Ⅱ　経常費用		
1．事業費		
(1) 人件費		
・・・・・・・・		
(2) その他経費		
施設等評価費用	828,000	

図2.22　活動計算書に計上し、注記にも記載する場合の財務諸表の注記の具体例

財務諸表の注記

1．重要な会計方針

・・・・・・・・・・・・・・・・・・・・・・・・・・・

(5) 施設の提供等の物的サービスを受けた場合の会計処理

施設の提供等の物的サービスの受入れは、活動計算書に計上しています。また、計上額の算定方法は、「3．施設の提供等の物的サービスの受入の内訳」に記載しています。

(6) ボランティアによる役務の提供

ボランティアによる役務の提供は、「4．活動の原価の算定にあたって必要なボランティアによる役務の提供の内訳」として注記しています。

3．施設の提供等の物的サービスの受入の内訳

内　容	金　額	算定方法
○○体育館の無償利用	828,000	○○体育館使用料金表によっています。

4．活動の原価の算定にあたって必要なボランティアによる役務の提供の内訳

内　容	金　額	算定方法
A事業相談員	72,000	単価は○○地区の最低賃金によっています。

4．使途等が制約された寄付等は原則として注記に記載

使途等が制約された寄付等がある場合には、公益法人会計基準では、一旦、指定正味財産に計上した上で、それを使途どおりに使用した場合に一般正味財産に振替えるという会計処理をします。

ＮＰＯ法人会計基準の策定時に、ＮＰＯ法人は小規模な法人が多いのに、すべてのＮＰＯ法人にこの方法を強制するのが適当なのか、という議論がありました。

そこで、ＮＰＯ法人会計基準では、活動計算書上は、使途が制約された寄付等であっても、通常の寄付と同じように、受け取ったときに収益に計上し、支払ったときに費用に計上するというやり方をとります。貸借対照表でも、公益法人会計基準のように、指定正味財産と一般正味財産を分けて表示をするというやり方はとりません。その代わり、財務諸表の注記に、使途等が制約された寄付等につ

いて、図2.23のような記載をすることとしました。

ただし、使途が制約された寄付等について重要性が高い場合には、公益法人会計基準と同じように、活動計算書を一般正味財産増減の部と指定正味財産増減の部に分け、貸借対照表も指定正味財産と一般正味財産に分けて表示をすることとしています。

図2.23　使途等が制約された寄付等に関する財務諸表の注記の具体例

＜使途等が制約された寄付等の内訳＞

使途等が制約された寄付等の内訳は以下のとおりです。当法人の正味財産は×××円ですが、そのうち、×××円は、○○援助事業と○○基金事業に使用される財産です。したがって、使途が制約されていない正味財産は×××円です。

内容	期首残高	当期増加額	当期減少額	期末残高	備考
○援助事業	0	×××	×××	×××	・・・・・
○基金事業	×××			×××	・・・・・
合計	×××	×××	×××	×××	

＜第2章　参考文献＞

東京都生活文化局『特定非営利活動法人ガイドブック（本編、認定編）』2020年9月

堀田力、雨宮孝子『ＮＰＯ法コンメンタール』日本評論社、1998年12月

シーズ＝市民活動を支える制度を作る会『解説・ＮＰＯ法案』（第3版）シーズ＝市民活動を支える制度を作る会、2005年5月

齋藤力夫、田中義幸『ＮＰＯ法人のすべて』（第10版）税務経理協会、2016年12月

BLP－Network『ＮＰＯの法律相談』英治出版、2016年9月

名越修一『自分たちでつくろう　ＮＰＯ法人』（第二次改訂版）学陽書房、2020年2月

ＮＰＯ法人会計基準協議会『ＮＰＯ法人会計基準（完全収録版）』（第3版）八月書館、2018年2月

ＮＰＯ法人会計税務専門家ネットワーク『ＮＰＯ法人実務ハンドブック』清文社、2018年3月

中村元彦、寺内正幸、脇坂誠也『基礎からマスターＮＰＯ法人の会計・税務ガイド』清文社、2018年12月

第3章

一般社団法人・一般財団法人の運営・会計・税務

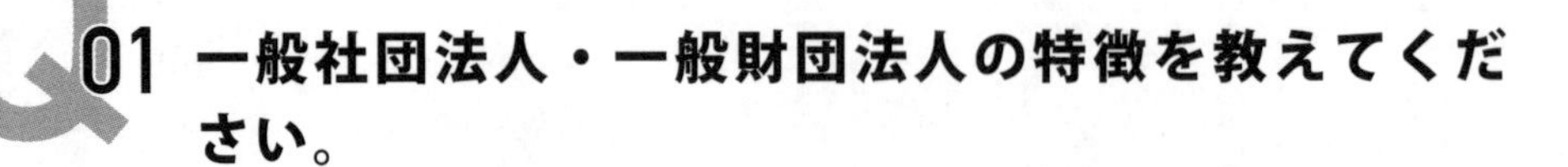

Q01 一般社団法人・一般財団法人の特徴を教えてください。

A 社団とは一定の目的の下に集まった「人」の集合体、財団とは一定の目的のために提供された「財産」の集まりです。新規設立の一般社団法人・一般財団法人が行うことのできる事業に制限はなく、自由で自律的な活動が可能です。

1．社団法人とは

社団とは、一定の目的の下に集まった「人」の集合体をいい、法律により法人格が付与されたものです。

社団法人は人の集まりなので、その構成員の意思が尊重される法人です。社団法人の目的は定款で規定され、構成員の意思によっていつでも変更することができます。この構成員を「社員」といい、法人の意思決定を行う議決権を持ち、社員総会を通じて法人の運営に関わります。

2．財団法人とは

財団とは、一定の目的のために提供された「財産」の集まりをいい、法律によって財産そのものに法人格が付与されたものです。特定の個人や団体から寄付・拠出された財産で設立されます。

財団法人は財産の集まりに法人格が付与されているので、その財産の寄付者の意思を尊重し、その意思を守っていくことが必要とされるため、原則定款上の目的を変更することはできません。また、拠出された財産の運用益を、法人の活動財源にするケースが多く見受けられます。

3．新規設立のメリット

法人として私法上の権利義務関係の帰属主体となることができます。

具体的には、法人名義により、不動産を取得して登記をすることや銀行口座を設けることが可能となり、対外的な権利義務関係が明確になります。また、組織・

運営・管理に関する規律が法律上明らかになるため、法人・構成員・設立者相互の権利義務関係、役員の責務等が明確となり、法人と取引する第三者の保護も図られます。

4．一般社団法人・一般財団法人が行うことのできる事業

新規設立の一般社団法人・一般財団法人が行うことのできる事業に制限はありません。自由で自律的な活動が可能です。

具体的には、次の公益事業、共益事業、収益事業を行うことが考えられます。

①不特定多数の者の利益に供する事業（公益事業）

②町内会、自治会、同窓会、サークルなど、構成員に共通する利益を図ることを目的とする事業（共益事業）

③施設賃貸業、請負業、物販業など利益を稼ぐ事業（収益事業）

なお、一般社団法人・一般財団法人は、収益事業を行った上でその利益を法人の活動経費等に充てることができます。

5．剰余金の分配の禁止等

一般社団法人・一般財団法人には、持分がありません。また、一般社団法人・一般財団法人は、営利（利益の分配）を目的としない法人です。

（1） 一般社団法人の場合

社員に剰余金の分配を受ける権利を与える旨の定款の定めおよび社員総会で社員に剰余金の分配する旨の決議をすることを禁止しています（法人法第11条第2項、第35条第3項）。また、社員に残余財産の分配を受ける権利を与える旨の定款の定めも禁止しています（法人法第11条第2項）。

（2） 一般財団法人の場合

設立者に剰余金または残余財産の分配を受ける権利を与える旨の定款の定めを禁止しています（法人法第153条第3項第2号）。

（3） 社員総会・評議員会の決議による残余財産の分配（一般社団法人・一般財団法人共通）

残余財産の帰属を定款で定めていない場合、その帰属が定まらないときは清算法人の社員総会または評議員会の決議によって定めます（法人法第239条第2項）。

ただし、この場合、法人税法上は普通法人に該当するため、留意が必要です。

Q02 一般社団法人を設立する方法を教えてください。また、設立に際して留意すべき事項はありますか。

A 一般社団法人の設立手続きは、定款の作成から設立登記まで多岐にわたります。定款の作成にあたっては、法人の機関設計を決める必要があります。

1．一般社団法人の機関設計

（1） 機関設計

法人法では、法人ごとに規模や目的に応じて柔軟に機関設計できるよう規定しています。一般社団法人には、社員総会のほか、1人または2人以上の理事を置かなければなりません（法人法第60条第1項）。また、定款の定めによって、理事会、監事または会計監査人を置くことができます（法人法第60条第2項）。

このように理事会、監事または会計監査人の設置を法人の自治に委ねたのは、一般社団法人は、社員自らが理事を兼ねて業務執行を行うといった比較的小規模な団体から、極めて多数の社員によって構成され、その業務執行は法人運営の専門家としての理事に委ねるといった大規模な団体まで、さまざまな団体を幅広く対象とする制度であり、法人ごとの事情に合わせた機関設計の選択を可能とすることが相当と考えられるためです。

以上より、一般社団法人の機関設計は、次の5通りになります。

①社員総会	＋	理事						
②社員総会	＋	理事			＋	監事		
③社員総会	＋	理事			＋	監事	＋	会計監査人
④社員総会	＋	理事	＋	理事会	＋	監事		
⑤社員総会	＋	理事	＋	理事会	＋	監事	＋	会計監査人

（2） 監事の設置義務

理事会設置一般社団法人および会計監査人設置一般社団法人は、監事を1人以上置かなければなりません（法人法第61条）。理事会設置一般社団法人においては、社員総会の決議事項が限定され、社員総会を通じた社員の法人運営への関与が希薄となる分、社員に代わり一般社団法人の業務執行を監督する機関が必要となることから、監事を必置としています。

また、会計監査人設置一般社団法人においては、会計監査人の独立性を担保する観点から、その選解任に関する議案についての同意権を法人の業務執行を監督する監事が有することとしているため、監事を必置としています（法人法第73条）。

（3） 会計監査人の設置義務

大規模一般社団法人（最終事業年度に係る貸借対照表の負債の部に計上した額の合計額が200億円以上の一般社団法人）は、会計監査人を置かなければなりません。債権者をはじめとした利害関係人が多く、経理も複雑と考えられる大規模一般社団法人については、その会計の適正さを確保するため、外部の専門家である会計監査人の監査を受けさせる必要性が大きいと考えられています。

（4） 法人税法上の非営利型法人の機関設計

一般社団法人の場合には理事1人の機関設計も可能ですが、法人税法上の非営利型法人の「各理事について、理事とその理事の親族等である理事の合計数が、理事の総数の3分の1以下であること」という要件を充足するためには、少なくとも3名以上の理事を置く必要があります。なお、1人または2人の理事による一般社団法人は非営利型法人には該当せず全所得課税が適用されることになるため注意が必要です。

2．一般社団法人の設立手続きの流れ

一般社団法人の設立手続きの流れは、次のとおりです。

定款の作成（法人法第10条）

↓

公証人による定款の認証（同法第13条）

↓

定款の備置き（同法第14条第1項）

↓

設立時役員等の選任（同法第17条第1項） 定款で設立時理事、設立時監事を定めていないときは選任する。(*)

↓

設立時理事等による設立手続きの調査（同法第20条）

⬇

代表理事の選定（同法第21条第1項） 　理事会設置一般社団法人で、定款で設立時代表理事を定めていないときは選定する。

⬇

設立登記（同法第22条）

＊大規模一般社団法人は、設立時会計監査人も必要

3．公証人による定款の認証

定款は、設立時社員が作成しただけでは、効力は生じません。定款としての効力を生じさせるためには、公証人による認証を受けなければなりません（法人法第13条）。

（1） 実施機関

主たる事務所の所在地を管轄する法務局又は地方法務局の所属公証人が行います。例えば、東京都に主たる事務所を置く場合は、東京法務局所属公証人（東京都内の公証役場）になります。

（2） 申請者

一般社団法人の場合は設立時社員全員が申請者となります。なお、設立時社員の1人が他の設立時社員から委任を受けて申請者となることも可能です。

（3） 委任する場合

司法書士などの第三者に委任する場合は、設立時社員全員から委任を受けなければなりません。

（4） 提出書類

設立時社員全員の印鑑証明書（設立時社員が法人の場合、その法人の印鑑証明書と登記事項証明書）。ただし、認証の時点で発行日が3か月以内のものに限ります。

（5） 認証の費用

認証の費用は5万円です。ただし、定款のページ数により、1,000円～2,000円程度が加算されます。

（6） 所要期間

認証にかかる時間は1時間程度です（事前予約が必要）。

4．設立時理事等による設立手続きの調査

設立時理事（設立しようとする一般社団法人が監事設置一般社団法人である場合にあっては、設立時理事及び設立時監事）は、その選任後遅滞なく、一般社団法人の設立の手続きが法令又は定款に違反していないことを調査しなければなりません（法人法第20条第1項）。

5．設立登記

一般社団法人は、その主たる事務所の所在地において設立の登記をすることによって成立します（法人法第22条）。

（1） 実施機関

主たる事務所を管轄する法務局へ申請します。従たる事務所を設置する場合は、主たる事務所を管轄する法務局での登記完了後、従たる事務所を管轄する法務局へ申請します。

（2） 提出書類

法務局へ提出する書類は、次のとおりです。

- ・定款
- ・設立時社員の決議書（決定書）
- ・設立時理事・設立時監事・設立時代表理事の就任承諾書
- ・設立時理事（理事会設置の場合は設立時代表理事）の印鑑証明書
- ・（定款の附則で設立時代表理事を定めなかった場合は）設立時代表理事の互選に関する書面
- ・設立時理事・設立時監事の本人確認証明書（住民票等）
- ・設立時代表理事の印鑑届出書

（3） 費　用

登録免許税として6万円がかかります。なお、従たる事務所を設置する場合は、1か所につき追加で9,000円が必要です。

（4） 所要期間

通常、申請から1週間～2週間で登記完了となります（ただし、管轄法務局・申請時期により異なります）。

基金とは？

一般社団法人では基金を引き受ける者の募集をすることができる旨、定款で定めることができるとしています（法人法第131条）。基金とは、資金調達の一つの手段として、一般社団法人に拠出された金銭その他の財産であり、法人は拠出者に対して法人法及び双方の合意の定めるところに従い返還義務を負います。また、基金の拠出者の地位は、必ずしも一般社団法人の社員たる地位と結びついていません。

会計上の取り扱いは、次のように示されています。

【公益法人会計基準注解】

（注5）基金について

基金を設定した場合には、貸借対照表の正味財産の部を基金、指定正味財産及び一般正味財産に区分し、当該基金の額を記載しなければならない。

（注12）基金増減の部について

基金を設定した場合には、正味財産増減計算書は、一般正味財産増減の部、指定正味財産増減の部及び基金増減の部に分けるものとする。

基金増減の部は、基金増減額を発生原因別に表示し、これに基金期首残高を加算して基金期末残高を表示しなければならない。

Q03 一般財団法人を設立する方法を教えてください。また、設立に際して留意すべき事項はありますか。

A 一般財団法人の設立手続きは、定款の作成から設立登記まで多岐にわたります。定款の作成に当たっては、法人の機関設計を決める必要があります。

1．一般財団法人の機関設計

一般財団法人には、評議員、評議員会、理事、理事会および監事を置かなければなりません（法人法第170条第1項）。また、定款の定めによって、会計監査人を置くことができます（法人法第170条第2項）。

一般財団法人は、設立者が一定の目的のために拠出した財産に法人格を付与する制度であり、その性質上、一般社団法人の社員総会のような機関が存在しないことから、業務執行機関である理事が法人の目的に反する運営を行うことが懸念されます。また、準則主義への移行に伴い、主務官庁による業務の監督もなくなるため、法人の機関設計上、理事等の選解任や法人の重要事項の決定を通じて、理事の業務執行を他の機関が監督するというガバナンスの仕組みを構築することが重要です。

そこで、一般財団法人においては、3名以上の評議員からなる評議員会を必置とし、一定の基本的事項を決定する権限を通じて理事を監督させるとともに、理事間の相互監視を期待して理事全員で構成される理事会を必置とし、さらに理事会の監視機関として監事を必置としました。

なお、設立時評議員及び設立時理事はそれぞれ3人以上、監事は1人以上でなければなりません（法人法第160条第1項）。

以上より、一般財団法人の機関設計は、次の2通りになります（会計監査人については、Q2の1（3）（93頁）を参照）。

①評議員　＋　評議員会　＋　理事　＋　理事会　＋　監事
②評議員　＋　評議員会　＋　理事　＋　理事会　＋　監事　＋　会計監査人

2．一般財団法人の設立手続きの流れ

一般財団法人の設立手続きの流れは、次のとおりです。

定款の作成（法人法第152条）

⬇

公証人による定款の認証（同法第155条）

⬇

定款の備置き（同法第156条第1項）

⬇

財産の拠出の履行（同法第157条）

⬇

設立時役員等の選任（同法第159条）
　定款で設立時理事、設立時監事、設立時評議員を定めていないときは選任する。(*)

⬇

設立時理事等による財産拠出の完了調査と設立手続きの調査（同法第161条）

⬇

代表理事の選定（同法第162条第1項）
　定款で設立時代表理事を定めていないときは選定する。

⬇

設立登記（同法第163条）

＊大規模一般財団法人は、設立時会計監査人も必要

3．公証人による定款の認証

定款は、設立者が作成しただけでは、効力を生じません。定款としての効力を生じさせるためには、公証人による認証を受けなければなりません（法人法第155条）。

（1）実施機関

主たる事務所の所在地を管轄する法務局または地方法務局の所属公証人が行います。例えば、東京都に主たる事務所を置く場合は、東京法務局所属公証人（東京都内の公証役場）になります。

（2）申請者

一般財団法人の場合は設立者全員が申請者となります。なお、設立者の1人が他の設立者から委任を受けて申請者となることも可能です。

(3) 委任する場合

司法書士などの第三者に委任する場合は、設立者全員から委任を受けなければなりません。

(4) 提出書類

設立者全員の印鑑証明書（設立者が法人の場合、その法人の印鑑証明書と登記事項証明書）。ただし、認証の時点で発行日が3か月以内のものに限ります。

(5) 認証の費用

認証の費用は5万円です。ただし、定款のページ数により、1,000円～2,000円程度が加算されます。

(6) 所要期間

認証にかかる時間は1時間程度です（事前予約が必要）。

4. 財産の拠出の履行

一般財団法人は、財産に法人格が与えられているものなので、一般財団法人の設立にあたっては、一定の財産の拠出が履行されることが必要になります。

設立者は、定款について公証人の認証を受けた後、遅滞なく設立者が拠出すると定款に定めた金銭の全額を払い込むか、金銭以外の財産の全部を給付しなければなりません（法人法第157条第1項）。

なお、金銭を払い込む場合は、設立者名義の銀行口座に払い込みます。もしくは金融機関に拠出金の受入れを委託する（払込金受入証明書）方法で行います。

5. 設立時理事等による設立手続きの調査

設立時理事及び設立時監事は、その選任後、遅滞なく①財産の拠出が完了していること、②一般財団法人の設立の手続きが法令または定款に違反していないことを調査しなければなりません（法人法第161条第1項）。

6. 設立登記

一般財団法人は、その主たる事務所の所在地において設立の登記をすることによって成立します（法人法第163条）。

(1) 実施機関

主たる事務所を管轄する法務局へ申請します。従たる事務所を設置する場合は、主たる事務所を管轄する法務局での登記完了後、従たる事務所を管轄する法務局へ申請します。

（2） 提出書類

法務局へ提出する書類は、次のとおりです。

・定款

・財産の拠出の履行があったことを証する書面

・設立者の決議書（決定書）

・設立時理事・設立時監事・設立時評議員・設立時代表理事の就任承諾書

・設立時代表理事の印鑑証明書

・（定款の附則で設立時代表理事を定めなかった場合は）設立時代表理事の互選に関する書面

・設立時理事・設立時監事・設立時評議員の本人確認証明書（住民票等）

・設立時代表理事の印鑑届出書

（3） 費　用

登録免許税として6万円がかかります。なお、従たる事務所を設置する場合は、1か所につき追加で9,000円が必要です。

（4） 所要期間

通常、申請から1週間～2週間で登記完了になります（ただし、管轄法務局・申請時期により異なります）。

定款作成

Q04 一般社団法人・一般財団法人設立における定款の作成方法について教えてください。

A 定款は、必要的記載事項、相対的記載事項及び任意的記載事項に分けて、それぞれ検討し、規定する必要があります。

1．定款の作成

（1） 一般社団法人

一般社団法人を設立するには、その社員になろうとする者が共同して定款を作成し、その全員がこれに署名または記名押印しなければならないとされています（法人法第10条第1項）。この社員は、設立する一般社団法人の構成員のことです。「共同して定款を作成」しなければならないため、設立時の社員は2人以上必要になります。

（2） 一般財団法人

一般財団法人を設立するには、設立者（1人でも複数でも可）が定款を作成し、これに署名または記名押印しなければならないとされています（法人法第152条第1項）。

また、上記以外に、設立者が遺言で一般財団法人を設立する意思を表示することも可能です。この場合においては、遺言執行者は、当該遺言の効力が生じた後、遅滞なく、当該遺言で定めた事項を記載した定款を作成し、これに署名または記名押印しなければならないとされています（法人法第152条第2項）。

2．定款の記載事項

定款の記載事項は、必要的記載事項、相対的記載事項および任意的記載事項に分けることができます。

（1） 必要的記載事項

必要的記載事項とは、定款に必ず記載しなければならず、その事項について記載がない場合は、定款全体が無効となる記載事項です。

一般社団法人については法人法第11条第1項、一般財団法人については法人法

第153条第1項に規定されています。具体的には次のとおりです。

① 目 的

定款に、「この法人は、○○○○に関する事業を行い、○○○○に寄与することを目的とする」と規定され、その目的を達成するために行う事業についても記載する必要があります。なお、新設の一般社団法人・一般財団法人が行うことのできる事業に制限はありません。自由で自立的な事業活動が可能です。

② 名 称

特に制限はありませんが、名称中に「一般社団法人」「一般財団法人」を用いなければなりません。

③ 主たる事務所の所在地

主たる事務所の所在地は、最小行政区画（市町村など、東京都の場合特別区）までの記載で足ります。従たる事務所の所在地を定款に記載するか否かは自由です。

④ 設立時社員の氏名または名称および住所

一般社団法人の場合は、設立時社員の氏名又は名称及び住所を記載する必要があります。一般的に、附則に記載することが多いです。

⑤ 社員の資格の得喪に関する規定

一般社団法人の場合は、法人の社員となりうる者の資格を決めます。入会手続きについての規定や、退会事由（退社事由）についての規定は、社員資格の得喪に関する規定として、定款に記載しなければなりません。退社事由については、法定の事由（法人法第29条第2号～第4号）以外に、定款で規定することができます（法人法第29条第1号）。

⑥ 公告方法

公告は、次のいずれかの方法で定めることができます。

- 官報に掲載する方法
- 時事に関する事項を掲載する日刊新聞紙に掲載する方法
- 電子公告
- 主たる事務所の公衆の見やすい場所に掲示する方法

⑦ 事業年度

事業年度は、計算書類およびその附属明細書の作成時期に関わります。この期間は1年を超えることはできません。

⑧　設立者の氏名または名称および住所

一般財団法人の場合は、設立者の氏名又は名称及び住所を記載する必要があります。一般的に、附則に記載することが多いです。

⑨　設立に際して設立者が拠出をする財産およびその価額

一般財団法人は、「財産」に法人格が与えられています。そのため、設立には財産が不可欠であり、設立者が拠出する財産及びその価額を記載しなければなりません。

⑩　設立時評議員、設立時理事および設立時監事の選任に関する事項

一般財団法人の場合、設立時評議員、設立時理事及び設立時監事は、定款で定めることが原則ですが、定款に選任方法を定めた場合には、財産の拠出の履行の完了後、遅滞なく、その選任方法に従って、これらの者を選任しなければならないとされています（法人法第159条第1項）。

⑪　設立しようとする一般財団法人が会計監査人設置一般財団法人であるときは、設立時会計監査人の選任に関する事項

一般財団法人の場合、設立しようとする一般財団法人が会計監査人設置一般財団法人である場合において、定款で設立時会計監査人を定めなかったときは、財産の拠出の履行が完了した後、遅滞なく、定款で定めるところにより、設立時会計監査人を選任しなければならないとされています（法人法第159条第2項）。

⑫　評議員の選任及び解任の方法

一般財団法人の場合、評議員の選任及び解任の方法を規定しなければなりません。なお、理事または理事会が評議員を選任または解任する旨の定款の定めは無効となります（法人法第153条第3項第1号）。

（2）　相対的記載事項

必要的記載事項と異なり、記載がなくても定款の効力に影響はありませんが、定款の定めがなければその効力を生じない事項です（法人法第12条、第154条）。

具体例としては、次の事項があります。

- ・社員の経費支払義務（法人法第27条）
- ・理事及び監事の任期の短縮（同法第66条、第67条、第177条）
- ・理事会の決議の省略（同法第96条、第197条）
- ・不可欠特定財産（同法第172条第2項）　等

（3） 任意的記載事項

法令に違反しない範囲で任意に記載することができる事項です。記載がなくても定款の効力に影響はありませんが、記載したものを変更するときは、定款変更の手続きが必要となります（法人法第146条、第200条）。

3．主な検討事項

必要的記載事項以外で、定款への記載に際し、検討すべき事項は次のとおりです。

（1） 理事会の設置の有無

一般社団法人の場合、理事会の設置は任意です。

一般財団法人の場合は、理事会を必ず設置しなければなりません。

（2） 理事および監事の員数

一般社団法人の場合、理事は1人以上（理事会設置は3人以上）を置きます。監事は任意ですが、理事会を設置した場合は1人以上を置きます。

一般財団法人の場合は、理事会は必置であり、理事・評議員はそれぞれ3人以上、監事は1人以上を置きます。

（3） 代表理事および業務執行理事

2人以上の理事を置く場合は、代表理事を定めることができます。理事会を設置した場合は、必ず定めなければなりません。また、業務執行理事を定めることができます。

（4） 剰余金の分配および残余財産の帰属

社員や一般財団法人の設立者に剰余金の分配を受ける権利および残余財産の分配を受ける権利を定めても無効になります。

（5） みなし譲渡課税の非課税要件の検討

法人税法上の非営利型法人とする場合で、個人から資産を受け入れる可能性がある場合は、租税特別措置法第40条の理事等の親族等割合についての制限、残余財産の帰属先の定め、保有株式等の権利行使の規定についても考慮する必要があります。

（6） 設立時社員（一般財団法人の場合は設立者）となる者

設立時の社員は2名以上（法人も可）、設立者は1名以上（法人も可）が必要です。

（7） 代議員制の採用の有無

一般社団法人において社員の数が多数に上るときは、代議員制の採用を検討することも考えられます。この場合、「平成20年10月10日　内閣府公益認定等委員会『移行認定又は移行認可の申請に当たって定款の変更の案を作成するに際し特に留意すべき事項について』の『3 代議員制度』」を参照してください。

(8) 評議員の報酬総額

評議員の報酬の総額または日当単価の記載が必要になります。また、無報酬の場合も、無報酬である旨の記載をすることが望ましいでしょう。

(9) 法人税法上の非営利型法人(非営利性が徹底された法人、共益的活動を目的とする法人)の要件

① 非営利性が徹底された法人

定款での規定に関する要件は次のとおりとなっているため、留意が必要です。

・剰余金の分配を行わないことを定款に定めていること。
・解散したときは、残余財産を国・地方公共団体や一定の公益的な団体に贈与することを定款に定めていること。

② 共益的活動を目的とする法人

定款での規定に関する要件は次のとおりとなっているため、留意が必要です。

・定款等に会費の定めがあること。
・定款に特定の個人又は団体に剰余金の分配を行うことを定めていないこと。
・解散したときにその残余財産を特定の個人又は団体に帰属させることを定款に定めていないこと。

Q05 一般社団法人・一般財団法人の一事業年度の流れと、理事会・社員総会・評議員会のスケジュールについて教えてください。

A 一事業年度は「決算業務」と「予算策定業務」の2つの時期に分けることができ、それぞれに会計・法人運営・税務に関する実務を行います。また、社員総会・評議員会は「定時」と「臨時」に分けられ、ともに理事会の決議によって社員総会・評議員会の招集を決定します。

1．一事業年度の流れ

一般社団法人・一般財団法人における一事業年度の流れは、次のとおりです。なお、3月決算を前提としています。

図3.1 一事業年度の流れ

	会　計	法　人　運　営	税　務
4月	決算業務（4月～5月）		
5月		・監事監査	消費税の税務申告
6月		・理事会の開催 ・定時社員総会・評議員会の開催／公告	法人税等の税務申告
7月		・役員変更登記	
8月			
9月			
10月		理事会の開催（代表理事・業務執行理事による職務執行状況の報告）（10月～11月）	
11月			
12月			年末調整
1月	予算策定業務（1月～2月）	・理事会の開催	法定調書・給与支払報告書の提出
2月		・臨時社員総会・評議員会の開催（定款で規定した場合）（2月～3月）	
3月			

会計の観点では「決算業務」「予算策定業務」が二大業務となります。

各業務完了後、決算・予算を承認するための理事会・社員総会・評議員会を開催します。決算を承認する定時社員総会・評議員会終了後には、公告・役員変更登記（役員の変更があった場合）が必要です。また、上半期が経過したら、代表理事・業務執行理事による職務執行状況の報告を行うため、理事会を開催します。

税務の手続きは、営利法人と同様になります。なお、決算は定時社員総会・評議員会で承認されることから、それらが6月に開催される場合、法人税等の申告も承認後の6月になりますので、申告期限の延長手続きを行う必要があります。

2．理事会・社員総会・評議員会のスケジュール

（1） 定時社員総会・定時評議員会のスケジュール

定時社員総会・定時評議員会は、毎事業年度の終了後一定の時期に招集しなければならないとされ、計算書類および事業報告は定時社員総会・定時評議員会の承認を受け、または報告しなければならないとされています。

具体的には、次の時系列で各手続きを進めます。

①監事による事業報告・計算書類等の監査（③までに実施することで可）
②理事会開催日の原則1週間前までに理事会の招集
③理事会開催
④理事会終了後、社員総会・評議員会開催日の原則1週間前までに社員総会・評議員会の招集
⑤「⑥社員総会・評議員会開催」日の2週間前から、「③理事会」で承認された計算書類等の備置き
⑥社員総会・評議員会の開催
⑦社員総会・評議員会終了後、公告
⑧代表理事・業務執行理事の選任を行う場合は、理事会の開催

（2） 臨時社員総会・臨時評議員会のスケジュール

社員総会・評議員会は、必要がある場合にはいつでも招集することができるとされ、定款ではそれぞれ臨時社員総会・臨時評議員会と規定しています。定時社員総会・定時評議員会と異なり、監事監査・計算書類等の備置き・公告の手続きはありません。

具体的には、次の時系列で各手続きを進めます。

②理事会開催日の原則1週間前までに理事会の招集
③理事会開催
④理事会終了後、社員総会・評議員会開催日の原則1週間前までに社員総会・評議員会の招集
⑥社員総会・評議員会の開催
⑧代表理事・業務執行理事の選任を行う場合は、理事会の開催

図3.2　理事会・社員総会・評議員会の流れ

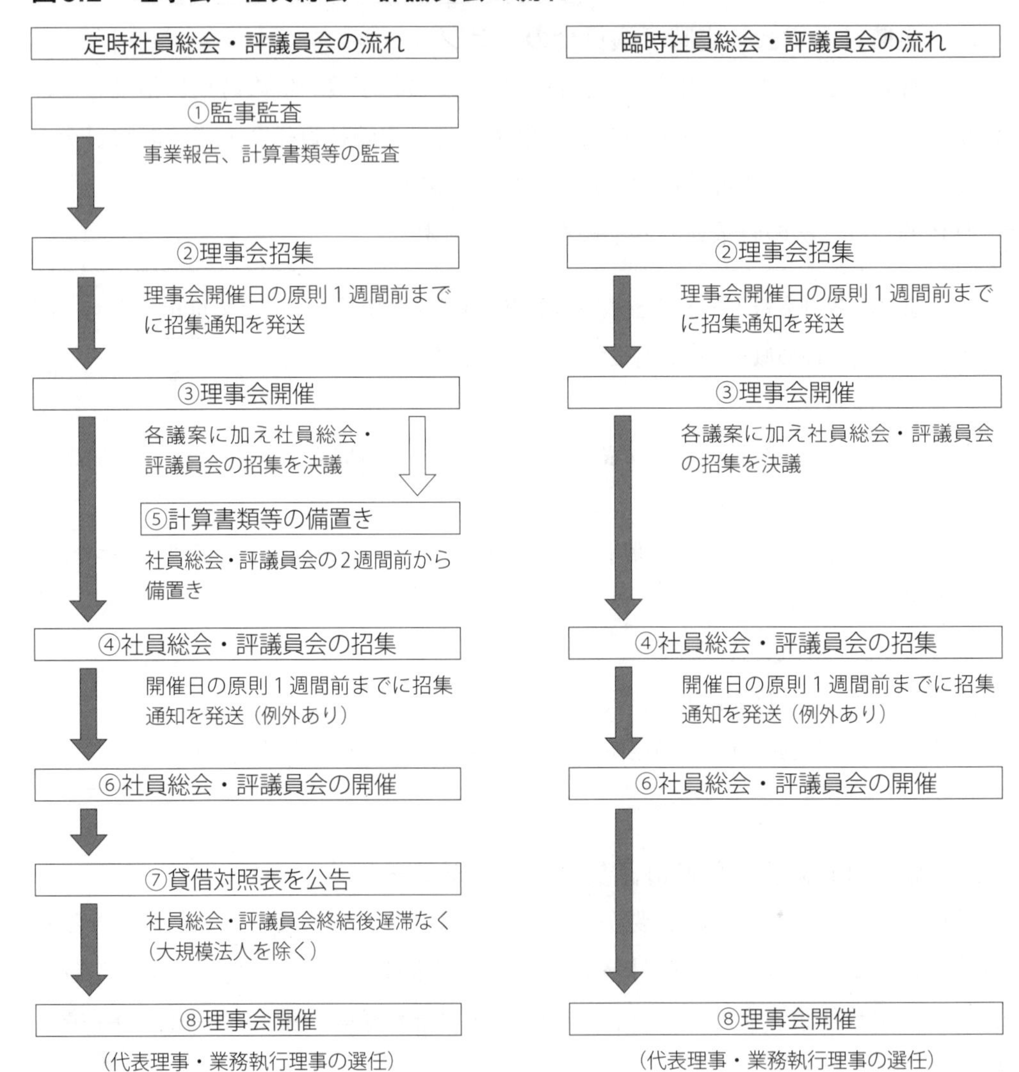

Q06 理事会開催までの流れ（招集、議題、議事録）とその運営方法について教えてください。

A 理事会開催の大まかな流れは、①招集権者による招集（招集通知の発送）、②理事会当日に各議題について決議・報告を行う、③理事会終了後に議事録を作成し備え置く、です。それぞれに細かな規定があり、瑕疵なく手続きを行う必要があります。

1．理事会の招集

（1） 招集権者

理事会は、各理事が招集します（法人法第93条第1項）。

なお、定款または理事会（理事会運営規則または理事会決議）において、理事会を招集する理事（招集権者）を定めることができます。この場合の招集権者は、代表理事と定めることが一般的です。

（2） 招集権者以外の理事会の招集

定款等において招集権者が定められている場合には、招集権者以外の理事は、招集権者に対し、理事会の目的である事項を示して、理事会の招集を請求することができます（法人法第93条第2項）。この請求があった日から5日以内に、招集請求があった日から2週間以内の日を理事会の日とする招集通知が発せられない場合には、その請求をした理事が理事会を招集することができます（法人法第93条第3項）。

（3） 監事による理事会の招集

監事も必要があると認めるときは、招集権者に対し、理事会の招集を請求することができます（法人法第101条第2項）。この場合も、請求の日から5日以内に、招集請求があった日から2週間以内の日を理事会の日とする招集通知が発せられない場合には、その請求をした監事が理事会を招集することができます（法人法第101条第3項）。

（4） 招集の方法

法人法では、「理事会を招集する者は、理事会の日の1週間前までに、各理事及び各監事に対してその通知を発しなければならない」としています（法人法第94条第1項）。なお、「1週間」は定款で短縮することができます。

招集通知の方法については法人法において特に規定されておらず、理事等に対して、理事会の招集の通知をすればよく、定款上に規定がなければ書面でなくても構いません。

（5） 招集通知の内容

招集通知の具体的な内容についても、法人法において特に規定されていません。しかし、招集するための通知ですから、開催日時・開催場所・議題（会議の目的たる事項）を記載することが一般的です。なお、招集通知に記載していない議題であっても理事会で決議することができます。

（6） 理事会の招集手続きの省略

理事会は、理事及び監事の全員の同意があるときは、招集の手続きを経ることなく開催することができます（法人法第94条第2項）。理事全員改選直後に招集する理事会において、招集手続きの省略を採ることが考えられます。

2．理事会の議題（決議事項と報告事項）

理事会は、業務執行に関する法人の意思を決定する権限を有すると規定されています（法人法第90条第2項）。理事会の決議事項は、次のとおりです。

1 重要な財産の処分及び譲受け（法人法第90条第4項）
2 多額の借財（同法同条同項）
3 重要な使用人の選任及び解任（同法同条同項）
4 従たる事務所その他の重要な組織の設置、変更及び廃止（同法同条同項）
5 理事の職務の執行が法令及び定款に適合することを確保するための体制その他一般社団法人・一般財団法人の業務の適正を確保するために必要なものとして法務省令で定める体制の整備（同法同条同項）
6 定款の定めに基づく役員等の責任の一部免除（同法同条同項）
7 社員総会、評議員会の招集決定（同法第38条第2項、第181条第1項）
8 代表理事及び業務執行理事の選定及び解職（同法第90条第2項、第91条第1項）
9 事業報告及び計算書類等の承認（同法第124条第3項）
10 理事の競業取引の承認（同法第84条、第92条）

11　理事・法人間の利益相反取引の承認（同法第84条、第92条）
12　書面・電磁的方法による議決権行使（同法第38条第1項）
13　事業計画及び収支予算の承認（認定法第21条第1項、定款の定めがある場合）

続いて、理事会の報告事項は、次のとおりです。

1　代表理事・業務執行理事の職務執行状況の報告（法人法第91条第2項）

事業計画及び収支予算

一般社団法人・一般財団法人は、法人法上は事業計画書及び収支予算書を作成する義務がない法人です。しかしながら、通常は中小企業等よりも多くのステークホルダーが関与して運営をしているため、法人の業務執行におけるガバナンス確保の観点から、事業計画及び収支予算に関する事項について定款に定めを置き、事業計画書及び収支予算書を作成してこれに基づいて法人運営を適切に行っていくことが望ましいでしょう。

3．理事会運営と議事録の作成

（1）理事会の構成

理事会は、理事の全員で構成される会議体です（法人法第90条第1項）。監事は、理事会の構成員ではありませんが、理事会に出席する義務があり、必要があるときは意見を述べなければなりません（法人法第101条第1項）。

（2）理事会の議長

法人法において、理事会の議長に関する規定はありません。そのため、定款・理事会運営規則で議長を代表理事（会長・理事長）と定めることが一般的です。

（3）理事会の運営

定足数の算定は、理事の頭数によります。理事会の決議は、議決に加わることができる理事の過半数が出席し、その過半数をもって行います（法人法第95条第1項）。「過半数」は、それぞれ定款によって加重することができます。

理事は自ら理事会に出席し、議決権を行使することが求められ、代理出席や書面による議決権行使をすることはできません。

また、この決議について特別の利害関係を有する理事は、議決に加わることができません（法人法第95条第2項）。

（4） 議事録の作成

理事会の議事録には、次の法定記載事項を記載します（法人法施行規則第15条第3項）。

①日時および場所 ②議事の経過の要領およびその結果 ③出席理事名 ④出席監事名 ⑤議長名

また、理事会の議事録には、出席した理事及び監事の署名または記名押印が必要です。ただし、出席した代表理事と監事が署名または記名押印する旨の定款の定めがある場合、出席した代表理事と監事が署名または記名押印することができます（法人法第95条第3項）。

（5） 議事録の備置き

理事会の議事録は、理事会の日から10年間、主たる事務所に備え置かなければなりません（法人法第97条第1項）。

Q07 社員総会開催までの流れ（招集、議題、議事録）とその運営方法について教えてください。

A 社員総会開催の大まかな流れは、①理事会の決議によって社員総会の招集を決定、②招集権者による招集（招集通知の発送）、③社員総会当日に各議題について決議・報告を行う、④社員総会終了後に議事録を作成し備え置く、です。なお、社員総会の決議には、理事会・評議員会とは異なり、「書面等による議決権の行使」「議決権の代理行使」があります。それぞれに細かな規定があり、瑕疵なく手続きを行う必要があります。

1．社員総会の招集

（1） 招集の決定

理事会の決議によって社員総会の招集を決定します（法人法第38条第2項）。社員総会の招集にあたっては、次の事項を定めなければなりません（法人法第38条第1項、法人法施行規則第4条）。

①社員総会の日時及び場所
②社員総会の目的である事項（＝議題）
③役員等の選任、役員等の報酬等、事業の全部の譲渡、定款の変更、合併が議題にある場合の議案
④社員総会に出席しない社員が書面・電磁的方法によって議決権を行使することができることとするときは、その旨等

招集通知には、理事会の決議によって決定された上記の記載が必要です。また、定時社員総会においては、決算に関する機関決定を行う必要があるため、招集通知に下記を添付する必要があります（法人法第125条）。

①理事会の承認を受けた計算書類
②理事会の承認を受けた事業報告
③監査報告
④財産目録（公益社団法人・公益財団法人の場合）

（2） 招集の方法

招集通知は、社員総会の日の1週間前までに社員に対してその通知を発しなければなりません（法人法第39条第1項）。

（3） 招集権者

社員総会は、原則、理事が招集します（法人法第36条第3項）。なお、招集通知を発する権限を有している理事は代表理事と考えられ、その旨定款で規定することが一般的です。

（4） 招集手続きの省略

社員の全員の同意があるときは、招集の手続きを経ることなく開催することができます（法人法第40条）。この場合においても理事会の招集決定は必要です。なお、書面・電磁的方法によって議決権を行使することができることとしたときは、招集手続きを省略できません。

2．社員総会の議題（決議事項と報告事項）

社員総会は、法人法に規定する事項及び定款で定めた事項を決議することができる重要な機関です（法人法第35条第2項）。社員総会の決議事項は、次のとおりです。

【社員総会の主な決議事項】

1 理事及び監事の選任又は解任（法人法第63条、第70条）
2 理事及び監事の報酬等の額（定款で定めていない場合）（同法第89条、第105条）
3 計算書類の承認（同法第126条第2項）
4 定款の変更（同法第146条）
5 役員等の責任の一部免除（同法第113条第1項）
6 事業の全部の譲渡（同法第147条）
7 合併契約の承認（同法第247条、第251条、第257条）
8 定款の規定により残余財産の帰属が定まらない場合の残余財産の帰属（同法第239条第2項）

9　事業計画及び収支予算の承認（定款の定めがある場合）

【社団法人特有の決議事項】

10　社員の除名（同法第30条）

11　基金の返還（同法第141条第1項）

12　解散（同法第148条）

【公益社団法人特有の決議事項】

13　財産目録の承認（認定法施行規則第33条第1項）

14　公益目的事業財産の設定（同規則第26条第8項）

なお、社員総会は、社員に剰余金を分配する旨の決議をすることができません（法人法第35条第3項）。

続いて、社員総会の報告事項は、次のとおりです。

1　事業報告（法人法第126条第3項）

2　事業計画及び収支予算の報告（定款の定めがある場合）

3．社員総会運営と議事録の作成

（1）　社員総会の議長

議長は、社員総会の秩序を維持し、議事を整理するものとされています（法人法第54条第1項）。議長の選出は、法人法において明文化されていないため、定款の規定に拠ります。具体的には、次のケースが考えられます。

・代表理事（会長・理事長）

・社員総会の都度、出席した社員の中から互選で選出

（2）　社員総会の決議

①　普通決議

普通決議は、定款に別段の定めがある場合を除き、総社員の議決権の過半数を有する社員が出席し、出席した社員の議決権の過半数をもって行います（法人法第49条第1項）。

②　特別決議

次の決議事項は、特別決議を要するとされています（法人法第49条第2項）。

・社員の除名（法人法第30条第1項）
・監事の解任（同法第70条第1項）
・定款の変更（同法第146条）
・役員等の責任の一部免除（同法第113条第1項）
・解散（同法第148条第3号）　等

特別決議は、総社員の半数以上であって、総社員の議決権の3分の2（定款によって加重することができる）以上に当たる多数をもって行わなければならないとされています（法人法第49条第2項）。

＜参考＞社員の議決権

社員は、定款で別段の定めがある場合を除き、各一個の議決権を有しています（法人法第48条第1項）。なお、公益社団法人においては、社員の議決権に関して、法人の目的に照らし、不当に差別的な取り扱いはできません（認定法第5条第14号ロ）。

（3） 書面（電磁的方法）による議決権の行使

定款において、社員総会において書面（電磁的方法）による議決権行使を認める旨を規定している法人の社員は、書面（電磁的方法）によって議決権を行使することができます。

また、定款に当該規定がない場合でも、社員総会の招集を決定する理事会において、書面（電磁的方法）による議決権の行使をできることとした場合には、社員は書面（電磁的方法）によって議決権を行使することができます。

当該理事会においては、次の事項を決議する必要があります。

①社員総会に出席しない社員が書面（電磁的方法）によって議決権を行使することができること（法人法第38条第1項第3号、第4号）
②社員総会参考書類に記載すべき事項（「議案」「議案の提案理由」等）（法人法施行規則第4条、第5条）
③書面（電磁的方法）による議決権行使の期限（社員総会の日時以前の時であって、社員総会の通知を発した日から2週間を経過した日以後の時に限る）（法人法施行規則第4条）

① **招集通知の発送時期**

書面（電磁的方法）による議決権行使が認められた社員総会については、社員総会の日の2週間前までに招集通知を発しなければなりません（法人法第39条第1項）。また、招集通知に添付して、社員総会参考書類と議決権行使書を社員に交付する必要があります。

② **議決権の取扱い**

書面（電磁的方法）によって行使した議決権の数は、出席した社員の議決権の数に算入します（法人法第51条第2項）。よって、社員総会の成立要件である定足数にも、決議に必要な議決権数にも加算されます。

③ **備置き**

法人に提出された議決権行使書面は、社員総会の日から3か月間、主たる事務所に備え置かなければならないとされ、また、法人の業務時間内はいつでも議決権行使書面の閲覧または謄写の請求に応じなければなりません（法人法第51条第3項、第4項）。なお、電磁的方法による議決権の行使の場合は、その電磁的記録をその主たる事務所に備え置かなければならないとされています（法人法第52条第4項）。

（4） 議決権の代理行使

社員は、代理人によって社員総会における議決権を行使することができます。社員総会を欠席する社員が議決権の代理行使をする場合、その社員または代理人は、代理権を証明する書面（いわゆる「委任状」）を法人に提出しなければなりません（法人法第50条第1項）。

なお、定款に代理人によって議決権を行使することができると定められていない場合であっても、代理人によって議決権を行使することができます。

（5） 議事録の作成

社員総会の議事録には、次の法定記載事項を記載します（法人法施行規則第11条第3項）。

①日時及び場所
②議事の経過の要領及びその結果
③出席理事名
④出席監事名
⑤議長名
⑥議事録作成者名

また、法人法において、社員総会の議事録に関する議事録署名人の規定は設けられていません。そのため、議事録署名人を定款で規定することが一般的です。

（6） 議事録の備置き

社員総会の議事録は、社員総会の日から10年間、主たる事務所に備え置かなければなりません（法人法第57条第2項）。

Q08 評議員会開催までの流れ（招集、議題、議事録）とその運営方法について教えてください。

A 評議員会開催の大まかな流れは、①理事会の決議によって評議員会の招集を決定、②招集権者による招集（招集通知の発送）、③評議員会当日に各議題について決議・報告を行う、④評議員会終了後に議事録を作成し備え置く、です。それぞれに細かな規定があり、瑕疵なく手続きを行う必要があります。

1．評議員会の招集

（1） 招集の決定

理事会の決議によって評議員会の招集を決定します（法人法第181条第1項）。評議員会の招集にあたっては、次の事項を定めなければなりません（法人法第181条第1項、法人法施行規則第58条）。

①評議員会の日時及び場所
②評議員会の目的である事項（＝議題）
③評議員会の目的である事項に係る議案または議案の概要

招集通知には、理事会の決議によって決定された上記の記載が必要です。また、定時評議員会においては、決算に関する機関決定を行う必要があるため、招集通知に下記を添付する必要があります（法人法第125条、第199条）。

①理事会の承認を受けた計算書類
②理事会の承認を受けた事業報告
③監査報告
④財産目録（公益社団法人・公益財団法人）

（2） 招集の方法

招集通知は、評議員会の日の1週間前までに評議員に対してその通知を発しなければなりません（法人法第182条第1項）。

（3） 招集権者

評議員会は、原則、理事が招集します（法人法第179条第3項）。なお、招集通知を発する権限を有している理事は代表理事と考えられ、その旨定款で規定することが一般的です。

（4） 招集手続きの省略

評議員の全員の同意があるときは、招集の手続きを経ることなく開催することができます（法人法第183条）。この場合においても理事会の招集決定は必要です。

2．評議員会の議題（決議事項と報告事項）

評議員会はすべての評議員で組織され、法人法に規定する事項及び定款で定めた事項を決議することができる重要な機関とされています（法人法第178条）。評議員会の決議事項は、次のとおりです。

【評議員会の主な決議事項】

1 理事及び監事の選任又は解任（法人法第63条、第176条、第177条）
2 理事及び監事の報酬等の額（定款で定めていない場合）（同法第89条、第105条、第197条）
3 計算書類の承認（同法第126条第2項、第199条）
4 定款の変更（同法第200条）
5 基本財産の処分又は除外の承認（定款の定めがある場合）（同法第172条第2項）
6 役員等の責任の一部免除（同法第113条第1項、第198条）
7 事業の全部の譲渡（同法第201条）
8 合併契約の承認（同法第247条、第251条、第257条）
9 定款の規定により残余財産の帰属が定まらない場合の残余財産の帰属（同法第239条第2項）
10 事業計画及び収支予算の承認（定款の定めがある場合）

【財団法人特有の決議事項】

11 評議員に対する報酬等の支給の基準（同法第196条、内閣府ＦＡＱⅤ－6－④）
12 評議員の選任及び解任（同法第153条第1項）

【公益財団法人特有の決議事項】

13 財産目録の承認（認定法施行規則第33条第1項）

14 公益目的事業財産の設定（認定法施行規則第26条第8号）

続いて、評議員会の報告事項は、次のとおりです。

1 事業報告（法人法第126条第3項、第199条）

2 事業計画及び収支予算の報告（定款の定めがある場合）

3．評議員会運営と議事録の作成

（1） 評議員会の議長

議長の選出は、法人法において明文化されていないため、定款の規定によります。具体的には、次のケースが考えられます。

・代表理事（会長・理事長）

・評議員会の都度、出席した評議員の中から互選で選出

（2） 評議員会の決議

① 普通決議

普通決議は、議決に加わることができる評議員の過半数（定款によって加重することができる）が出席し、その過半数（定款によって加重することができる）をもって行います（法人法第189条第1項）。

② 特別決議

次の決議事項は、特別決議を要するとされています（法人法第189条第2項）。

・監事の解任（法人法第176条第1項）

・定款の変更（同法第200条）

・役員等の責任の一部免除（同法第113条第1項、第198条） 等

特別決議は、議決に加わることができる評議員の3分の2（定款によって加重することができる）以上に当たる多数をもって行わなければならないとされています（法人法第189条第2項）。

特別の利害関係を有する評議員

普通決議、特別決議ともに特別の利害関係を有する評議員は、議決に加わることができないとされています（法人法第189条第3項）。

※例えば、評議員会において、ある評議員の解任を決議するときには、その者は「特別の利害関係を有する評議員」に該当すると考えられます。

（3） 議事録の作成

評議員会の議事録には、次の法定記載事項を記載します（法人法施行規則第60条第3項）。

①日時及び場所
②議事の経過の要領及びその結果
③出席評議員名
④出席理事名
⑤出席監事名
⑥議長名
⑦議事録作成者名

また、法人法において、評議員会の議事録に関する議事録署名人の規定は設けられていません。そのため、議事録署名人を定款で規定することが一般的です。

（4） 議事録の備置き

評議員会の議事録は、評議員会の日から10年間、主たる事務所に備え置かなければなりません（法人法第193条第2項）。

Q09 理事会・社員総会・評議員会における「決議の省略」と「報告の省略」について教えてください。

A 理事会・社員総会・評議員会を実際に開催せずに、書面等による意思表示で決議があったものとみなすことを「決議の省略」、個別に報告することで報告があったものとみなす（または、報告することを要しない）ことを「報告の省略」といいます。これらの場合、一定の要件を満たす必要がありますので、留意してください。

1．理事会における「決議の省略」と「報告の省略」

（1） 理事会の決議の省略

理事会の決議の省略は、理事が理事会の目的である事項について提案をした場合に、その提案に対し、理事（その事項について議決に加わることができる者）の全員が書面（電磁的記録）により同意の意思表示をしたときは、その提案を可決する旨の理事会の決議があったものとみなされます。

なお、理事会の決議の省略は、次の要件を満たす必要があります（法人法第96条）。

・理事会の決議の省略について定款の定めがあること。

・監事が異議を述べないこと。

また、理事会の決議があったものとみなされた日から10年間、同意の意思表示をした書面（電磁的記録）を主たる事務所に備え置かなければなりません（法人法第97条第1項）。

（2） 理事会への報告の省略

理事会への報告の省略は、理事、監事または会計監査人が理事および監事の全員に対して理事会に報告すべき事項を通知した場合は、その事項を理事会へ報告することを要しません（法人法第98条第1項）。なお、代表理事・業務執行理事の職務執行状況の報告については、「理事会への報告の省略」を適用できません（法人法第98条第2項）。

(3) 議事録

「理事会の決議の省略」の議事録は、次の事項の記載が必要です（法人法施行規則第15条第4項第1号）。

①理事会の決議があったものとみなされた事項の内容 ②上記①の事項の提案をした理事の氏名 ③理事会の決議があったものとみなされた日 ④議事録の作成に係る職務を行った理事の氏名

「理事会への報告の省略」の議事録は、次の事項の記載が必要です（法人法施行規則第15条第4項第2号）。

①理事会への報告を要しないものとされた事項の内容 ②理事会への報告を要しないものとされた日 ③議事録の作成に係る職務を行った理事の氏名

2．社員総会における「決議の省略」と「報告の省略」

(1) 社員総会の決議の省略

社員総会の決議の省略は、理事または社員が社員総会の目的である事項について提案をした場合に、その提案に対し、社員の全員が書面（電磁的記録）により同意の意思表示をしたときは、その提案を可決する旨の社員総会の決議があったものとみなされます（法人法第58条第1項）。

なお、社員総会の決議があったものとみなされた日から10年間、同意の意思表示をした書面（電磁的記録）を主たる事務所に備え置かなければなりません（法人法第58条第2項）。

(2) 社員総会への報告の省略

社員総会への報告の省略は、理事が社員の全員に対して社員総会に報告すべき事項を通知した場合に、その事項を社員総会に報告することを要しないことにつき社員の全員が書面により同意の意思表示をしたときは、その事項の社員総会への報告があったものとみなされます（法人法第59条）。

(3) 議事録

「社員総会の決議の省略」「社員総会への報告の省略」、それぞれ「社員総会の決議があったもの」「社員総会への報告があったもの」とされるため、ともに議事録を作成しなければなりません（法人法第57条第1項）。

「社員総会の決議の省略」の議事録は、次の事項の記載が必要です（法人法施行規則第11条第4項第1号）。

①社員総会の決議があったものとみなされた事項の内容
②上記①の事項の提案をした者の氏名または名称
③社員総会の決議があったものとみなされた日
④議事録の作成に係る職務を行った者の氏名

「社員総会への報告の省略」の議事録は、次の事項の記載が必要です（法人法施行規則第11条第4項第2号）。

①社員総会への報告があったものとみなされた事項の内容
②社員総会への報告があったものとみなされた日
③議事録の作成に係る職務を行った者の氏名

3．評議員会における「決議の省略」と「報告の省略」

（1） 評議員会の決議の省略

評議員会の決議の省略は、理事が評議員会の目的である事項について提案をした場合に、その提案に対し、評議員（その事項について議決に加わることができる者）の全員が書面（電磁的記録）により同意の意思表示をしたときは、その提案を可決する旨の評議員会の決議があったものとみなされます（法人法第194条第1項）。

なお、評議員会の決議があったものとみなされた日から10年間、同意の意思表示をした書面（電磁的記録）を主たる事務所に備え置かなければなりません（法人法第194条第2項）。

（2） 評議員会への報告の省略

評議員会への報告の省略は、理事が評議員の全員に対して評議員会に報告すべき事項を通知した場合に、その事項を評議員会に報告することを要しないことにつき評議員の全員が書面により同意の意思表示をしたときは、その事項の評議員会への報告があったものとみなされます（法人法第195条）。

（3） 議事録

「評議員会の決議の省略」「評議員会への報告の省略」、それぞれ「評議員会の決議があったもの」「評議員会への報告があったもの」とされるため、ともに議事録を作成しなければなりません（法人法第193条第1項）。議事録の記載事項は、前述の社員総会と同じです（法人法施行規則第60条第4項第1号、第2号）。

Q10 ①理事会と定時社員総会（定時評議員会）の開催日、②理事会と臨時社員総会（臨時評議員会）の開催日、それぞれ間隔は何日空ける必要がありますか。

A ①理事会と定時社員総会（定時評議員会）の開催日の間は計算書類等の備置きの観点から2週間（中14日）以上空けることとなります。②理事会と臨時社員総会（臨時評議員会）の開催日の間は1週間（中7日）以上空けることとなります。

（1） 理事会と定時社員総会（定時評議員会）の開催日

定時社員総会・定時評議員会は、毎事業年度の終了後一定の時期に招集しなければならないとされ、理事会の決議によって定時社員総会・定時評議員会を招集します。理事会終了後、社員総会・評議員会開催日の原則1週間前までに社員総会・評議員会を招集しなければなりません。この「1週間前まで」というのは、招集通知を発する日と社員総会・評議員会開催日との間に正味1週間が必要であると解されています。

しかし、法人法第129条第1項において、計算書類等を定時社員総会・定時評議員会の日の2週間前の日から5年間備え置かなければならないとされており、その備え置くべき計算書類等は、理事会の承認を得る必要があります。計算書類等は理事会終了後直ちに備え置くことができますので、理事会と定時社員総会・定時評議員会の間は2週間（中14日）以上空けることとなります。

したがって、原則である定時社員総会・定時評議員会の1週間前までに招集するのではなく、理事会と定時社員総会・定時評議員会の間を2週間空けることを前提に、理事会終了後直ちに定時社員総会・定時評議員会の招集通知を発することが一般的です。

なお、社団法人に限りますが、書面（電磁的方法）による議決権行使が認められた社員総会については、社員総会の日の2週間前までに招集通知を発しなければならないとされています。

（2） 理事会と臨時社員総会（臨時評議員会）の開催日

社員総会・評議員会は、必要がある場合には理事会の決議によって、いつでも招集することができるとされ、定款ではそれぞれ臨時社員総会・臨時評議員会と規定しています。理事会終了後、社員総会・評議員会開催日の原則1週間前までに社員総会・評議員会を招集しなければなりません。

臨時社員総会・臨時評議員会は計算書類等の備置きに関する規定は適用されませんので、社員総会・評議員会開催日の原則1週間前までに招集することとなります。

（3） 決議の省略により行う理事会と定時社員総会（定時評議員会）の開催日

決議の省略により行う理事会と定時社員総会（定時評議員会）の開催日については、内閣府より、次のとおり取り扱いが示されています。

計算書類等を承認するための理事会と定時社員総会（定時評議員会）の開催日について

計算書類等を承認するための理事会の開催日と、定時社員総会の開催日は、2週間（中14日）以上空ける必要があります。これは、法人法第129条第1項において、計算書類等を定時社員総会の日の2週間前の日から5年間備え置かなければならないとされているところ、当該備え置くべき計算書類等は、理事会の承認を得たものである必要があるためです。

この点、定時社員総会の承認を、いわゆる決議の省略（同法第58条第1項）により行う場合にあっては、計算書類等を同法第58条第1項の提案があった日から5年間備え置くこととされています（同法第129条第1項）。したがって、この場合は、計算書類等を承認するための理事会の開催日と、定時社員総会の決議があったものとみなされた日との間を、必ずしも2週間以上空ける必要はありません。

また、定時評議員会についても、同様の取扱いとなります。

（出典：内閣府 公益法人メールマガジン第96号 令和2年5月13日発行）

<関連条文>一般社団法人及び一般財団法人に関する法律

（計算書類等の備置き及び閲覧等）

第129条第1項　一般社団法人は、計算書類等（各事業年度に係る計算書類及び事業報告並びにこれらの附属明細書をいう。）を、定時社員総会の日の1週間（理事会設置一般社団法人にあっては、2週間）前の日（第58条第1項の場合にあっては、同項の提案があった日）から5年間、その主たる事務所に備え置かなければならない。

（社員総会の決議の省略）

第58条第1項　理事又は社員が社員総会の目的である事項について提案をした場合において、当該提案につき社員の全員が書面又は電磁的記録により同意の意思表示をしたときは、当該提案を可決する旨の社員総会の決議があったものとみなす。

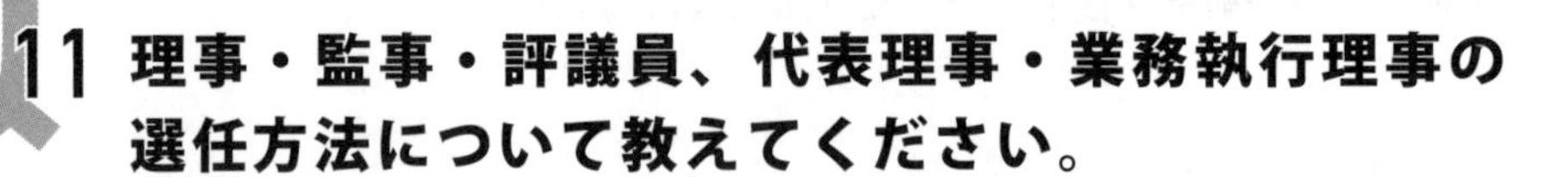

Q11 理事・監事・評議員、代表理事・業務執行理事の選任方法について教えてください。

A 役員等（理事・監事・評議員）は、一般的に社員総会または評議員会において選任されます。また、代表理事・業務執行理事は、理事会において理事の中から選定する必要があります。

1．理事・監事・評議員の選任方法

（1） 選任時期

役員等（理事・監事・評議員）については、任期が満了する定時社員総会または定時評議員会において選任することが通例です。任期の中途で辞任があったときは、その後の社員総会または評議員会において後任者を選任します。

（2） 選任方法

選任方法として、まず理事会を開催してその理事会の決議により役員等（理事・監事・評議員）の候補者を決定し、社員総会または評議員会においてその理事会提出議案に記載された候補者を1人ずつ承認する方法により行います（法人法第63条）。なお、評議員については、定款の規定により評議員選定委員会が選任することもあります（法人法第153条第1項第8号）。

（3） 監事選任に係る監事の同意

理事は、監事の選任に関する議案を社員総会または評議員会に提出するためには、現在就任している監事（監事が2人以上ある場合にあっては、その過半数）の同意を得なければなりません（法人法第72条第1項、第177条）。

（4） 構　成

①　一般社団法人・一般財団法人

理事の選任に当たっては、本章Ｑ２における「(4) 法人税法上の非営利型法人の機関設計」(93頁) に留意する必要があります。

②　公益社団法人・公益財団法人

理事、監事については、選任に当たって次の要件を遵守する必要があります。また、評議員についても、定款において同様の制限を設けていることがあります（認定法第5条第10号、第11号）。

・各理事について、理事及びその配偶者または三親等内の親族等である理事の合計数が理事の総数の3分の1を超えないものであること（監事についても同様）。
・他の同一の団体（公益法人を除く）の理事または使用人である者その他これに準ずる相互に密接な関係にある理事の合計数が理事の総数の3分の1を超えないものであること（監事についても同様）。

2．代表理事・業務執行理事の選任方法

代表理事・業務執行理事が任期満了により退任した場合には、定時社員総会または定時評議員会終了後、速やかに理事会を開催して理事の中から新たに代表理事・業務執行理事を選定する必要があります（法人法第90条第3項、第115条第1項、第197条、第198条）。

また、代表理事が任期途中で辞任した場合、法人運営の観点から代表理事の欠員は避けなければならず、速やかに理事会を招集して理事の中から後任の代表理事を選定する必要があります。現行の理事の中に代表理事候補者がいない場合には、臨時社員総会または臨時評議員会で当該候補者を理事に選任したうえで、理事会にて代表理事に選定します。

業務執行理事の任期途中での辞任に伴う、後任の選定手続きも同様です。

Q12 理事・監事・評議員の職務とその責任、また、役員等の損害賠償責任について教えてください。

A 理事は、代表理事・業務執行理事・理事（平理事）に区分され、それぞれに求められる役割が異なります。監事は業務監査・会計監査を行い、理事会への出席義務があります。また、役員等の損害賠償責任は、法人に対するものと第三者に対するものがあり、法人に対する責任については、損害賠償責任を免除（ないし一部免除）できる制度があります。

1．理事・監事・評議員の職務とその責任

（1） 理　事

法人法上の理事の立場は、「理事会の構成員である」ということであり、その職務は理事会の職務を行うことです。理事会の構成員として最も重要な職務は、理事会に出席して法人の意思決定に参加することです（法人法第90条）。

（2） 代表理事

理事会が理事の中から代表理事を選定し、代表理事が代表権を有します（法人法第90条第3項）。そして、代表理事は、法人の業務に関する一切の裁判上又は裁判外の行為をする権限を有しています（法人法第77条第4項）。

代表理事の呼称は、会長または理事長として定款で規定されることが一般的です。また、代表理事を複数制とし、副会長・副理事長も代表理事として定款で定めるケースも見受けられます。

（3） 代表理事と業務執行理事

代表理事と業務執行理事は、法人の業務を執行するとされています（法人法第91条第1項）。業務執行理事の呼称は、専務理事・常務理事として定款で規定されることが一般的です。

また、代表理事と業務執行理事は、3か月に1回以上、自己の職務の執行の状況を理事会に報告しなければなりません。ただし、定款で毎事業年度に4か月を超える間隔で2回以上報告しなければならない旨を定めることができます（法人法第

91条第2項）。

（4） 監　事

① 業務監査

監事は、理事の職務の執行を監査し、監査報告を作成します（法人法第99条第1項）。そのため、監事は次の権限をいつでも行使できます（法人法第99条第2項）。

・理事及び使用人に対して事業の報告を求めること。
・法人の業務及び財産の状況の調査をすること。

② 会計監査

監事は、「計算書類及び事業報告並びにこれらの附属明細書」等を監査し、監査報告を作成します（法人法第124条第2項）。

③ 理事会への報告義務

監事は、次の場合は遅滞なく、理事会に報告しなければなりません（法人法第100条）。

・理事が不正行為をしていると認められる場合
・理事が不正行為をする恐れがあると認められる場合
・理事の行為に法令に違反している事実があると認められる場合
・理事の行為に定款に違反している事実があると認められる場合
・理事の行為に著しく不当な事実があると認められる場合

④ 理事会への出席義務

理事会への出席義務については、次のように定められています（法人法第101条）。

・各監事は、理事会に出席しなければなりません。
・必要があると認めるときは、理事会で意見を述べなければなりません。
・監事は、前述の「理事会への報告義務」において、必要があると認めるときは、理事に対し、理事会の招集を請求することができます。

（5） 評議員

一般財団法人は評議員を置かなければならないとされ、すべての評議員をもって評議員会は組織されます（法人法第170条第1項、第178条第1項）。

評議員会は法人の重要な意思決定に関わる機関であり、評議員はその構成員として議決権を行使することになります。

2．役員等の損害賠償責任

（1） 任務懈怠による責任

理事、監事、評議員または会計監査人は法人と委任契約を交わしており、その委任契約に従い、善良なる管理者としての相当の注意を払って職務を遂行する義務を負っています。したがって、その任務を怠り、法人に損害を与えた場合には、法人に対しその損害を賠償する責任を負います（法人法第111条第1項、第198条、第64条、第172条第1項）。

（2） 損害賠償の免除

前述の損害賠償責任を免除（ないし一部免除）できる制度があり、次の①はすべてを、②～④については法律上の最低責任限度額の部分を除いて免除すること（一部免除）が可能となっています（法人法第112条、第113条、第114条、第115条、第198条）。

①総社員（または総評議員）の同意があった場合
②社員総会または評議員会の特別決議による場合
③理事会の決議による場合
④責任限定契約による場合

一部免除の方法として、損害賠償責任を負う役員等が悪意または重過失がない場合に、「役員等が法人から職務執行の対価として受ける財産上の利益の一年間当たりの額に、下記それぞれの数を乗じた額（＝最低責任限度額）」を超える損害賠償額について社員総会（または評議員会）の特別決議により免除することが可能です。

代表理事…「6」
代表理事以外の業務を執行する（執行した）理事、使用人を兼務する理事…「4」
上記以外の理事、監事、会計監査人…「2」

以下、上記②～④の各制度に関する留意点です。

【②社員総会または評議員会の特別決議による場合（法人法第113条）】

（イ）その役員等が職務を行うにつき善意でかつ重大な過失がないときに社員総会または評議員会で決議することができます。

（ロ）社員総会または評議員会において次の事項を開示しなければなりません。

○責任の原因となった事実及び賠償の責任を負う額

○免除することができる額の限度及びその算定の根拠

○責任を免除すべき理由及び免除額

（ハ）役員等の責任の免除に関する議案を社員総会または評議員会に提出する場合は、監事の同意を得ることが必要です。

【③理事会の決議による場合（法人法第114条）】

（イ）監事設置法人（理事が2人以上いる場合に限る）であることが必要です。

（ロ）その役員等が職務を行うにつき善意でかつ重大な過失がない場合において、責任の原因となった事実の内容、当該役員等の職務の執行の状況その他の事情を勘案して特に必要と認めるときは、理事会の決議によって免除することができます。

（ハ）理事会の決議によって役員等の責任を免除することができる旨（（ロ）の内容）、定款で定めていることが必要です。

（ニ）役員等の責任の免除に関する議案を理事会に提出する場合は、監事の同意を得ることが必要です。

（ホ）理事会決議の後、遅滞なく社員または評議員に対して異議申立手続きをしていることが必要です。

【④責任限定契約による場合（法人法第115条）】

非業務執行理事等については、悪意または重過失が無い場合の損害賠償責任の額を定款で定めた範囲内の額を限度とする旨の契約を締結することができると、あらかじめ定款で規定することが可能です。ただし、その限度額は、前述の最低責任限度額を下回ることはできません。

（3） 第三者への責任

（1）の法人に対する損害賠償責任とは別に、法人法では、第三者に対する責任について規定しています。法人に対する責任とは異なり、責任の免除に関する規定は設けられていません。役員等（財団法人においては役員等又は評議員）がその職務を行うについて悪意または重大な過失があったときは、その役員等が直接、これによって生じた損害を賠償する責任を負います（法人法第117条、第198条）。この場合の第三者に対する責任は、「悪意（法令違反を知っていたこと）または重大な過失（法令違反を知らなかったことに重大な過失があること）があったとき」に限られています。

Q13 情報公開と公告について教えてください。

A 一般社団法人、公益社団法人、一般財団法人、公益財団法人の情報公開は、開示対象や閲覧謄写の請求者等において、それぞれ異なります。公告は、法人法で定められた方法の中から選択し、予め定款に記載する必要があります。

1．情報公開

（1） 一般社団法人

一般社団法人は、次のとおり、情報公開について定められています。

図3.3 一般社団法人の情報公開

種類	開示対象	主たる事務所	従たる事務所	閲覧・謄写の請求		
		備置き期間		請求者	開示理由	拒否事由
定款	定款	常時	常時	社員及び債権者	不要	無し
社員名簿	社員名簿	常時	－	社員	要	あり
計算書類等	貸借対照表及びその附属明細書 ＊作成した時から10年間の保存義務あり 正味財産増減計算書及びその附属明細書 ＊作成した時から10年間の保存義務あり 事業報告及びその附属明細書 監査報告 会計監査報告（作成していない場合は備置き不要）	定時社員総会の日の2週間前の日から5年間	定時社員総会の日の2週間前の日から3年間	社員及び債権者	不要	無し
社員総会	議事録	社員総会の日から10年間	社員総会の日から5年間	社員及び債権者	不要	無し
	決議の省略の同意書	決議があったとみなされた日から10年間	－			
	委任状 書面による議決権行使書	社員総会の日から3か月間	－	社員	不要	無し
理事会	議事録	理事会の日から10年間	－	社員及び債権者	裁判所の許可を要する	－
	決議の省略の同意書	決議があったとみなされた日から10年間	－			
会計帳簿等	会計帳簿及びその事業に関する重要な資料 ＊帳簿閉鎖時から10年間の保存義務あり	帳簿閉鎖時から10年間	－	1/10以上の議決権を有する社員	要	あり

（2） 公益社団法人

公益社団法人は、次のとおり、情報公開について定められています。

図3.4　公益社団法人の情報公開

<table>
<tr><th rowspan="2">種類</th><th rowspan="2">開示対象</th><th>主たる事務所</th><th>従たる事務所</th><th colspan="3">閲覧・謄写の請求</th></tr>
<tr><th colspan="2">備置き期間</th><th>請求者</th><th>開示理由</th><th>拒否事由</th></tr>
<tr><td>定款</td><td>定款</td><td>常時</td><td>常時</td><td rowspan="6">何人も制限なし</td><td rowspan="6">不要</td><td rowspan="6">正当な理由がなければ拒んではならない</td></tr>
<tr><td>社員名簿</td><td>社員名簿</td><td>常時</td><td>－</td></tr>
<tr><td>事業計画等</td><td>事業計画書
収支予算書
資金調達及び設備投資に係る見込みを記載した書類</td><td>毎事業年度開始の日の前日から当該事業年度の末日まで</td><td>毎事業年度開始の日の前日から当該事業年度の末日まで</td></tr>
<tr><td rowspan="2">事業報告等</td><td>貸借対照表及びその附属明細書
＊作成した時から10年間の保存義務あり
正味財産増減計算書及びその附属明細書
＊作成した時から10年間の保存義務あり
事業報告及びその附属明細書
監査報告
会計監査報告（作成していない場合は備置き不要）</td><td>定時社員総会の日の2週間前の日から5年間</td><td>定時社員総会の日の2週間前の日から3年間</td></tr>
<tr><td>財産目録
キャッシュフロー計算書
役員等の名簿
理事、監事及び評議員に対する報酬等の支給の基準を記載した書類
運営組織及び事業活動の状況の概要及びこれらに関する数値のうち重要なものを記載した書類</td><td rowspan="2">毎事業年度経過後3か月以内に作成し、5年間</td><td rowspan="2">毎事業年度経過後3か月以内に作成し、3年間</td></tr>
<tr><td>規程等</td><td>寄付等の使途の内容等を記載した書類
特定費用準備資金の積立限度額等を定めた規程
資産取得資金の積立限度額等を定めた規程</td></tr>
<tr><td rowspan="3">社員総会</td><td>議事録</td><td>社員総会の日から10年間</td><td>社員総会の日から5年間</td><td rowspan="2">社員及び債権者</td><td rowspan="2">不要</td><td rowspan="2">無し</td></tr>
<tr><td>決議の省略の同意書</td><td>決議があったとみなされた日から10年間</td><td>－</td></tr>
<tr><td>委任状
書面による議決権行使書</td><td>社員総会の日から3か月間</td><td>－</td><td>社員</td><td>不要</td><td>無し</td></tr>
<tr><td rowspan="2">理事会</td><td>議事録</td><td>理事会の日から10年間</td><td>－</td><td rowspan="2">社員及び債権者</td><td rowspan="2">裁判所の許可を要する</td><td rowspan="2">－</td></tr>
<tr><td>決議の省略の同意書</td><td>決議があったとみなされた日から10年間</td><td>－</td></tr>
<tr><td>会計帳簿等</td><td>会計帳簿及びその事業に関する重要な資料
＊帳簿閉鎖時から10年間の保存義務あり</td><td>帳簿閉鎖時から10年間</td><td>－</td><td>1/10以上の議決権を有する社員</td><td>要</td><td>あり</td></tr>
</table>

（3） 一般財団法人

一般財団法人は、次のとおり、情報公開について定められています。

図3.5　一般財団法人の情報公開

種類	開示対象	主たる事務所	従たる事務所	閲覧・謄写の請求		
		備置き期間		請求者	開示理由	拒否事由
定款	定款	常時	常時	評議員及び債権者	不要	無し
計算書類等	貸借対照表及びその附属明細書 ＊作成した時から10年間の保存義務あり 正味財産増減計算書及びその附属明細書 ＊作成した時から10年間の保存義務あり 事業報告及びその附属明細書 監査報告 会計監査報告（作成していない場合は備置き不要）	定時評議員会の日の2週間前の日から5年間	定時評議員会の日の2週間前の日から3年間	評議員及び債権者	不要	無し
評議員会	議事録	評議員会の日から10年間	評議員会の日から5年間	評議員及び債権者	不要	無し
	決議の省略の同意書	決議があったとみなされた日から10年間	－			
理事会	議事録	理事会の日から10年間	－	評議員及び債権者	債権者は裁判所の許可を要する	－
	決議の省略の同意書	決議があったとみなされた日から10年間	－			
会計帳簿等	会計帳簿及びその事業に関する重要な資料 ＊帳簿閉鎖時から10年間の保存義務あり	帳簿閉鎖時から10年間	－	評議員	不要	無し

（4） 公益財団法人

公益財団法人は、次のとおり、情報公開について定められています。

図3.6　公益財団法人の情報公開

<table>
<tr><th rowspan="2">種類</th><th rowspan="2">開示対象</th><th>主たる事務所</th><th>従たる事務所</th><th colspan="3">閲覧・謄写の請求</th></tr>
<tr><th colspan="2">備置き期間</th><th>請求者</th><th>開示理由</th><th>拒否事由</th></tr>
<tr><td>定款</td><td>定款</td><td>常時</td><td>常時</td><td rowspan="5">何人も制限なし</td><td rowspan="5">不要</td><td rowspan="5">正当な理由がなければ拒んではならない</td></tr>
<tr><td>事業計画等</td><td>事業計画書
収支予算書
資金調達及び設備投資に係る見込みを記載した書類</td><td>毎事業年度開始の日の前日から当該事業年度の末日まで</td><td>毎事業年度開始の日の前日から当該事業年度の末日まで</td></tr>
<tr><td rowspan="2">事業報告等</td><td>貸借対照表及びその附属明細書
＊作成した時から10年間の保存義務あり
正味財産増減計算書及びその附属明細書
＊作成した時から10年間の保存義務あり
事業報告及びその附属明細書
監査報告
会計監査報告（作成していない場合は備置き不要）</td><td>定時評議員会の日の2週間前の日から5年間</td><td>定時評議員会の日の2週間前の日から3年間</td></tr>
<tr><td>財産目録
キャッシュフロー計算書
役員等の名簿
理事、監事及び評議員に対する報酬等の支給の基準を記載した書類
運営組織及び事業活動の状況の概要及びこれらに関する数値のうち重要なものを記載した書類</td><td rowspan="2">毎事業年度経過後3か月以内に作成し、5年間</td><td rowspan="2">毎事業年度経過後3か月以内に作成し、3年間</td></tr>
<tr><td>規程等</td><td>寄付等の使途の内容等を記載した書類
特定費用準備資金の積立限度額等を定めた規程
資産取得資金の積立限度額等を定めた規程</td></tr>
<tr><td rowspan="2">評議員会</td><td>議事録</td><td>評議員会の日から10年間</td><td>評議員会の日から5年間</td><td rowspan="2">評議員及び債権者</td><td rowspan="2">不要</td><td rowspan="2">無し</td></tr>
<tr><td>決議の省略の同意書</td><td>決議があったとみなされた日から10年間</td><td>－</td></tr>
<tr><td rowspan="2">理事会</td><td>議事録</td><td>理事会の日から10年間</td><td>－</td><td rowspan="2">評議員及び債権者</td><td rowspan="2">債権者は裁判所の許可を要する</td><td rowspan="2">－</td></tr>
<tr><td>決議の省略の同意書</td><td>決議があったとみなされた日から10年間</td><td>－</td></tr>
<tr><td>会計帳簿等</td><td>会計帳簿及びその事業に関する重要な資料
＊帳簿閉鎖時から10年間の保存義務あり</td><td>帳簿閉鎖時から10年間</td><td>－</td><td>評議員</td><td>不要</td><td>無し</td></tr>
</table>

2．公　告

一般社団法人・一般財団法人は、定時社員総会または定時評議員会終了後に、遅滞なく、貸借対照表（大規模法人は、貸借対照表および正味財産増減計算書）を公告しなければなりません（法人法第128条、第199条）。

（1） 公告の方法

公告の方法には次の方法があり、いずれを採るのかを決めて、定款に規定する必要があります。

①官報に掲載する方法
②時事に関する事項を掲載する日刊新聞紙に掲載する方法
③電子公告
④法人の主たる事務所の公衆の見やすい場所に掲示する方法

なお、「①官報に掲載する方法」または「②時事に関する事項を掲載する日刊新聞紙に掲載する方法」の方法を選んだ場合、貸借対照表の要旨（大規模法人は貸借対照表および正味財産増減計算書の要旨）を公告することでよいとされています。

（2） 公告の期間

上記③④の公告の方法については、次の期間、公告しなければなりません。

③…定時社員総会または定時評議員会終了後、5年間
④…公告の開始後1年間

Q14 一般社団法人・一般財団法人の会計は、公益法人会計基準に拠るべきでしょうか。

A 一般社団法人・一般財団法人の会計は、損益計算書型（損益ベース）による会計基準であり、一般に公正妥当と認められる会計基準その他の会計の慣行によるものとされています。いずれの会計基準を選択するかは、事業の実態に応じて、法人自ら判断することになります。

一般社団法人・一般財団法人は、各事業年度に係る計算書類（貸借対照表及び損益計算書）及び事業報告並びにこれらの附属明細書を作成しなければならない（法人法第123条、第199条）とされ、どのような会計基準を使えばよいのかは、特に義務付けられているわけではなく、一般に公正妥当と認められる会計の基準その他の会計の慣行によることが求められているだけです（法人法施行規則第21条）。

内閣府ＦＡＱⅥ−4−① 答2

一般社団・財団法人法第119条及び第199条により、一般法人の会計は、その行う事業に応じて、「一般に公正妥当と認められる会計の慣行に従うものとする」とされています。会計の慣行は、特定の法人により「公正妥当」と主張されるだけでなく、明文化されるなど、広く流布し受け入れられていると客観的に判断できる必要があり、そのような会計の慣行として、公益法人会計基準、企業会計基準など各種の「会計基準」とそれぞれの下の慣行があります。

したがって、採用する会計基準としては、次のように考えられます。

①損益計算書型（損益ベース）による会計基準であること
②その会計基準は、一般に公正妥当と認められる会計の基準その他の会計の慣行によること
③上記2つの要件を満たしていれば、どの会計基準を使うかどうかは義務付けられていないこと

なお、公益認定を受ける予定の法人の場合は、認定後の必要性に考慮して、公益法人会計基準（平成20年基準）を適用しておく意義が高いと考えられます。

Q15 非営利型法人・普通法人の類型について教えてください。

A 一般社団法人・一般財団法人は、非営利型法人とそれ以外の法人（普通法人）に区分され、非営利型法人に該当する場合には、法人税法上の収益事業から生ずる所得のみに課税されます。さらに非営利型法人の類型として、①非営利性が徹底された法人と②共益的活動を目的とする法人があります。

1．非営利型法人と普通法人の選択

一般社団法人・一般財団法人が非営利型法人に該当する場合には、法人税法上の収益事業から生ずる所得のみに課税され、それ以外の法人（普通法人）に該当する場合にはすべての所得が課税されます。

公益認定を受けた公益社団法人・公益財団法人も含め、課税対象は図3.7のようになります。

図3.7　法人税法上の法人区分と課税所得の範囲

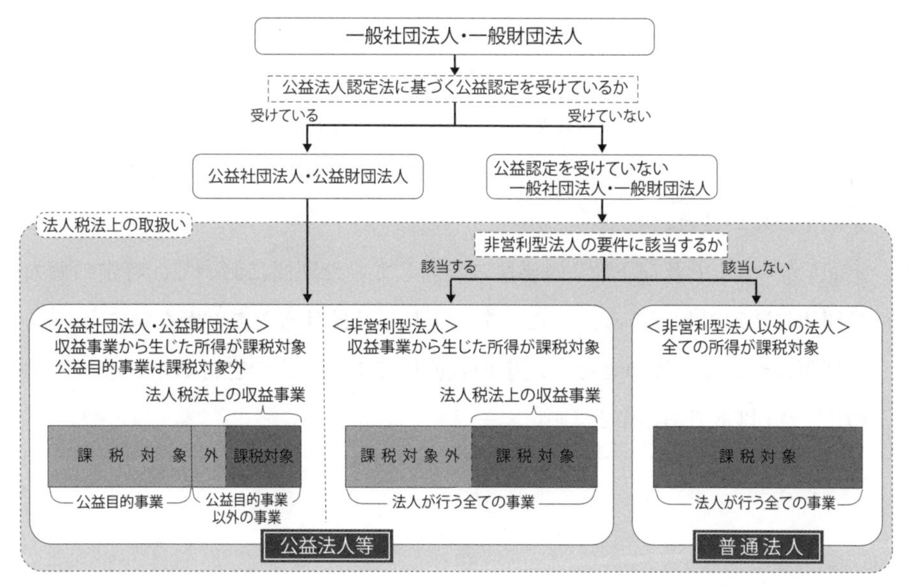

出典：国税庁「一般社団法人・一般財団法人と法人税（平成26年3月）」より抜粋

2．非営利型法人の要件

非営利型法人とは、次の「1 非営利性が徹底された法人」「2 共益的活動を目的とする法人」のいずれかに該当する法人とされています（法人税法施行令第3条）。

非営利性が徹底された法人となるためには下記の4要件のすべてに該当することが必要となり、共益的活動を目的とする法人となるためには下記の7要件のすべてに該当することが必要となります。

「1 非営利性が徹底された法人」

1 剰余金の分配を行わないことを定款に定めていること。
2 解散したときは、残余財産を国・地方公共団体や一定の公益的な団体に贈与することを定款に定めていること。
3 上記1及び2の定款の定めに違反する行為（上記1、2及び下記4の要件に該当していた期間において、特定の個人又は団体に特別の利益を与えることを含みます）を行うことを決定し、又は行ったことがないこと。
4 各理事について、理事とその理事の親族等である理事の合計数が、理事の総数の3分の1以下であること。

「2 共益的活動を目的とする法人」

1 会員に共通する利益を図る活動を行うことを目的としていること。
2 定款等に会費の定めがあること。
3 主たる事業として収益事業を行っていないこと。
4 定款に特定の個人又は団体に剰余金の分配を行うことを定めていないこと。
5 解散したときにその残余財産を特定の個人又は団体に帰属させることを定款に定めていないこと。
6 上記1から5まで及び下記7の要件に該当していた期間において、特定の個人又は団体に特別の利益を与えることを決定し、又は与えたことがないこと。
7 各理事について、理事とその理事の親族等である理事の合計数が、理事の総数の3分の1以下であること。

3．収益事業の範囲

法人税法上の収益事業とは次の34の事業（その性質上その事業に付随して行われる行為を含みます）で、継続して事業場を設けて行われるものをいいます（法人税法施行令第5条第1項）。

物品販売業	不動産販売業	金銭貸付業	物品貸付業	不動産貸付業
製造業	通信業	運送業	倉庫業	請負業
印刷業	出版業	写真業	席貸業	旅館業
料理店業その他の飲食店業		周旋業	代理業	仲立業
問屋業	鉱業	土石採取業	浴場業	理容業
美容業	興行業	遊技所業	遊覧所業	医療保健業
技芸教授業	駐車場業	信用保証業	無体財産権の提供等を行う事業	
労働者派遣業				

4．非営利型法人とならない場合（普通法人を選択）の留意点

非営利型法人にならない場合は、収益事業以外の所得にも法人税等が課税されるため、設立時に任意団体等から受贈を受ける財産、そして会費・入会金、寄付金等にも所得課税されることに留意が必要です。

なお、非営利型法人として設立された法人が、中途で普通法人になった場合には、非収益事業から生じた所得にも改めて課税される（精算課税）ため、注意が必要です。

Q16 非営利型法人の類型である「非営利性が徹底された法人」と「共益的活動を目的とする法人」について教えてください。

A 非営利型法人には、①非営利性が徹底された法人と②共益的活動を目的とする法人があり、これらに該当するためには、それぞれ要件のすべてを満たさなければなりません。どちらを選択した方が有利ということは特にありませんが、②共益的活動を目的とする法人の要件の一つである「主たる事業として収益事業を行っていないこと」の判定には留意が必要です。

②共益的活動を目的とする法人には、要件の一つに「3 主たる事業として収益事業を行っていないこと」があります。この判定について、法人税基本通達1－1－10では、次のように示しています。

（概要）
「主たる事業として収益事業を行っていない」場合に該当するかどうかは、原則として、その法人が主たる事業として収益事業を行うことが常態となっていないかどうかにより判定する。この場合において、主たる事業かどうかは、法人の事業の態様に応じて、例えば収入金額や費用の金額等の合理的と認められる指標（合理的指標）を総合的に勘案し、その合理的指標による収益事業以外の事業の割合がおおむね50％を超えるかどうかにより判定することとなる。

このように、法人税法上の収益事業の割合が50％を超えていないかどうか、収入や費用などの合理的な指標によって判定されることとなっています。

例えば、収益事業ではないと認識していた事業が、本来収益事業に該当するものであった場合には、収益事業の割合に影響を及ぼします。そのため、「主たる事業として収益事業を行っていないこと」の判定においては不安定な面があることも理解したうえで、②共益的活動を目的とする法人を選ぶ必要があるでしょう。

一方で、①非営利性が徹底された法人は、「主たる事業として収益事業を行っていないこと」は要件になりませんので、この点は安定していると考えられます。

「特定の個人又は団体への特別の利益の供与」が問題となった事例

過日、非営利型法人が行う助成や寄付が「特定の個人又は団体への特別の利益の供与」に該当するとみなされ、普通法人として賃貸料収入が課税対象とされたという新聞報道がありました。

(平成30年6月8日中日新聞朝刊より抜粋)

◆演習場地主100億円申告漏れ

富士山の裾野にある陸上自衛隊東富士演習場(御殿場市など)に土地を貸している地元の10団体が、名古屋国税局の税務調査を受け、防衛省からの賃貸料収入を巡って総額100億円超の法人所得の申告漏れを指摘されていたことが分かった。国の公益法人制度改革に伴い、従来は非課税だった賃貸料収入が課税対象とされた。過少申告加算税を含めた追徴課税額は、20数億円に上るとみられる。

(中略)

各団体は、防衛省に貸している「共有地」の地権者にあたる。演習場周辺に住む住民らが会員で、市職員が運営に関わる団体もある。防衛省からの賃貸料収入は、地元老人会や消防団への助成、学校の備品購入などに充てている。

10団体はかつて、公益法人に認定され、賃料収入は自動的に非課税とされていた。国の制度改革に伴って2012～14年、「非営利型」一般社団・財団法人へ移行。

(中略)

支援金や記念品の配布先が、地元に限られている点が問題視されたとみられる。ある団体は、地元の高齢者への敬老祝い金を「特定の個人への利益分配」と指摘されたという。

各団体とも、17年以前の過去5年分をさかのぼって賃貸料収入に課税されたもよう。

◆「賃貸料課税 なぜ今さら」

演習場周辺では日常的に、実弾の砲撃音が響く。この団体役員は、防衛省から支払われる土地の賃貸料を「迷惑料のようなもの」と表現。「被害を受けている地域の皆さんを応援しようと共有地を所有、管理する団体をつくった」と説明する。賃貸料を原資に、地域内の団体への助成や学校への寄付を続けてきた。長く非課税だった賃貸料が今回、課税対象とみなされたのは、国の公益法人制度改革がきっかけ。
（中略）
今回の税務調査では、高齢者や子どもに祝い金を配る事業が「特定の個人への利益分配だ」と問題視されたという。団体役員は「演習で迷惑を受けている区域そのものを『特定』と言うのは乱暴だ」と反論する。

<第3章　参考文献>

熊谷則一『逐条解説 一般社団・財団法人法』全国公益法人協会、2016年12月
渋谷幸夫『増補改訂版 一般社団・財団法人公益社団・財団法人の理事会Ｑ＆Ａ精選100』全国公益法人協会、2015年5月
ＴＫＣ全国会 公益法人経営研究会『一般社団・財団法人の組織運営』ＴＫＣ出版、2019年9月
平松慎矢『新版 一般社団・財団法人の税務と相続対策活用Ｑ＆Ａ』清文社、2018年11月

第4章

公益社団法人・公益財団法人の運営・会計・税務

Q01 一般社団法人・一般財団法人が公益社団法人・公益財団法人へ移行するにはどのような手続きが必要でしょうか。また、一般社団法人・一般財団法人を経ずに公益社団法人・公益財団法人へ移行することは可能でしょうか。

A 新設の一般社団法人・一般財団法人が、公益認定を受けて公益社団法人・公益財団法人への移行を予定している場合、まずは一般社団法人・一般財団法人を設立し、その後、公益認定申請をしなければなりません。設立時から公益社団法人・公益財団法人になることはできません。

1．公益社団法人・公益財団法人への移行手続き

公益社団法人・公益財団法人へ移行するためには、①公益法人制度改革で特例民法法人から移行した一般社団法人・一般財団法人、もしくは、②新規設立の一般社団法人・一般財団法人のいずれかが、公益認定の申請書類を作成・提出し、公益認定等委員会で審議され、行政庁から認定を受けることが必要です。法人設立当初から公益社団法人又は公益財団法人になることはできません。

図4.1　公益社団法人・公益財団法人への移行の流れ

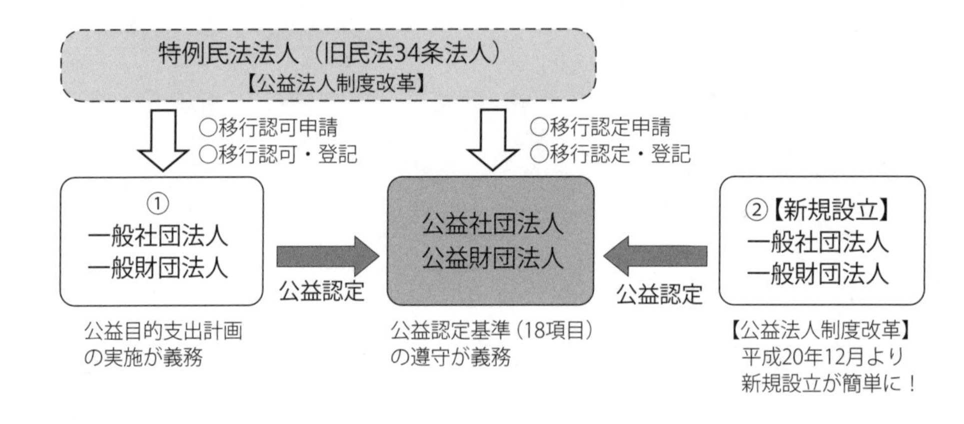

具体的な公益認定申請の手続きについては本章Q７（171頁）を参照してください。

なお、内閣府「FAQ Ⅰ－4－④」には、一般社団法人・一般財団法人の設立の登記を行った直後でも公益法人の認定申請を行うことが可能と示されています。

> 内閣府「FAQ Ⅰ－4－④」
>
> 1 公益認定の申請は、一般社団・財団法人であれば、その設立の時期にかかわらず行うことが可能です（公益法人認定法第5条柱書）。もっとも、公益認定の申請の際には、法人の成立の日における貸借対照表や財産目録等の書類のほか、申請法人が一般社団・財団法人であることを行政庁において確認するために登記事項証明書を提出する必要がありますので（公益法人認定法施行規則第5条第2項、第3項第1号）、少なくともこれらの書類を作成又は取得した後でないと公益社団・財団法人の認定申請を行うことはできません。
>
> 2 なお、上記のほか、認定申請には各種書類の提出が必要ですが（公益法人認定法第7条、公益法人認定法施行規則第5条）、設立直後の法人が、事業の実績がないために申請に必要な書類の提出が困難となることはありません。

Q02 公益社団法人・公益財団法人へ移行するための要件である「公益認定基準」について教えてください。

A 「公益認定基準」は全部で18項目が設定されています。公益法人に移行するためにはその18項目すべてを満たしていなければなりません。また、18項目は、大きく「事業活動」「法人運営」「機関設計」「財務」の4つのテーマに分けられています（認定法第5条各号）。

1．「公益認定基準」に示されている18項目

ここでは、「公益認定基準」に示されている18項目について、「事業活動」「法人運営」「機関設計」「財務」のテーマごとに確認していきます。公益法人に移行するためには18項目すべてを満たす必要があり、毎期これらを満たすことで公益法人として存続することができます。

事業活動

1．公益目的事業を行うことを主たる目的としていること（認定法第5条第1号）（本章Q3（155頁）参照）

2．次の事業を行わないこと（事業の制限）（同法同条第5号）

（1）公益法人の社会的信用を維持する上でふさわしくない事業

① 投機的な取引を行う事業

② 風俗営業等の規則等に規定する性風俗関連特殊営業　等

（2）公序良俗を害するおそれのある事業

3．収益事業等と公益目的事業との関係（同法同条第7号）

収益事業等を行うことによって公益目的事業の実施に支障を及ぼすおそれがないものであることが必要。

法人運営

4．公益目的事業を行うのに必要な経理的基礎および技術的能力を有すること（同法同条第2号）

(1) 経理的基礎の3要件

①財政基盤の明確化　②経理処理・財産管理の適正性　③情報開示の適正性

(2) 技術的能力の要件

5. 当該法人の社員、役員、使用人、その他の関係者に特別な利益を与えないこと（同法同条第3号）

6. 株式会社等の営利事業を営む者等に対して寄付その他の特別な利益を与える行為を行わないこと（同法同条第4号）

機関設計

7. 役員に関する親族等制限（同法同条第10号）

同一親族等で占めることができる理事または監事の人数は、理事または監事総数の1/3を超えないこと。

8. 役員に関する同一団体関係者グループ制限（同法同条第11号）

同一団体の関係者グループで占めることができる理事または監事の人数は、理事または監事総数の1/3を超えないこと。

9. 会計監査人の設置（同法同条第12号）

収益、費用および損失その他の勘定の額がいずれも一定の基準（収益の額1,000億円、費用の額1,000億円、負債の額50億円）に達しない場合を除き会計監査人を設置すること。

10. 役員の報酬等の支給基準（同法同条第13号）

民間事業者の役員の報酬等および社員の給与、当該法人の経理の状況その他の事情を考慮して不当に高額とならないような支給基準を定めていること。

11. 社団法人に関する条件（同法同条第14号）

(1) 社員の資格の得喪に関して、不当に差別的な取扱いをする条件を付けないこと

(2) 社員の議決権に関して、不当に差別的な取扱い等をしないこと

(3) 理事会を設置していること

財 務

12. 収支相償（同法同条第6号）

公益目的事業の収入がその実施に要する適正な費用を償う額を超えないものと見込まれること（本章Q4（163頁）参照）。

13. 公益目的事業比率（同法同条第8号）

公益目的事業に要する事業費の額が法人全体の事業費及び管理費の合計額に

占める割合の50%以上であることが見込まれること（本章Q5（167頁）参照）。

14. 遊休財産額保有制限（同法同条第9号）

純資産のうち、具体的な使途の定まっていない財産額が、1年分の公益目的事業費相当額を超えないと見込まれること（本章Q6（169頁）参照）。

15. 株式等保有制限（同法同条第15号）

他の団体の意思決定に関与することができる株式等を保有しないものであること（ただし、保有によって他の団体の事業活動を実質的に支配するおそれがない場合はこの限りでない）。

16. 不可欠特定財産の維持および処分制限（同法同条第16号）

公益目的事業に不可欠な特定の財産について、その維持および処分制限等につき必要な事項を定款で定めていること。

17. 公益認定取消時の財産の贈与（同法同条第17号）

公益認定取消等の場合に、公益目的取得財産残額に相当する財産を類似の事業を目的とする公益法人等に贈与する旨を定款で定めていること。

18. 清算時の財産の帰属（同法同条第18号）

清算の場合に、残余財産を類似の事業を目的とする公益法人等に帰属させる旨を定款で定めていること。

英国のチャリティにおける小規模団体の取り扱い

英国のチャリティ制度には、比例原則（proportionality principle）という考え方があります。比例原則とは、規模に見合った規制、特に小規模チャリティへの過度な規制の排除です。例えば、年間収入が£25,000（約350万円）以下のチャリティであれば、チャリティ委員会に年次報告書の提出が不要であり、£250,000（約3,500万円）以下のチャリティであれば、現金主義の会計が認められています。

我が国の公益法人制度では、事業の制約や事務負担の増加のために公益法人になることを断念する法人が多いのですが、英国では収支相償や遊休財産額保有制限のような財務基準はなく、小規模団体であるうちは、チャリティになっても事務負担の増加等はほとんどないようです。

Q03 「公益認定基準」の一つに「公益目的事業の実施を主たる目的とすること」と示されていますが、公益目的事業はどのように選ぶのでしょうか。

A 公益目的事業については、「認定法第２条第４号」に「学術、技芸、慈善その他の公益に関する事業であって、不特定かつ多数の者の利益の増進に寄与するもの」と規定されています。それぞれに該当するかどうか、実施する事業ごとに判定する必要があります。

１．公益目的事業の選定

公益認定を受けるために最も重要なことは、法人の実施している事業のうち、どの事業を公益目的事業に設定するか、ということです。

（1） 公益目的事業とは

公益目的事業は、認定法第2条第4号に「学術、技芸、慈善その他の公益に関する別表各号に掲げる種類の事業であって、不特定かつ多数の者の利益の増進に寄与するもの」と規定されています。

具体的に、公益目的事業と判断されるためには、「学術、技芸、慈善その他の公益に関する事業（A）であって、不特定かつ多数の者の利益の増進に寄与するもの（B）」の（A）と（B）を満たす必要があります。

図4.2　公益目的事業のイメージ

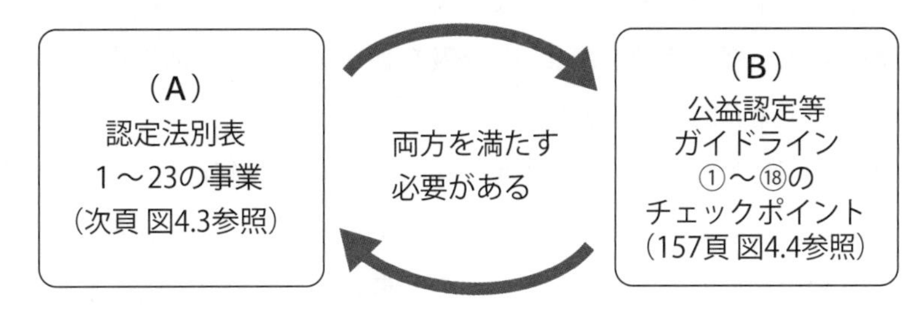

図4.3　(A) 認定法第2条第4号の別表各号に掲げる事業

1　学術及び科学技術の振興を目的とする事業
2　文化及び芸術の振興を目的とする事業
3　障害者若しくは生活困窮者又は事故、災害若しくは犯罪による被害者の支援を目的とする事業
4　高齢者の福祉の増進を目的とする事業
5　勤労意欲のある者に対する就労の支援を目的とする事業
6　公衆衛生の向上を目的とする事業
7　児童又は青少年の健全な育成を目的とする事業
8　勤労者の福祉の向上を目的とする事業
9　教育、スポーツ等を通じて国民の心身の健全な発達に寄与し、又は豊かな人間性を涵養することを目的とする事業
10　犯罪の防止又は治安の維持を目的とする事業
11　事故又は災害の防止を目的とする事業
12　人種、性別その他の事由による不当な差別又は偏見の防止及び根絶を目的とする事業
13　思想及び良心の自由、信教の自由又は表現の自由の尊重又は擁護を目的とする事業
14　男女共同参画社会の形成その他のより良い社会の形成の推進を目的とする事業
15　国際相互理解の促進及び開発途上にある海外の地域に対する経済協力を目的とする事業
16　地球環境の保全又は自然環境の保護及び整備を目的とする事業
17　国土の利用、整備又は保全を目的とする事業
18　国政の健全な運営の確保に資することを目的とする事業
19　地域社会の健全な発展を目的とする事業
20　公正かつ自由な経済活動の機会の確保及び促進並びにその活性化による国民生活の安定向上を目的とする事業
21　国民生活に不可欠な物資、エネルギー等の安定供給の確保を目的とする事業
22　一般消費者の利益の擁護又は増進を目的とする事業
23　前各号に掲げるもののほか、公益に関する事業として政令で定めるもの

図4.4　(B) 公益認定等ガイドライン「公益目的事業のチェックポイントについて」

①検査検定	②資格付与	③講座、セミナー、育成
④体験活動等	⑤相談、助言	⑥調査、資料収集
⑦技術開発、研究開発	⑧キャンペーン、〇〇月間	
⑨展示会、〇〇ショー	⑩博物館等の展示	⑪施設の貸与
⑫資金貸付、債務保証等	⑬助成（応募型）	⑭表彰、コンクール
⑮競技会	⑯自主公演	⑰主催公演
⑱上記に該当しない事業		

（2）（A）認定法第2条第4号の別表各号に掲げる事業

（A）については、行っている事業（または今後行う事業）が、掲げられた23種類（図4.3）の事業のいずれかに該当しているかどうかを検討することになります。例えば、社会・地域への貢献に関する事業であれば、いずれかに該当するものと思われます。

また、23種類の事業のうちどれに該当するかは、法人の事業の実施目的に着目して判断されます。例えば、「講演会の開催」といっても、医療・感染症に関する講演会であれば「6公衆衛生の向上を目的とする事業」に該当し、特殊詐欺対策の講習会であれば「10犯罪の防止又は治安の維持を目的とする事業」に該当します。

なお、公益認定申請にあたっては、「別紙2－2－(1)〔2〕事業の公益性について」の「本事業が、左欄に記載した事業の種類に該当すると考える理由を記載してください。」の下欄に、23種類の事業から最も関連のある事業を選択します。そして、公益性があると考える理由を記述し、説明することになります。

具体的な記載例としては、図4.5のようになります。

図4.5　該当事業の記入例

＜別表各号への該当理由の望ましい記入例1（最も関連の深い号のみを記載する例）＞

事業の種類（別表の号）	（本事業が、左欄に記載した事業の種類に該当すると考える理由を記載してください。）
第1号	本事業は、○○分野の研究の充実を図るために研究者に対し研究助成金を支給するものであり、当該分野の研究を通じて学術の振興に寄与することから、「学術及び科学技術の振興を目的とする事業」に該当すると考える。

＜別表各号への該当理由の望ましい記入例1（複数の号を記載する例））＞

事業の種類（別表の号）	（本事業が、左欄に記載した事業の種類に該当すると考える理由を記載してください。）
第7号	本事業は、児童が自然と触れあう自然体験教室を企画・開催するものであり、豊かな情操を育む経験を児童に与えることから、「児童の健全な育成を目的とする事業」に該当すると考える。
第16号	当法人は児童の健全な育成を法人の目的としているため、本事業は、第7号が最も関連が深いが、児童の時期に自然に触れ合うことを通じて、環境を大切にする感性を育むことも目的としており、「地球環境の保全を目的とする事業」にも該当すると考える。

出典：内閣府「新たな公益法人制度への移行等に関するよくある質問（ＦＡＱ）」問Ⅷ－１－④

「別紙2－2－(1)〔2〕事業の公益性について」や「別紙2－2－(1)〔1〕事業の概要について」では、現在行っている事業（または今後行う事業）に公益性があることを記述することになりますが、そのポイントは次のとおりです。

・同様の事業を行っている他の法人（営利法人、医療法人等）との活動内容の違い
・誰を対象とした事業なのか
・地域の限定、対象者の限定等事業を限定する場合に合理的理由があるかどうか

（3）（B）「公益目的事業のチェックポイントについて」

（B）は、「不特定かつ多数の者の利益の増進に寄与するもの」という事実があるかどうかをチェックするもので、公益認定等ガイドライン（内閣府公益認定等委員会）の中に「公益目的事業のチェックポイント」が定められています。事業の特性に応じて17種類の区分が設定されており、チェックポイントに沿って個々の事業が不特定多数の者の利益の増進になっているかどうかを説明することになります。17種類以外の事業についてのチェックポイントも包括的に設定されているのも特徴です。

各チェックポイントでは、主に次の事項が問われています。

・不特定多数の者の利益の増進に寄与することを主たる目的として位置づけ、適当な方法で明らかにしているか。
・公益性のある事業を行うために、その内容・質量等が担保されているか。
・受益の機会が、一般に開かれているか。
・専門家が適切に関与しているか。
・当該事業が審査・選考を伴う場合、審査・選考が公正に行われることとなっているか。
・公益目的として設定した事業目的と異なり、業界団体の販売促進、共同宣伝になっていないか。

なお、複数の区分に該当するときは、該当する事業区分のすべてについて説明することになります。

公益認定等委員会では、法人の行う事業について、このチェックポイントに沿って公益目的事業か否かを審査することになります。ただし、「公益目的事業のチェックポイント」は、これに適合しなければ直ちに公益目的事業としないというような基準ではなく、「不特定かつ多数の者の利益の増進に寄与するもの」の事実確認を行い、公益目的事業か否かについては本チェックポイントに沿っているかどうかを勘案して判断することとされています。

(4) 公益目的事業の各論

内閣府「新たな公益法人制度への移行等に関するよくある質問(FAQ)」に、各事業が公益目的事業に該当するかどうかの考え方が示されています。ここでは重要な箇所のみ抜粋して掲載します。

問Ⅸ－①（行政機関からの受託事業等）

行政機関から受託した事業（指定管理者含む）は、公益目的事業と認められますか。また、営利企業も参加する一般競争入札等を経て受託した事業は、公益目的事業と認められないですか。

答

1 行政機関からの受託事業であっても、単純な業務委託もあり、それだけで直ちに公益目的事業ということにはなりません。逆に、営利企業も参加する一般競争入札等を経ていても、一般競争入札等であることのみをもって直ちに公益目的事業としないということもありません。

2 行政機関からの受託か否かを問わず、営利企業と競合しているような事業の場合であっても、例えば、通常の営利企業では採算割れする等の理由で提供しないサービスのように、その法人の事業がなければ、社会的弱者等がサービスを利用することが困難となるような場合は、一般的に公益性が高いと考えられます。

公益目的事業に該当するためには？

「単純な業務委託」とは、委託元である自治体の指示のもとに行っている単なる代理行為と考えられます。しかし、公の施設の賃貸業務等を行う一方、法人自ら運営主体として、公の施設を活用したイベント・行事・企画を通じて、不特定多数の地域住民に一定の社会的価値を付与している場合には、その業務は公益目的事業に該当するものと思われます。

問Ⅸ－②（調査報告書、学会誌等の発行）

調査報告書、学会誌等の発行が公益目的事業か否かは、どのように判断するのですか。

答

1 公益目的事業であるためには「不特定かつ多数の者の利益の増進に寄与するもの」である必要があります。したがって、発行物が、何らかの公益目的事業についての情報を普及するための手段として発行されるものであれば、当該発行も当該公益目的事業の一環と整理することが可能です。

問Ⅸ－③（施設の貸与）

施設の貸与事業を行っていますが、公益目的事業と認められますか。

答

1 施設の貸与を行っている場合には、①当該施設貸与の目的は何であり、その目的となる事業が別表のどの号の事業に該当するか、②上記①の目的に照らして合理的な活動への貸与か否か（貸与先のどのような活動のために貸与するか）という視点で整理いただくのが適当です。（略）

2 施設を効率的に利用する等の理由から公益目的以外で貸与することも多くあります。この場合には、公益目的での貸与（公益目的事業）と公益目的以外での貸与（収益事業等）を区別した上で、費用及び収益を公益目的事業会計と収益事業等会計に計上してください。

公益目的事業会計に計上しうるのは、目的に照らして合理的な活動のための貸与であり、例えば、芸術振興を目的とした施設をオペラやクラシックのために貸与する場合などです。なお、必ずしも営利企業への貸与が排除されるわけではありません。

問Ⅸ－④（公益的な活動を行う法人の支援）

社会福祉法人、学校法人、宗教法人等を支援する事業は、公益目的事業と認められますか。

答

1 社会福祉法人、学校法人、宗教法人等は、「学術、技芸、慈善、祭祀、宗教その他の公益を目的とする法人」（民法（注）第33条第2項）について特別法の定めに基づく法人です。支援の態様にもよりますが、こうした法人の公益的な活動を支援しているということは、こうした法人の活動を通じて社会に公益を生み出していると考えられますので、支援している内容を申請の際に説明していただくことになります。

問Ⅸ－⑤（特定地域に限定された事業）

特定地域に限定された事業は、不特定かつ多数の者の利益の増進に寄与するものと認められないのでしょうか。

答

1 不特定かつ多数の者の利益の増進に寄与するには、できるだけ多くの人が事業の恩恵を受けることができるのがよいのは言うまでもありません。

2 ただ、公益目的を達成するために必要な合理的な限定であれば、特定地域に限定するのは認められます。なお、目的に照らして対象者に不当な差別を設けて限定している場合、公益目的事業と認められませんので、ご注意ください。

問Ⅸ－⑩（医療事業）

医療事業について公益目的事業であるか否かは、どのように判断されるのですか。

答

1 法人の行う医療事業が公益目的事業であるか否かの判断においては、法人が当該医療事業を通じて、どのように社会に貢献しようとしているか、即ち当該医療事業の目的及び内容に公益目的事業としての特徴があるかに着眼して判断されることになります。したがって、上記の判断に資するよう、当該医療事業の特徴を説明してください。

問Ⅸ－⑬（共済事業）

いわゆる共済事業は、共益的な事業であって、公益目的事業としては認められることはないのでしょうか。

答

（略）

4 いずれにせよ、共済事業にはさまざまな種類のものがありますので、公益目的事業であるか否かについては、個々の具体的事例に即して判断することとなります。

（注1）不特定多数性については、共済事業の性質上、その対象は加入者に特定される形をとることになりますが、実質的に誰でも加入できる場合には、不特定かつ多数の者の利益の増進に寄与するもの（認定法第2条第4号）と認められる場合もあり得ると考えられます（例えば、PTA・青少年教育団体共済法に基づく共済事業では、広く地域の児童、生徒、保護者等を対象とすることが想定されています）。

収支相償について

Q04 公益認定基準の中で財務上、求められている収支相償について教えてください。

A 収支相償とは、その法人が実施する公益目的事業について、公益目的事業に係る収入が適正な費用の額を超えないと見込まれることをいいます（認定法第5条第6号）。公益目的事業は、不特定多数の者の利益の増進に寄与すべきものであるから、これに充てるべき財源を最大限に活用して無対価または低廉な対価を設定し、受益の範囲を可能な限り拡大することが求められており、その確保を目的としたものです。

1．収支相償の確認の仕方

収支相償を確認する際は、第1段階（事業単位の収支）と第2段階（法人の公益目的事業全体の収支）での計算を行います。

（1） 第1段階

第1段階においては、公益目的事業ごと（「公1」「公2」の各事業が単位）に収入と費用を比較します。収入と費用は、それぞれ正味財産増減計画書内訳表における「経常収益」と「経常費用」をベースとします。

各事業において、その差引（収入－費用）がゼロ以下であれば、収支相償の基準を満たしているものとみなされます。

また、特定費用準備資金の取崩額は「収入」として加算され、特定費用準備資金の積立額は「費用」として加算されます。

第1段階で各事業に剰余金が発生した場合は、その発生理由とこれを解消するための計画を記載します。この剰余金の額は、翌期の第1段階の計算で当該事業に係る収入の額に加算することになります。

収入の額が費用の額より大きい場合

仮に収入の額が費用の額より大きくても、その差額を、将来のその公益目的事業の費用に充てる資金（特定費用準備資金）に繰り入れる場合は、収支相償の基準を満たしているものとみなされます。

（2） 第2段階

「収入」には、特定の事業に関連付けられないもの（公益目的事業会計の共通欄）や収益事業等会計からの利益の繰入れが含まれるため、これらを含めて第2段階で計算します。第1段階と同様に、「収入－費用」の差引がゼロ以下であれば、収支相償の基準を満たしているものとみなされます。

はじめに、第1段階の各事業に係る経常収益及び経常費用に加え、公益目的事業会計の共通欄に係る経常収益及び経常費用を加算します。次に、収益事業等会計から生じた利益の繰入額（50%もしくは50%超）を収入の額に加算します。

また、特定費用準備資金の取崩額は「収入」として加算され、特定費用準備資金の積立額は「費用」として加算されます。

なお、「収益事業等会計の利益額の50%を繰り入れる場合」「収益事業等会計の利益額の50%超を繰り入れる場合」のそれぞれの留意点は次のとおりです。いずれを選択するかは、毎事業年度の事業の実施状況や計画に応じて自由に決めることが可能です。

① 「収益事業等会計の利益額の50%を繰り入れる場合」の留意点

第2段階において剰余金が発生した場合は、次の3つの対応方法（①②③）をとることになります。

> 剰余が生じる場合（収入－費用欄の数値がプラスの場合）は、その剰余相当額を①公益目的保有財産に係る資産取得、改良に充てるための資金に繰り入れたり、②公益目的保有財産の取得に充てたりするか、③翌年度の事業拡大を行うことにより同額程度の損失となるようにしなければなりません（「公益認定申請書別表A（1）＊第2段階における剰余金の扱い」より抜粋、下線部は筆者による加筆）。

また、上記を踏まえ、「収入－費用」欄の数値がプラスの場合、今後の剰余金の解消計画等を記載します。

図4.6　収支相償対照表（収益事業等から利益の繰入れが50%の場合）

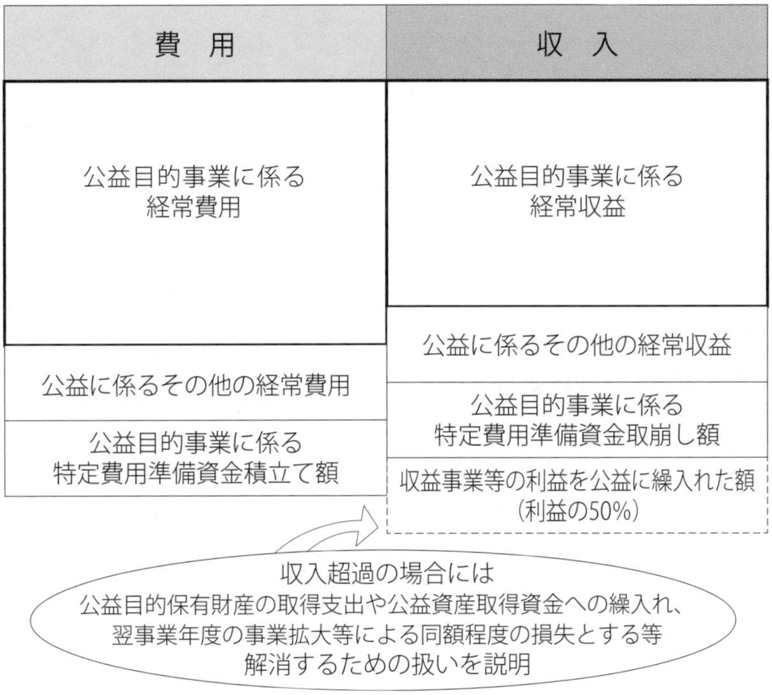

費　用	収　入
公益目的事業に係る 経常費用	公益目的事業に係る 経常収益
公益に係るその他の経常費用	公益に係るその他の経常収益
公益目的事業に係る 特定費用準備資金積立て額	公益目的事業に係る 特定費用準備資金取崩し額
	収益事業等の利益を公益に繰入れた額 （利益の50%）

収入超過の場合には
公益目的保有財産の取得支出や公益資産取得資金への繰入れ、
翌事業年度の事業拡大等による同額程度の損失とする等
解消するための扱いを説明

出典：内閣府「定期提出書類の手引き 公益法人編」26頁より抜粋

②「収益事業等会計の利益額の50%超を繰入れる場合」の留意点

現金収支ベースの考え方を導入しており、次の調整計算を行った上で、収支を比較します。

- 公益目的保有財産に係る減価償却費は「費用」から控除されます。
- 公益資産取得資金の取崩額は「収入」として加算され、積立額は「費用」として加算されます。
- 公益目的保有財産の売却収入は「収入」として加算され、取得支出は「費用」として加算されます。

また、50%超を繰入れる場合には、その繰入額を調整することにより、剰余金が生じることはありません。

図4.7　収支相償対照表（収益事業等から利益の繰入れが50%超の場合）

費　用	収　入
公益目的事業に係る経常費用（減価償却費を除く）	公益目的事業に係る経常収益
公益に係るその他の経常費用	公益に係るその他の経常収益
公益目的保有財産の取得支出	公益目的保有財産の売却収入（簿価+売却損益）
公益目的事業に係る特定費用準備資金積立て額（（所要資金額－前期末資金残高）／積立期間残存年数　を限度）	公益目的事業に係る特定費用準備資金取崩し額（過去に費用として参入した額の合計額）
公益資産取得資金積立て額（（所要資金額－前期末資金残高）／積立期間残存年数　を限度）	公益資産取得金取崩し額（過去に費用として参入した額の合計額）
	収益事業等の利益を公益に繰入れた額（利益の100%を上限）

出典：内閣府「定期提出書類の手引き 公益法人編」27頁より抜粋

公益目的事業比率について

Q05 公益認定基準の中で財務上、求められている公益目的事業比率について教えてください。

A 公益目的事業比率とは、端的にいうと、公益目的事業に係る事業費の額が、法人全体である「公益目的事業・収益事業等に係る事業費及び管理費」の合計額の50%以上でなければならないという基準です（認定法第15条）。

1．公益目的事業比率と算出方法

公益法人は、「公益目的事業を行うことを主たる目的とするものであること（認定法第5条第1号）」としており、その事業活動を行うに当たり、公益目的事業比率が50%以上となると見込まれるものであること（認定法第5条第8号）とされています。つまり、法人の全体に占める公益目的事業の規模は50%以上となる必要があります。

公益目的事業比率は、次の計算式で算出します（認定法第15条、認定法施行規則第13条）。

$$\text{公益目的事業比率} = \frac{\text{公益実施費用額}}{\text{公益実施費用額}+\text{収益等実施費用額}+\text{管理運営費用額}} \times 100 \geqq 50\%$$

ここで、①公益実施費用額とは、正味財産増減計算書内訳表に計上された公益目的事業に係る事業費の額をいいます。②収益等実施費用額とは、正味財産増減計算書内訳表に計上された収益事業等に係る事業費の額をいいます。③管理運営費用額とは、正味財産増減計算書内訳表に計上された管理費の額をいいます。

特定費用準備資金は、将来の特定の事業費・管理費に特別に支出するために積み立てる資金（内閣府ＦＡＱ：問Ⅴ−３−④）です。将来の特定の費用として支出することを約していることから、公益目的事業比率の算出時には、その積立額を「みなし費用」として各費用額に算入することになります。

図4.8　「公益実施費用額」「収益等実施費用額」「管理運営費用額」のイメージ

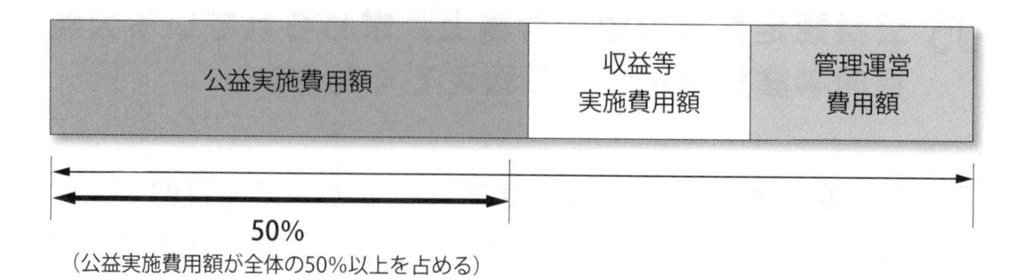

また、事業費と管理費とに関連する費用で配賦することが困難な費用は管理費に配賦することができます。事業費のうち公益目的事業に係る事業費と収益事業等に係る事業費とに関連する費用で配賦することが困難な費用は、収益事業等に係る事業費に配賦することができます（認定法施行規則第19条）（内閣府ＦＡＱ：問Ⅵ−2−③より抜粋）。

Q06 公益認定基準の中で財務上、求められている遊休財産規制について教えてください。

A 遊休財産規制とは、公益目的事業または公益目的事業に必要なその他の活動に使うことが具体的に定まっていない財産（遊休財産額）の保有は、1年分の公益目的事業費相当額を超えてはならないとする規制です（内閣府FAQ：問V－4－①）。

1．遊休財産規制の判定

遊休財産額は、1年分の公益目的事業費相当額が保有の上限とされています。その趣旨は、法人の収入源が途絶えても、法人が1年は公益目的事業を実施できるように、使途が定まっていない財産の保有を認めるというものです。

遊休財産規制は、次のとおり判定します。

（イ）遊休財産額
　　＝ 資産 － 負債 －（控除対象財産 － 控除対象財産に対応する負債）

（ロ）遊休財産額の保有上限額
　　＝ 公益目的事業に係る事業費の額 ＋ 特定費用準備資金（公益）の加減

（ハ）判定　（イ）≦（ロ）であれば、遊休財産規制の要件は満たしている

(1) 遊休財産額とは、公益目的事業または公益目的事業を行うために必要な収益事業等その他の業務もしくは活動のために現に使用されておらず、かつ、引き続きこれらのために使用されることが見込まれない財産（認定法第16条）を指します。

具体的には、遊休財産額とは、貸借対照表上の資産の額から、負債の額及び控除対象財産の額を控除した額のことをいいます。

控除対象財産は次の財産となります。具体的な使途の定められている財産として遊休財産額から控除されます（内閣府FAQ：V－4－③）。

①公益目的保有財産
②公益目的事業を行うために必要な収益事業等や管理運営に供する財産
③資産取得資金
④特定費用準備資金
⑤寄付等によって受け入れた財産で、財産を交付した者の定めた使途に従って使用又は保有されているもの及び定めた使途に充てるために保有している資金

(2) 毎事業年度末日における遊休財産額は、当該事業年度における公益目的事業の実施に要した費用の額（特定費用準備資金（公益）の繰入・取崩を加減した額等を含む）を超えて保有してはならないとされています。

(3) 遊休財産規制における特定費用準備資金の効果は、次のとおりです。

①公益目的事業のための特定費用準備資金に限らず、収益事業等のための特定費用準備資金を積み立てた場合であっても、積立残高は控除対象財産として認められます。
②特定費用準備資金は、その積立額だけ控除対象財産が増加し、結果として遊休財産額が減少します。
③遊休財産額の保有上限額の計算においても、特定費用準備資金のうち公益目的事業に係るものの当年度積立額は、保有上限額を増加させることになります。「遊休財産額」も「保有上限額」も同時に変動するので、ダブルの効果があります。

図4.9　資産における「遊休財産額」のイメージ

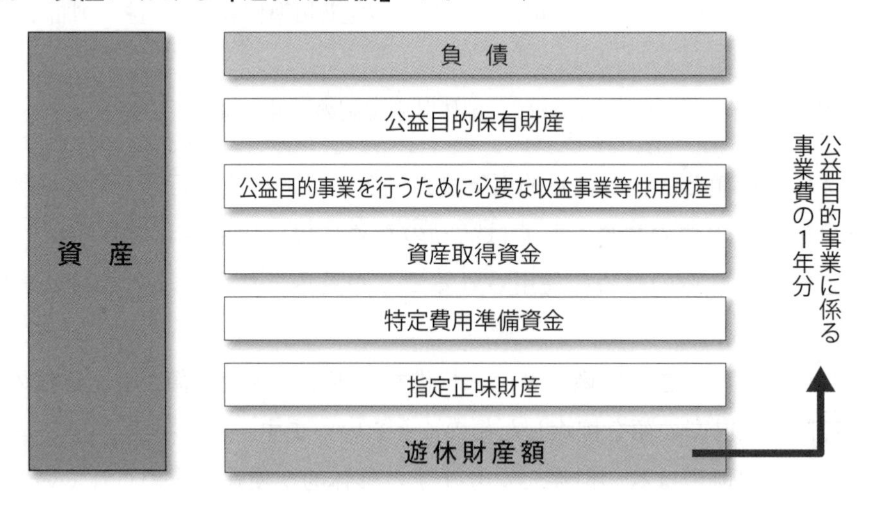

Q07 公益社団法人・公益財団法人へ移行するための行政庁への申請手続きについて教えてください。

A 公益認定申請から登記までの流れは、①定款変更、②公益認定申請書の作成、③公益認定申請に係る機関決定をして、行政庁に公益認定申請書を提出します。公益認定を受けたら公益法人への名称の変更登記を行います。ただし、公益法人へ移行するためには公益認定基準の遵守が必須となっており、公益認定を受けるメリット・デメリット（第6章Q7、Q8（268～271頁））を考慮した上で、公益認定の申請手続きを進める必要があります。

1．公益認定申請から公益認定までの流れ

公益社団法人・公益財団法人へ移行することを決めたら、まずは公益認定申請から公益認定までの流れを把握しましょう。

公益目的事業を行う一般社団法人・一般財団法人は、行政庁の認定を受けることができます（認定法第4条）。この場合、公益認定申請書を行政庁に提出する必要があります（認定法第7条）。これらの手続きの流れは次のとおりです。

図4.10　公益認定の手続きの流れ

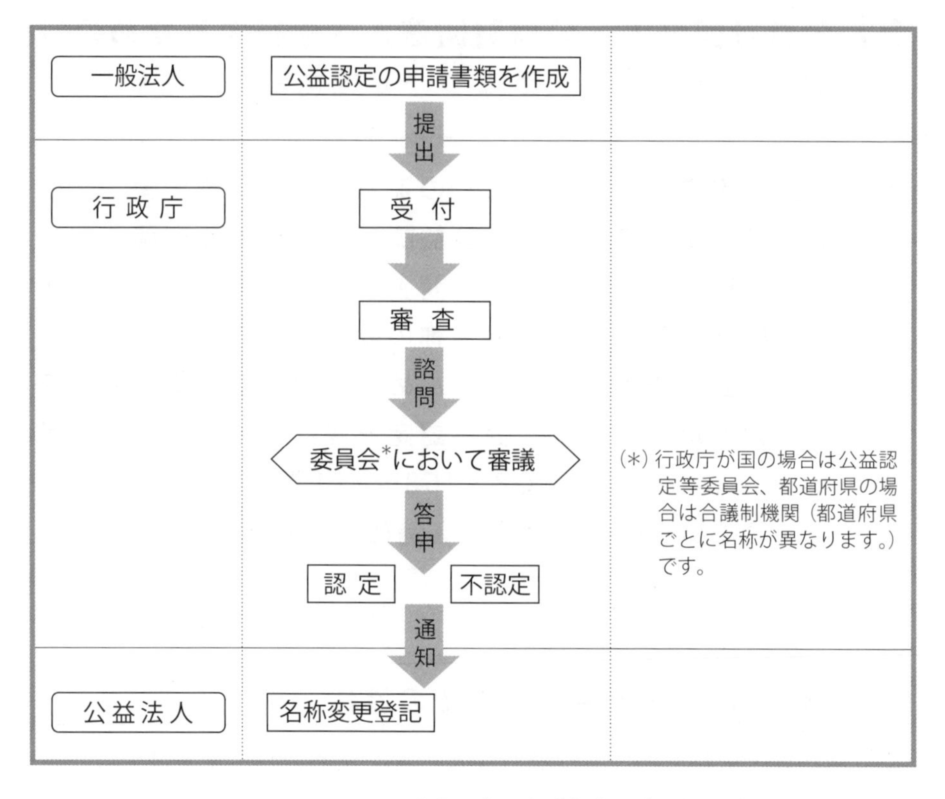

出典：内閣府「申請の手引き 公益認定編」5頁の表

2．定款変更について

本章Q８（176頁）を参照ください。

3．公益認定申請書の作成

公益社団法人・公益財団法人への公益認定の申請書類として、次の書類を作成します。

図4.11　公益認定の申請書類

申請書類		提出の要否	
		全法人	該当法人のみ
公益認定申請書		○	
別紙1 法人の基本情報及び組織について	1．基本情報	○	
	2．組織	○	
別紙2 法人の事業について	1．事業の一覧	○	
	2．個別の事業の内容について (1) 公益目的事業について (2) 収益事業について (3) その他の事業（相互扶助等事業）について	○	
別紙3 法人の財務に関する公益認定の基準に係る書類について	別表A(1)　収支相償の計算（収益事業等の利益額の50%を繰り入れる場合）		○※1
	別表A(2)　収支相償の計算（収益事業等の利益額の50%を超えて繰り入れる場合）		○※1
	別表B(1)　公益目的事業比率の算定総括表	○	
	別表B(2)　土地の使用に係る費用額の算定		○
	別表B(3)　融資に係る費用額の算定		○
	別表B(4)　無償の役務の提供等に係る費用額の算定		○
	別表B(5)　公益目的事業比率算定に係る計算表	○	
	別表C(1)　遊休財産額の保有制限の判定	○	
	別表C(2)　控除対象財産	○	
	別表C(3)　公益目的保有財産配賦計算表	○	
	別表C(4)　資産取得資金		○
	別表C(5)　特定費用準備資金		○
	別表D　他の団体の意思決定に関与することができる財産保有の有無	○	
	別表E　公益目的事業を行うのに必要な経理的基礎	○	
	別表F(1)　各事業に関連する費用額の配賦計算表（役員等の報酬・給料手当）	○	
	別表F(2)　各事業に関連する費用額の配賦計算表（役員等の報酬・給料手当以外）	○	
	別表G　収支予算の事業別区分経理の内訳表		○※2
別紙4 その他添付書類について	1．定款	○	
	2．登記事項証明書（発行日から3か月以内の現在事項全部証明書）	○	
	3．理事等の名簿	○	

	4．理事、監事及び評議員に対する報酬等の支給の基準を記載した書類（定款上、役員等が無報酬である場合でも、報酬等を支給しない旨を記載した書類を作成して提出）	○	
	5．確認書	○	
	6．許認可等を証する書類		○※3
	7．滞納処分に係る国税及び地方税の納税証明書（発行日から過去3年間以内に滞納処分を受けたことがないことの証明。納税実績の有無にかかわらず提出要）	○	
	8．（提出年度又は翌年度の）事業計画書	○※4	
	9．（提出年度又は翌年度の）収支予算書	○※4	
	10．前事業年度末日（又は設立日）の財産目録	○	
	11．前事業年度末日（又は設立日）の貸借対照表及びその附属明細書	○	
	12．事業計画書及び収支予算書に記載された予算の基礎となる事実を明らかにする書類（前事業年度の正味財産増減計算書又は予算の積算根拠が明らかになる書類）	○	
	13．事業・組織体系図		○
	14．社員の資格の得喪に関する細則		○※5
	15．会員等の位置づけ及び会費に関する細則		○※6
	16．寄付の使途の特定の内容がわかる書類		○※7
	17．その他行政庁が必要と認める書類		○

※1　別表A（1）、別表A（2）のいずれかを選択して提出します。
※2　収支予算書が事業別に区分されていない場合には、別表Gを添付します。
※3　事業を行うに当たり法令上行政機関の許認可等が必要な場合に添付します。
※4　一般法人を設立した事業年度に申請する場合で、当該事業年度が1年未満であるときは翌事業年度となる。
※5　定款において、社員の入会、退会等を別途定める旨の規定がある場合には必ず添付します。
※6　次の場合には必ず添付します。
・定款において、会費、入会金等の額を別途定める旨の規定がある場合
・使途を特定した会費、入会金等があり、定款に使途の記載がない場合
※7　公益目的事業以外に使途を特定した寄付がある場合のみ添付します。

出典：『新公益法人の移行・手続きパーフェクトガイド』（TKC出版・著者 中村雅浩・中野千恵子 102～104頁）

4．公益認定申請に係る機関決定

公益認定申請をするに当たり、公益法人へ移行することについて、少なくとも理事会での承認が必要です（法人法第90条第2項第1号）。その議題は、「公益社団法人（公益財団法人）への公益認定申請に関する件」が考えられます。

なお、当件とは別に、認定法の規定に適合するよう定款を変更する場合は、社員総会または評議員会の決議（特別決議）が必要になりますので注意が必要です。

5．公益認定申請書の提出先

次のいずれかに該当する場合は、行政庁は内閣総理大臣となり、公益認定申請書は内閣府に提出します（認定法第3条）。

イ	2以上の都道府県の区域内に事務所を設置する法人
ロ	2以上の都道府県の区域内において公益目的事業を実施することを定款で定める法人

上記以外は、行政庁はその事務所が所在する都道府県知事となり、公益認定申請書は都道府県に提出します（内閣府「申請の手引き 公益認定編」61頁）。

6．公益法人への名称の変更登記

公益認定を受けると、2週間以内に公益社団法人・公益財団法人への名称の変更登記をしなければなりません（法人法第303条）。なお、その従たる事務所の所在地においては、3週間以内に変更の登記をしなければなりません（法人法第312条第4項）。

登記には、公益認定を受けたことを証する書面（認定書）を添付する必要があります。なお、登録免許税は課されません。

Q08 公益認定申請する際に、一般社団法人・一般財団法人の現行の定款を見直す必要はありますか。

A 現行の定款の内容にもよりますが、一般社団法人・一般財団法人設立時に将来の公益認定を想定して、認定に必要な規定を予め定款に織り込むことは少ないものと考えます。そのため、公益認定申請する際に、公益社団法人・公益財団法人に必要な規定に見直し、追加・変更する必要があるでしょう。

1．定款変更の必要性

一般社団法人・一般財団法人の現行の定款が公益認定を想定して認定に必要な定めがあらかじめ織り込まれている場合、公益認定を受けると、一般社団法人は公益社団法人に（一般財団法人は公益財団法人に）名称を変更したものとみなされます（認定法第9条第1項）。よって、社員総会や評議員会での定款変更の決議なしで、定款における名称を変更することができます。

一方、設立時に公益認定を想定しておらず、一般社団法人・一般財団法人の現行定款に、認定に必要な定めが織り込まれていない場合は、認定に必要な規定を追加・変更し、公益認定後に効力を発生させることになります。具体的には、次の事項に留意する必要があります。

2．定款に織り込んでおかなければならない事項

（1）名　称

一般社団法人の設立時にあらかじめ「公益社団法人」という名称を付することはできません。公益認定を受けると、一般社団法人は公益社団法人に名称を変更したものとみなされるので（認定法第9条第1項）、定款に記載された名称も特段の変更手続きを経ることなく変更されます（一般財団法人も同様）。

（2）事　業

公益認定を受けようとする公益目的事業は、定款に記載がなければなりません。また、その公益目的事業を行う区域についても、特定の都道府県の範囲内かどう

かなどを記載しなければなりません。

（3） 理事会の設置等

一般社団法人の場合は、次の事項に該当しなければなりません（認定法第5条第14号）。

イ　社員の資格の得喪（入会や退会）に関して、当該法人の目的に照らし、不当に差別的な取り扱いをする条件その他の不当な条件を付していないものであること。 ロ　社員総会において行使できる議決権は、原則として一社員一議決権であり、議決権は会費その他提供財産の価額に応じて異なる取扱いを行ってはならない。 ハ　理事会を置くこと。また監事を設置しなければならない。

（4） 役員報酬支給基準の設定

役員報酬支給規程や役員退任慰労金支給規程を設けなければなりません（認定法第5条第13号）。

（5） 事業計画書及び収支予算書に関する規定の設置

公益社団法人・公益財団法人は事業計画書及び収支予算書を作成して（認定法第21条第1項）、公益認定後は行政庁に提出する義務があるので、その旨を定款に記載します（認定法第22条）。

（6） 決算に関する規定

公益社団法人・公益財団法人は財産目録を作成して（認定法第21条第2項）、公益認定後は行政庁に提出する義務があるので、その旨を定款に記載します（認定法第22条）。

（7） 会計監査人の設置

次のいずれかに該当したときは、定款に規定を設けて、会計監査人を設置しなければなりません（認定法第5条第12号）。会計監査人を設置したときは、キャッシュ・フロー計算書を作成する義務があります。

イ　直前事業年度の確定した決算における負債の額が50億円以上である。 ロ　直前事業年度の確定した決算における収益の額が1,000億円以上である。 ハ　直前事業年度の確定した決算における費用又は損失の額が1,000億円以上である。

（8） 不可欠特定財産の規定

美術品や重要文化財など公益目的事業を行うために不可欠な特定の財産を有するときは、その旨と維持義務、処分制限を定款に記載しなければなりません（認定法第5条第16号）。

（9） 公益目的取得財産残額に関する規定の設置

公益認定の取消を受けた場合又は合併により一般社団法人・一般財団法人が存続するときは、公益目的取得財産残額に相当する財産を類似の事業を目的とする他の公益法人等又は国若しくは地方公共団体に贈与する旨を定款に記載しなければなりません（認定法第5条第17号）。また、毎事業年度、その公益目的取得財産残額を算定する旨を、通常は定款に記載します（認定法施行規則第48条）。

（10） 残余財産の帰属に関する規定

法人が清算する場合の残余財産は、類似の事業を目的とする他の公益法人等又は国もしくは地方公共団体に帰属させる旨を定款に記載しなければなりません（認定法第5条第18号）。

3．役員構成について留意すべき事項

（1） 同一親族である理事等の制限

特定の理事とその配偶者及び三親等以内の親族等である理事が、理事総数の3分の1を超えては公益認定を受けられません（認定法第5条第10号）。監事も同様です。

（2） 同一法人の役職員である理事等の制限

特定の会社、法人等（公益法人を除く）の役職員である理事が、理事総数の3分の1を超えては公益認定を受けられません（認定法第5条第11号）。監事も同様です。

4．財務3基準への適合

公益認定を受けた後は、収支相償（認定法第14条）、公益目的事業比率（認定法第15条）及び遊休財産規制（認定法第16条）の財務3基準を遵守した運営が必要となります。このため、認定前からあらかじめ公益法人会計基準（平成20年基準）を適用して、財務3基準に適合する事業活動ができるかどうかの試行をしておくことが望ましいでしょう。財務3基準については、本章Q４～Q６（163～170頁）を参照してください。

Q09 公益社団法人・公益財団法人へ移行した後、行政庁に提出する定期提出書類、変更認定申請、変更届出について教えてください。

A 定期提出書類のうち、「事業計画書等に係る提出書」は事業年度開始の日の前日までに提出し、「事業報告等に係る提出書」は事業年度終了後3か月以内に提出する必要があります。また、公益目的事業の追加や内容の変更等がある場合には変更認定申請が必要となります。

1．定期提出書類（事業計画・事業報告）の提出

(1) 定期提出書類（事業計画書等に係る提出書）の提出

事業計画書と収支予算書等は、理事会の承認を受けなければなりません。定款において社員総会・評議員会の承認が必要とされる場合は、社員総会・評議員会での承認も必要です。

行政庁には、①事業計画書、②収支予算書、③資金調達及び設備投資の見込みについて、ならびに④これらについて理事会の承認を受けたことを証する書類（議事録）を提出します。社員総会・評議員会の承認を受けた場合は、社員総会・評議員会の議事録を提出します。提出期限は事業年度開始の日の前日までです。

なお、事業年度の中途に事業計画書または収支予算書を変更した場合には、変更認定申請が必要な場合を除いて、改めて行政庁に提出する必要はありません。

(2) 定期提出書類（事業報告等に係る提出書）の提出

定時社員総会・評議員会終了後、行政庁に「事業報告等に係る提出書」を提出する必要があります。事業報告等に係る提出書は、下記の構成となっています。

○提出書（かがみ文書）
○別紙1　運営組織及び事業活動の状況の概要及びこれらに関する数値のうち重要なものを記載した書類
○別紙2：法人の基本情報及び組織について
○別紙3：法人の事業について

○別紙4：法人の財務に関する公益認定の基準に係る書類について
○別紙5：その他の添付書類

行政庁は、事業報告等に係る提出書において、法人が認定申請書に記載していた公益目的事業がその記載どおりに実施されているか、財務3基準を充足しているか、事業資金（特定費用準備資金・資産取得資金など）が計画どおり使用されているか等を確認します。

なお、提出期限は事業年度終了後3か月以内です。

2．変更認定申請・変更届出の各手続き

（1） 変更認定が必要な場合

以下の事項を変更する場合は、変更前にあらかじめ行政庁の認定を受ける必要があります。

① 公益目的事業を行う都道府県の区域の変更

公益目的事業を行う都道府県の区域を定款で変更しようとする場合は、変更の認定を受ける必要があります。

② 主たる事務所又は従たる事務所の所在場所の変更

主たる事務所又は従たる事務所の所在場所を変更しようとする場合は、変更の認定を受ける必要があります。従たる事務所を新設又は廃止しようとする場合も同様です。

③ 公益目的事業の種類の変更

「公益目的事業の種類」とは、認定法別表において該当する号のことをいいます。公益認定の申請時には、申請書別紙2「2．個別の事業の内容について」において、個別の公益目的事業ごとに、認定法別表のいずれの号に該当するかを記載しましたが、その該当する号を変更しようとする場合には、変更の認定を受ける必要があります。

④ 公益目的事業又は収益事業等の内容の変更

公益目的事業又は収益事業等の内容を変更（新規事業を立ち上げる場合及び事業の一部を廃止する場合を含む）しようとする場合は、変更の認定を受ける必要があります。また、数年後に新規事業の立ち上げを予定しており、あらかじめ特定費用準備資金又は資産取得資金のみを計上する場合についても、事業の内容の変更として変更認定を受ける必要があります。

（2） 変更届出が必要な場合

以下の事項に変更があった場合には、遅滞なく、行政庁に届け出る必要があります。

①法人の名称又は代表者の氏名の変更

②公益目的事業を行う都道府県の区域の変更

・所管行政庁が内閣総理大臣である公益法人が、公益目的事業を行う都道府県の区域を定款で変更する場合に、変更後における公益目的事業の活動区域又は事務所の所在場所が２以上の都道府県の区域内となるときは、変更認定ではなく、変更届出の手続きを行うこととなります。

③主たる事務所又は従たる事務所の所在場所の変更

・現在の行政庁が内閣総理大臣である公益法人は、事務所の所在場所の変更であっても、変更後の事務所の所在場所又は定款で定める公益目的事業の活動区域が２以上の都道府県の区域内となるものであれば、変更認定ではなく、変更届出の手続きを行うこととなります。

・現在の行政庁が都道府県知事である公益法人は、事務所の所在場所の変更であっても、同一の都道府県の区域内での変更であれば、変更認定ではなく、変更届出の手続きを行うこととなります。

④公益目的事業又は収益事業等の内容の変更

・事業の内容の変更であっても、公益目的事業における受益の対象や規模が拡大する場合など、事業の公益性についての判断が明らかに変わらないと認められる場合は、変更認定ではなく、変更届出の手続きを行うこととなります。

⑤定款の変更

⑥理事、監事、評議員又は会計監査人の氏名若しくは名称の変更

⑦理事、監事及び評議員に対する報酬等の支給の基準の変更

⑧事業を行うに当たり必要な許認可等の変更

Q10 公益社団法人・公益財団法人へ移行した後は、行政庁からどのような監督を受けるのでしょうか。

A 行政庁は、定期提出書類の内容を毎期確認し、また、定期的に立入検査を行います。そのため、法人は、立入検査への対応方法について把握する必要があります。立入検査の結果によっては、行政庁は報告徴収を求め、さらに認定取消事由に該当する相当な疑いがある場合には必要な措置をとるべき旨の勧告をすることができます。

1．行政庁の監督

行政庁は、提出された定期提出書類から法人の実態把握に努めるほか、立入検査を行います。立入検査の結果によっては、報告徴収を求め、さらに認定取消事由に該当する相当な疑いがある場合には必要な措置をとるべき旨の勧告をすることができます。

（1） 定期提出書類の内容の確認

行政庁は、法人から提出された定期提出書類の内容の確認、立入検査などあらゆる機会を活用して法人の実態把握に努めます。

（2） 立入検査・報告徴収

行政庁は、公益法人の事業の適正な運営を確保するために必要な限度において、公益法人に対し、その運営組織及び事業活動の状況に関し必要な報告を求めること、または立入検査を行うことができます。

（3） 勧 告

認定取消事由に該当する相当な疑いがある場合、必要な措置をとるべく勧告を行うことができます。

（4） 命 令

正当な理由がなく勧告に係る措置をとらなかったときは、その措置を行うことを命令できます。

（5） 認定取消し

公益認定基準不適合、欠格事由該当、または命令違反等の場合に認定取消となります。

2．行政庁による立入検査

（1） 立入検査とは

行政庁は、公益法人の事業の適正な運営を確保するために必要な限度において、公益法人に対し、その運営組織及び事業活動の状況に関し必要な報告を求めることができます。また、公益法人の事務所に立ち入り、その運営組織及び事業活動の状況もしくは帳簿、書類その他の物件を検査させ、職員・関係者に質問させることができます（認定法第27条）。

（2） スケジュール

概ね3年を目途にすべての法人に対する立入検査が一巡するスケジュールで実施することとされています。

（3） 検査の内容

立入検査においては、主に次の点に着目して、検査を行います。

① 公益目的事業の内容、認定におけるチェックポイント

定期提出書類における公益目的事業の内容、認定におけるチェックポイントについて、記載されたとおり事業が行われているか、ヒアリングや事業に関する書類等を通じて確認します。

② 経理的基礎及び技術的能力

経理的基礎及び技術的能力を有しているか、会計帳簿、請求書・領収書、契約書、稟議書等を通じて確認します。

③ 財務3基準

収支相償、公益目的事業比率、遊休財産の保有制限について、それぞれ基準を満たしているか、計算書類、会計帳簿、各規程等を通じて確認します。

④ 法人のガバナンスの状況

理事会、社員総会、評議員会の運営や内部統制について適正に行われているか、招集通知、議案書、議事録等を通じて確認します。また、「役員等の選任については法令・定款に定められた手続きを経ているか」「代表理事・業務執行理事の職務執行状況の報告がなされているか」等を確認します。

（4） 検査の結果

検査結果は、次のいずれかが考えられます。行政庁の講評で、検査結果をある程度把握できます。

図4.12　行政庁の検査結果について

【悪い結果】

↓

報告徴収

・認定基準違反が判明し、「報告徴収」を求められます。

改善事項

・「改善を要する事項」として、その発生経過・原因、改善策、改善への取組状況を求められます。

指摘事項・指導事項

・法人は速やかに指摘・指導事項について対応することになりますが、その対応結果に関し報告は求められません。

上記のいずれにも該当しない！

【よい結果】

（5）　立入検査で指摘される内容

内閣府発出の「行政庁による監督と法人運営上の留意事項（立入検査実績を踏まえて）」に、立入検査で指摘される内容が列挙されていますので、参考にしてください。

1．規定の未整備

①印章・公印に関する規程　②会計・経理に関する規程

③謝金に関する規程　④個人情報保護に関する規程

⑤旅費・交通費に関する規程　⑥寄付金に関する規程

⑦委員会・選考等に関する規程　⑧古い規程を使用

2．現預金・印鑑・金庫の管理不十分

①保管状態（通帳と印鑑を一緒に管理、無施錠、法人外での保管）

②牽制体制（担当一人で管理、ダブルチェックなし）

③公印使用簿（公印管理台帳）、現金出納簿の不備

3．会計処理が不適切

①公益目的事業会計の処理（公益目的事業との関連性なし、法人会計で計上すべき）

②勘定科目の誤り

③経理処理体制（チェック・監査機能なし、契約関係業務の改善）

4．議事録の不備

①業務執行報告の未記載　②必要事項の記入漏れ

③個別決議の未記載　④議事録作成者氏名の記載漏れ

⑤作成していない

5．理事等の理事会での業務報告なし

①必要回数を満たしていない　②代読・一括報告している

③報告していない

6．社員総会・評議員会の招集決議等の不備

①一括決議（個別協議をしていない）

②決議の省略（監事は同意でなく「異議なし」）

③招集手続き（理事会決議なし、計算書類等の未送付）

④開催間隔（中２週間以上空けていない）

7．備置き資料なし

①全く整備していない　②一部に不備あり　③ファイリング等が必要

8．規定の不遵守

①規程と実態の不一致　②役員報酬関係（報酬とみなされる実費以上の交通費）

9．変更認定・変更届出等の未提出

①変更認定申請（認定時に記載のない事業の実施）

②変更届出（事業の一部拡大、役員改選、事務所移転、定款変更）

10．支出が不適切

①土産、慶弔費、中元・歳暮等への支出　②懇親会、交際費等

11．その他

①役員等の欠格事由関連（履歴書・確認書・兼職届・保管期限）

②選考基準・委員会運営等

③監事の職務執行関連（理事会出席、監査業務）

④法人の独立性（法人名称表示、事務所賃貸借契約、業務委託契約、出向契約）

Q11 公益社団法人・公益財団法人に求められる公益法人会計基準について教えてください。

A 新しい公益法人会計基準（平成20年基準）は、平成18年に公益法人制度改革関連三法が成立し、新制度を踏まえた会計基準を整備する必要が生じたため、内閣府公益認定等委員会において改めて制定されたものです。平成20年基準では、法人全体の貸借対照表、正味財産増減計算書と各内訳表の作成が必要となりました。この内訳表は、①公益目的事業会計、②収益事業等会計、③法人会計という会計ごとの記載と、正味財産増減計算書内訳表では各会計内の事業ごとの記載が求められています。

1．公益社団法人・公益財団法人が作成すべき書類

公益社団法人・公益財団法人が作成すべき法令で定められている書類は次のとおりです。

＜毎事業年度経過後3か月以内に作成する書類＞

1．貸借対照表（法人法第123条第2項）
　　貸借対照表内訳表（収益事業等から生じた利益の50％超を公益目的事業に繰り入れる法人）（公益認定等ガイドラインⅠ－18）
2．損益計算書（＝正味財産増減計算書）（法人法第123条第2項）
　　正味財産増減計算書内訳表（公益認定等ガイドラインⅠ－18）
3．附属明細書（法人法第123条第2項）
4．財産目録（認定法第21条第2項）
5．キャッシュ・フロー計算書（会計監査人を設置しなければならない法人に限る）（認定法施行規則第28条第1項）
6．財務諸表に対する注記（公益法人会計基準（平成20年4月11日）第5）

<毎事業年度開始の日の前日までに作成する書類>

7．収支予算書（認定法第21条第1項）

8．資金調達及び設備投資の見込みを記載した書類（認定法施行規則第27条）

2．公益法人会計基準

(1) 変　遷

平成18年に公益法人制度改革関連三法が成立し、新制度を踏まえた会計基準を整備する必要が生じたため、内閣府公益認定等委員会において改めて公益法人会計基準を定めることとなりました。平成16年基準（平成18年4月1日施行）をベースに新たな会計基準を設定し、平成20年4月11日に「公益法人会計基準について」が公布されました。これが新しい公益法人会計基準（平成20年基準）です。なお、平成20年基準は、現在「令和2年5月15日改正」が最新のものとなっています（本書発行時）。

(2) 平成20年基準の特徴

平成20年基準の大きな特徴は会計区分です。平成20年基準では、法人全体の貸借対照表、正味財産増減計算書と各内訳表の作成が必要となりました。

この内訳表は、①公益目的事業会計、②収益事業等会計、③法人会計という会計ごとの記載と、正味財産増減計算書内訳表における各会計の事業ごとの記載が求められています。

このように平成20年基準において、会計、事業ごとに区分する理由は、公益認定基準との関連があるからです。公益認定基準の中で会計基準と密接な関係にある項目は、①収支相償、②公益目的事業比率、③遊休財産規制の3つです。これらの公益認定基準を満たしているかどうか、会計・事業別に分かれた正味財産増減計算書内訳表で判定することになります。

また、収支予算書も正味財産増減計算書及び正味財産増減計算書内訳表の様式で作成することが求められており、公益認定基準を満たしているかどうか、予算策定時にも検討することになります。

3．平成20年基準の様式

平成20年基準の「第1総則」「1目的及び適用範囲」において、「この会計基準は、公益法人の財務諸表及び附属明細書並びに財産目録の作成の基準を定め、公益法人の健全なる運営に資することを目的とする」としています。

(1) 貸借対照表(内訳表)・正味財産増減計算書(内訳表)

平成20年基準では法人全体の財務諸表(貸借対照表、正味財産増減計算書及びキャッシュ・フロー計算書)及び附属明細書並びに財産目録を基本とし、財務諸表の一部として、会計区分ごとの情報は貸借対照表内訳表、会計区分及び事業区分ごとの情報は正味財産増減計算書内訳表において表示するものとして整理しています。

図4.13　貸借対照表（様式1-1）

貸　借　対　照　表

令和　　年　　月　　日現在

（単位：円）

科　　　目	当年度	前年度	増　減
Ⅰ　資産の部			
1．流動資産			
現金預金			
………………			
流動資産合計			
2．固定資産			
(1) 基本財産			
土　地			
………………			
基本財産合計			
(2) 特定資産			
退職給付引当資産			
○○積立資産			
………………			
特定資産合計			
(3) その他固定資産			
………………			
その他固定資産合計			
固定資産合計			
資産合計			
Ⅱ　負債の部			
1．流動負債			
未払金			
………………			
流動負債合計			
2．固定負債			
退職給付引当金			
………………			
固定負債合計			
負債合計			
Ⅲ　正味財産の部			
1．指定正味財産			
国庫補助金			
………………			
指定正味財産合計			
（うち基本財産への充当額）	(　　)	(　　)	(　　)
（うち特定資産への充当額）	(　　)	(　　)	(　　)
2．一般正味財産			
（うち基本財産への充当額）	(　　)	(　　)	(　　)
（うち特定資産への充当額）	(　　)	(　　)	(　　)
正味財産合計			
負債及び正味財産合計			

図4.14　貸借対照表（様式1-3）

貸借対照表内訳表

令和　　年　　月　　日現在

（単位：円）

科目	公益目的事業会計	収益事業等会計	法人会計	内部取引等消去	合計
Ⅰ　資産の部					
1．流動資産					
中科目別記載					
流動資産合計					
2．固定資産					
(1) 基本財産					
中科目別記載					
基本財産合計					
(2) 特定資産					
中科目別記載					
特定資産合計					
(3) その他固定資産					
中科目別記載					
その他固定資産合計					
固定資産合計					
資産合計					
Ⅱ　負債の部					
1．流動負債					
中科目別記載					
流動負債合計					
2．固定負債					
中科目別記載					
固定負債合計					
負債合計					
Ⅲ　正味財産の部					
1．指定正味財産					
中科目別記載					
指定正味財産合計					
（うち基本財産への充当額）					
（うち特定資産への充当額）					
2．一般正味財産					
（うち基本財産への充当額）					
（うち特定資産への充当額）					
正味財産合計					
負債及び正味財産合計					

図4.15　正味財産増減計算書（様式2-1）

正味財産増減計算書

令和　年　月　日から令和　年　月　日まで

（単位：円）

科　　目	当年度	前年度	増　減
Ⅰ　一般正味財産増減の部			
1．経常増減の部			
(1) 経常収益			
基本財産運用益			
………………			
特定資産運用益			
………………			
受取会費			
………………			
事業収益			
………………			
受取補助金等			
………………			
受取負担金			
………………			
受取寄付金			
………………			
経常収益計			
(2) 経常費用			
事業費			
給与手当			
臨時雇賃金			
退職給付費用			
………………			
管理費			
役員報酬			
給与手当			
退職給付費用			
………………			
経常費用計			
評価損益等調整前当期経常増減額			
基本財産評価損益等			
特定資産評価損益等			
投資有価証券評価損益等			
評価損益等計			
当期経常増減額			
2．経常外増減の部			
(1) 経常外収益			
固定資産売却益			
………………			
経常外収益計			
(2) 経常外費用			
固定資産売却損			
………………			
経常外費用計			
当期経常外増減額			
当期一般正味財産増減額			
一般正味財産期首残高			
一般正味財産期末残高			
Ⅱ　指定正味財産増減の部			
受取補助金等			
………………			
一般正味財産への振替額			
………………			
当期指定正味財産増減額			
指定正味財産期首残高			
指定正味財産期末残高			
Ⅲ　正味財産期末残高			

図4.16　正味財産増減計算書（様式2-3）

正味財産増減計算書内訳表

令和　年　月　日から令和　年　月　日まで

（単位：円）

科目	公益目的事業会計				収益事業等会計				法人会計	内部取引等消去	合計
	A事業	B事業	共通	小計	a事業	b事業	共通	小計			
Ⅰ　一般正味財産増減の部											
1．経常増減の部											
(1) 経常収益											
基本財産運用益											
中科目別記載											
特定資産運用益											
中科目別記載											
受取会費											
中科目別記載											
事業収益											
中科目別記載											
受取補助金等											
中科目別記載											
受取負担金											
中科目別記載											
受取寄付金											
中科目別記載											
………………											
経常収益計											
(2) 経常費用											
事業費											
中科目別記載											
………………											
管理費											
中科目別記載											
………………											
経常費用計											
評価損益等調整前当期経常増減額											
基本財産評価損益等											
特定資産評価損益等											
投資有価証券評価損益等											
評価損益等計											
当期経常増減額											
2．経常外増減の部											
(1) 経常外収益											
中科目別記載											
経常外収益計											
(2) 経常外費用											
中科目別記載											
経常外費用計											
当期経常外増減額											
他会計振替前当期一般正味財産増減額											
他会計振替額											
当期一般正味財産増減額											
一般正味財産期首残高											
一般正味財産期末残高											
Ⅱ　指定正味財産増減の部											
受取補助金等											
………………											
一般正味財産への振替額											
………………											
当期指定正味財産増減額											
指定正味財産期首残高											
指定正味財産期末残高											
Ⅲ　正味財産期末残高											

（2） キャッシュ・フロー計算書

キャッシュ・フロー計算書とは、法人の資金の増加と減少を示すものであり、一事業年度におけるキャッシュ・フローの状況を、①事業活動、②投資活動、③財務活動に区分して表示します。

「認定法第5条第12号」の規定により、会計監査人を設置する公益社団法人・公益財団法人にその作成が義務付けられています。

会計監査人の設置が義務付けられる法人は、最終事業年度に係る損益計算書の収益の部の額が1,000億円以上、または費用及び損失の額が1,000億円以上、または貸借対照表の負債の部の額が50億円以上の法人です。

図4.17　キャッシュ・フロー計算書（様式3-1）

キャッシュ・フロー計算書

令和　年　月　日から令和　年　月　日まで

（単位：円）

科　　目	当年度	前年度	増　減
Ⅰ　事業活動によるキャッシュ・フロー			
1．事業活動収入			
基本財産運用収入			
………………			
入会金収入			
………………			
会費収入			
………………			
事業収入			
………………			
補助金等収入			
………………			
事業活動収入計			
2．事業活動支出			
事業費支出			
………………			
管理費支出			
………………			
事業活動支出計			
事業活動によるキャッシュ・フロー			
Ⅱ　投資活動によるキャッシュ・フロー			
1．投資活動収入			
固定資産売却収入			
………………			
投資活動収入計			
2．投資活動支出			
固定資産取得支出			
………………			
投資活動支出計			
投資活動によるキャッシュ・フロー			
Ⅲ　財務活動によるキャッシュ・フロー			
1．財務活動収入			
借入金収入			
………………			
財務活動収入計			
2．財務活動支出			
借入金返済支出			
………………			
財務活動支出計			
財務活動によるキャッシュ・フロー			
Ⅳ　現金及び現金同等物に係る換算差額			
Ⅴ　現金及び現金同等物の増減額			
Ⅵ　現金及び現金同等物の期首残高			
Ⅶ　現金及び現金同等物の期末残高			

図4.18　キャッシュ・フロー計算書（様式3-2）

キャッシュ・フロー計算書

令和　年　月　日から令和　年　月　日まで

（単位：円）

科　目	当年度	前年度	増　減
Ⅰ　事業活動によるキャッシュ・フロー 　1．当期一般正味財産増減額 　2．キャッシュ・フローへの調整額 　　減価償却費 　　基本財産の増減額 　　退職給付引当金の増減額 　　未収金の増減額 　　貯蔵品の増減額 　　未払金の増減額 　　指定正味財産からの振替額 　　………………			
小　計			
3．指定正味財産増加収入 　　補助金等収入 　　　………………			
指定正味財産増加収入計			
事業活動によるキャッシュ・フロー			
Ⅱ　投資活動によるキャッシュ・フロー 　1．投資活動収入 　　固定資産売却収入 　　　………………			
投資活動収入計			
2．投資活動支出 　　固定資産取得支出 　　　………………			
投資活動支出計			
投資活動によるキャッシュ・フロー			
Ⅲ　財務活動によるキャッシュ・フロー 　1．財務活動収入 　　借入金収入 　　　………………			
財務活動収入計			
2．財務活動支出 　　借入金返済支出 　　　………………			
財務活動支出計			
財務活動によるキャッシュ・フロー			
Ⅳ　現金及び現金同等物に係る換算差額			
Ⅴ　現金及び現金同等物の増減額			
Ⅵ　現金及び現金同等物の期首残高			
Ⅶ　現金及び現金同等物の期末残高			

（3） 附属明細書

平成20年基準の「第6 附属明細書」において、附属明細書は、次に掲げる事項の他、貸借対照表及び正味財産増減計算書の内容を補足する重要な事項を表示しなければならないとしています。

①基本財産及び特定資産の明細

②引当金の明細

なお、財務諸表の注記に記載している場合には、附属明細書においては、その旨の記載をもって内容の記載は省略することができます。

図4.19　附属明細書

1．基本財産及び特定資産の明細

（単位：円）

区　分	資産の種類	期首帳簿価額	当期増加額	当期減少額	期末帳簿価額
基本財産	土地 建物 … …				
	基本財産計				
特定資産	退職給付引当資産 ○○積立資産 … …				
	特定資産計				

2．引当金の明細

（単位：円）

科　目	期首残高	当期増加額	当期減少額		期末残高
			目的使用	その他	
賞与引当金 …					

（4） 財産目録

平成20年基準の「第7 財産目録」において、財産目録は、当該事業年度末現在におけるすべての資産及び負債につき、その名称、数量、使用目的、価額等を詳細に表示するものでなければならないとされており、その様式では「貸借対照表科目」「場所・物量等」「使用目的等」「金額」を記載することとしています。

図4.20　財産目録

財　産　目　録

令和　年　月　日現在

（単位：円）

貸借対照表科目		場所・物量等	使用目的等	金額
（流動資産）				
	現金	手元保管	運転資金として	×××
	預金	普通預金 ○○銀行○○支店	運転資金として	×××
流動資産合計				×××
（固定資産）				
基本財産	土 地	○○㎡ ××市▽▽町3－5－1	公益目的保有財産であり、○○事業の施設に使用している。	×××
	建物	○○㎡ ××市▽▽町3－5－1 4階建	3～4階部分：公益目的保有財産であり、○○事業の施設に使用している。	×××
			1～2階部分：△△事業に使用している。	×××
	美術品	絵画 ○点 ○年○月以前取得	公益目的保有財産であり、○○事業に供している不可欠特定財産である。	×××
	投資有価証券	第○回利付国債他	公益目的保有財産であり、運用益を○○事業の財源として使用している。	×××
特定資産	○○積立資産	定期預金 ○○銀行○○支店	○○事業の積立資産であり、資産取得資金として管理されている預金	×××
	○○積立資産	××社債	満期保有目的で保有し、運用益を○○事業の財源として使用している。	×××
		○○株式	寄付により受け入れた株式であり、長期間保有することにより、運用益を○○事業の財源として使用している。	×××
	建物	○○㎡ 東京都△△区▲▲4－6－2	公益目的保有財産であり、○○事業に使用している。	×××
その他固定資産	……	……	……	×××
固定資産合計				×××
資産合計				×××
（流動負債）				
	未払金	○○に対する未払額	○○事業に供する備品購入の未払い分	×××
	短期借入金	○○銀行○○支店	運転資金	×××
流動負債合計				×××
（固定負債）				×××
	退職給付引当金	従業員に対するもの	従業員○○名に対する退職金の支払いに備えたもの	×××
	長期借入金	○○銀行○○支店	△△事業に供する建物を取得するための借入れ	×××
固定負債合計				×××
負債合計				×××
正味財産				×××

（5） 財務諸表に対する注記

平成20年基準の「第5 財務諸表の注記」において、次のとおり、注記すべき事項が列挙されています。

①継続組織の前提に関する注記
②資産の評価基準及び評価方法、固定資産の減価償却方法、引当金の計上基準等財務諸表の作成に関する重要な会計方針
③重要な会計方針を変更したときは、その旨、変更の理由及び当該変更による影響額
④基本財産及び特定資産の増減額及びその残高
⑤基本財産及び特定資産の財源等の内訳
⑥担保に供している資産
⑦固定資産について減価償却累計額を直接控除した残額のみを記載した場合には、当該資産の取得価額、減価償却累計額及び当期末残高
⑧債権について貸倒引当金を直接控除した残額のみを記載した場合には、当該債権の債権金額、貸倒引当金の当期末残高及び当該債権の当期末残高
⑨保証債務（債務の保証を主たる目的事業とする公益法人の場合を除く。）等の偶発債務
⑩満期保有目的の債券の内訳並びに帳簿価額、時価及び評価損益
⑪補助金等の内訳並びに交付者、当期の増減額及び残高
⑫基金及び代替基金の増減額及びその残高
⑬指定正味財産から一般正味財産への振替額の内訳
⑭関連当事者との取引の内容
⑮キャッシュ・フロー計算書における資金の範囲及び重要な非資金取引
⑯重要な後発事象
⑰その他公益法人の資産、負債及び正味財産の状態並びに正味財産増減の状況を明らかにするために必要な事項

図4.21　財務諸表に対する注記の例

財務諸表に対する注記

1.　継続組織の前提に関する注記

……………………………

2.　重要な会計方針

(1) 有価証券の評価基準及び評価方法

……………………………

(2) 棚卸資産の評価基準及び評価方法

……………………………

(3) 固定資産の減価償却の方法

……………………………

(4) 引当金の計上基準

……………………………

(5) キャッシュ・フロー計算書における資金の範囲

……………………………

(6) 消費税等の会計処理

……………………………

……………………………

3.　会計方針の変更

……………………………

4.　基本財産及び特定資産の増減額及びその残高

基本財産及び特定資産の増減額及びその残高は、次のとおりである。

（単位：円）

科　　目	前期末残高	当期増加額	当期減少額	当期末残高
基本財産 土　　地 ……………				
小　　計				
特定資産 退職給付引当資産 ………………				
小　　計				
合　　計				

Q12 公益社団法人・公益財団法人の決算において作成すべき書類と承認手続きを教えてください。

A 決算承認までの各手続きとして、①作成、②監事監査、③理事会に提出し承認を受ける、④備置き、⑤社員総会・評議員会に提出し承認を受ける、⑥行政庁へ提出――があります。それぞれ対象となる書類を確認しましょう。

決算承認までの各手続きと対象となる書類は下図のとおりです。なお、新規設立の一般社団法人・一般財団法人では、「⑥行政庁への提出」そのものがなく、行政庁へ提出する書類はありません。

図4.22　決算承認までの各手続きと対象となる書類

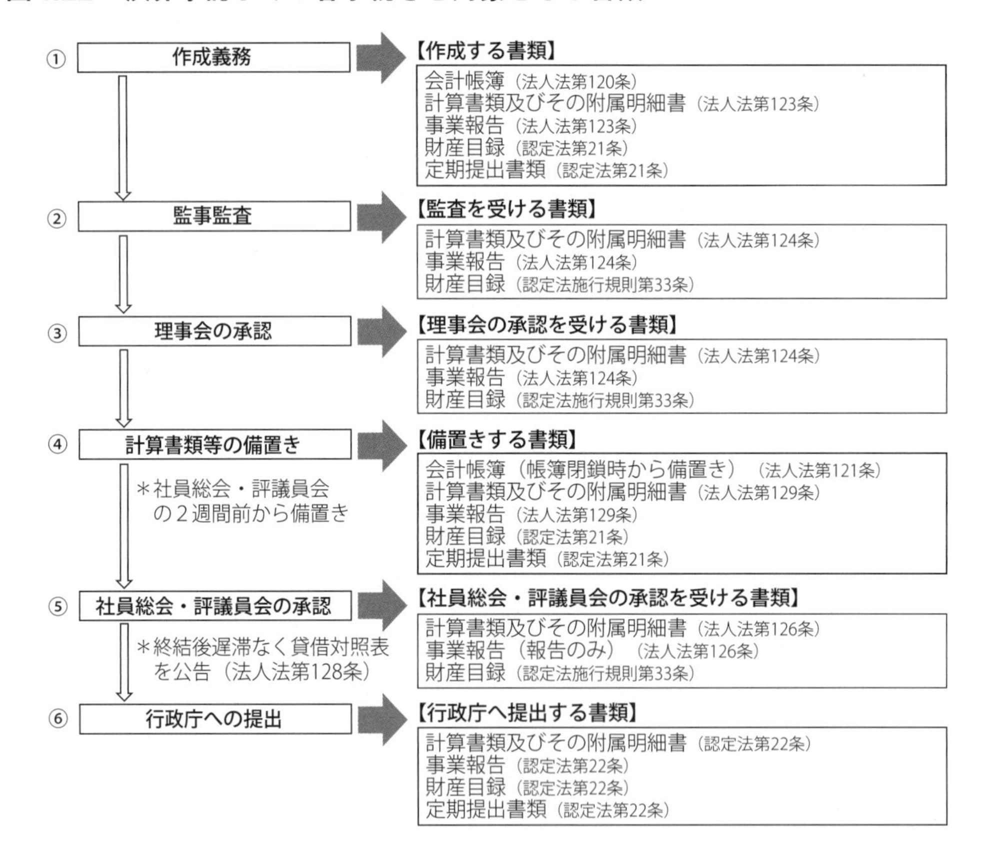

Q13 「公益目的事業」と「収益事業」はどのような関係にあるのでしょうか。

A それぞれ分けて整理する必要があります。①認定法上の公益目的事業と収益事業の関係は、公益認定基準の一つとして一定のルールがあります。②認定法上の公益目的事業と法人税法上の収益事業との関係については、その重なった事業については法人税法上非課税として取り扱われます。

1．公益目的事業と認定法上の収益事業

公益社団法人・公益財団法人においても認定法上の収益事業等（収益事業と共益事業）を行うことは可能です。その趣旨は、収益事業等で得た利益は公益目的事業で使用し、公益目的事業の拡充に充てることにあります。

仮に、収益事業等を積極的に行うことにより、公益目的事業そのものの取組みが疎かになったり、収益事業等の失敗によって大きな赤字を計上し、公益目的事業を実施できなくなることは、公益社団法人・公益財団法人として本来あるべき姿ではありません。

そのため、収益事業等を行う場合には、収益事業等を行うことによって公益目的事業の実施に支障を及ぼすおそれがないものであることが必要とされています（認定法第5条第7号）。

2．公益目的事業と法人税法上の収益事業

法人税法で収益事業として限定列挙された34の事業（208頁参照）に該当していたとしても、公益認定等委員会において公益目的事業と認定された事業については、非課税として取扱い、法人税の課税が行われないこととなっています（法人税法施行令第5条第2項第1号）。一方、公益目的事業以外の事業については、法人税法で限定列挙された34の事業から生じた所得についてのみ法人税が課税されます。

したがって、一般社団法人・一般財団法人に比べ、公益社団法人・公益財団法人は収益事業の課税範囲が狭くなることとなります。

3．認定法と法人税法の関係

図4.23のとおり、認定法には公益目的事業会計と収益事業等会計があり、法人税法には収益事業と非収益事業があります。それぞれどのような関係にあるのか確認しましょう。

（1） パターン1

公益目的事業会計にて行う事業は、前述のとおり、法人税は非課税となりますが、公益認定基準の一つである収支相償により、公益目的事業会計の損益は原則ゼロ以下になります。

収益事業等会計においては、法人税法で限定列挙された34の収益事業を行っているときは、法人税が課税されます。認定法上では、収益事業等会計で生じた利益の50%（または50%超）を公益目的事業会計に繰入れなければなりません。この繰入れを寄付金とみなして、その金額の一部が損金算入されるものの、納税による資金流出の実態があります。

（2） パターン2

収益事業等会計において、法人税法で限定列挙された34の収益事業を行っていなければ、法人税は課税されない点が、パターン1と異なります。この場合、収益事業等会計で生じた利益の50%（または50%超）を公益目的事業会計に繰入れなければならない認定法上の規定はあるものの、納税資金が流出しないことから、資金の内部留保が可能となります。

図4.23　認定法における「公益目的事業会計」「収益事業等会計」、法人税法における「収益事業」「非収益事業」との関係

【パターン1】		認定法	
		公益目的事業会計	収益事業等会計
法人税法	収益事業	＊法人税は非課税・損益は収支相償	○
	非収益事業		

＊利益の50%または50%超の繰入
＊収益事業課税による納税が発生
（ただし、みなし寄付金の適用あり）

【パターン2】		認定法	
		公益目的事業会計	収益事業等会計
法人税法	収益事業	＊法人税は非課税・損益は収支相償	
	非収益事業		○

＊利益の50%または50%超の繰入
＊収益事業課税による納税が
発生しないため、内部留保しやすい。

Q14 公益法人の会計では、公益法人特有の会計処理や予算の管理・執行状況の把握などが大変です。正確な会計処理を行いながら、法人の事業運営に役立つ情報をタイムリーに取得したいのですが。

A 公益法人会計基準に完全準拠し、予算と実績をいつでも確認できる機能のあるシステムの利用がおすすめです。株式会社ＴＫＣでは、公益法人向けの会計システムとして、「公益法人会計データベース」、「ＦＸ４クラウド（公益法人会計用）」を提供しています。ここでは、その特長の一部を簡単に紹介します。

1．便利な機能（「公益法人会計データベース」「FX4クラウド（公益法人会計用）」）

（1） 実績や予算の執行状況をリアルタイムに把握

「伺書入力機能」を活用することで、タイムリーにデータを入力することができるため、最新の実績や予算の執行状況をリアルタイムで把握することができます。ＦＸ４クラウド（公益法人会計用）では、ウェブブラウザを利用して各拠点から複数人で利用できます。

会計基準に則った「会計区分」「事業区分」での階層で集計が可能なのはもちろんですが、任意の事業をグルーピングし、内部管理のための集計もできます。

図4.24　ＦＸ４クラウド（公益法人会計用）メニュー画面

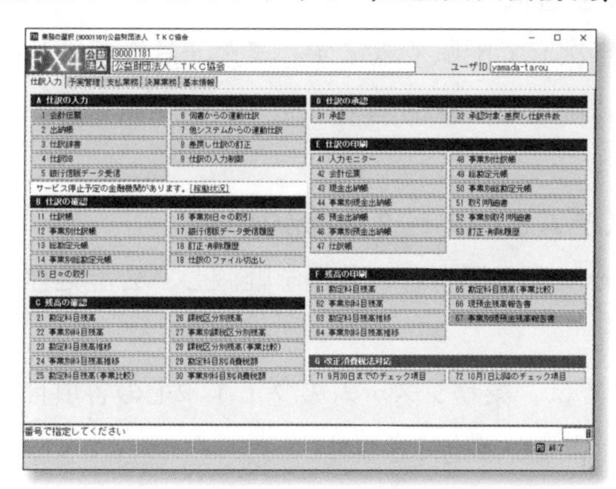

ＴＫＣの会計システムの詳細はこちら→

https://www.tkc.jp/koueki/system/

（２） 銀行信販データ受信機能（ＴＫＣのＦｉｎＴｅｃｈサービス）

複数の金融機関（銀行や信販会社）から、インターネットを利用して取引データを自動受信できます。受信した取引データとシステムに計上済みの仕訳を突合し、仕訳の重複を自動的にチェックします。また、銀行口座の実際の残高と、受信した取引データを全て仕訳計上した場合の帳簿残高が一致することを一目で確認でき、二重仕訳を除外できます。さらに、その取引データをもとに仕訳ルールの学習機能を利用して仕訳を簡単に計上できます。

図4.25　銀行信販データ受信機能（ＴＫＣのＦｉｎＴｅｃｈサービス）

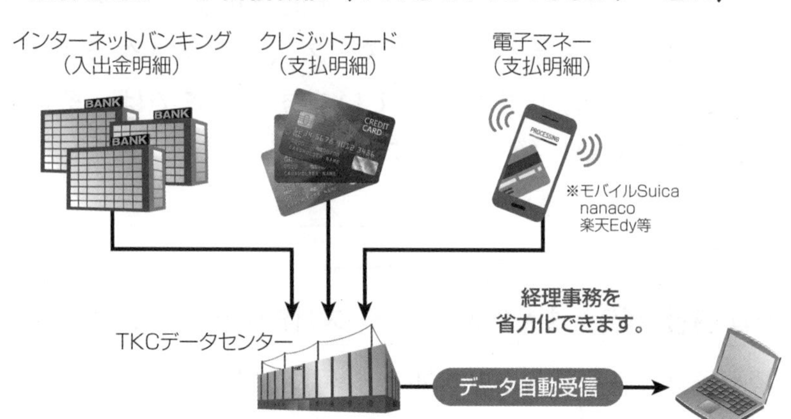

（３） 共通費用の配賦機能

共通費が計上されている事業から、配賦基準に従って他の事業へ費用を配賦できます。また、財務諸表上の会計区分間などで配分を行う場合は、「他会計間借入金」「他会計貸付金」等の内部取引科目を経由して配賦できます。これにより、会計区分ごとの貸借対照表残高が常に一致するように配賦仕訳が計上されます。

（４） 管理体制に合わせて配賦方式を選択

管理体制に合わせて「月次」や「年次」で配賦できます。また、月次で概算の量的基準により配賦した場合は期末に確定した量的基準に従って配賦額を洗い替えできます。

（５） 給与計算システムや業務システムとのデータ連携が簡単

他システムからのデータ連携により、入力担当者の負担を軽減し、会計処理を効率化します。

ＦＸ４クラウド（公益法人会計用）では、業務システムのファイル上の各項目との仕訳上の各項目との対応づけや、計算式が設定できます。

２．世界最高水準のセキュリティー体制

ＦＸ４クラウド（公益法人会計用）は、最高度のデータセキュリティー体制を整えたＴＫＣのデータセンター「ＴＫＣインターネット・サービスセンター（ＴＩＳＣ）」より提供されます。ＴＩＳＣでは、災害に強い堅牢な建物や世界最高水準のセキュリティー対策に加え、株式会社ＴＫＣの正社員が24時間365日、サービス稼働状況を監視し、万一のトラブルにも迅速に対応できる体制を確立しています。

ＮＰＯ法人向け財務会計システム「ＮＰＯ法人会計データベース」

株式会社ＴＫＣでは、ＮＰＯ法人向けの財務会計システム「ＮＰＯ法人会計データベース」を提供しています。

(1) ＮＰＯ法人特有の会計処理に完全準拠

「特定非営利活動促進法に係る諸手続の手引き」に示された計算書類等の記載例や「ＮＰＯ法人会計基準」にも完全対応し、経理事務を手間なく簡単に行えます。

(2) 所轄庁に提出する財務諸表を簡単作成

活動計算書、貸借対照表を簡単に作成することができます。また、共通費用の配賦機能を使って、収益事業への配賦なども可能です。

～税務・会計の専門家（税理士・公認会計士）によるサポート～

ＴＫＣシステムは、導入から運用まで、税務・会計の専門家であるＴＫＣ会員（ＴＫＣ全国会に加盟する税理士・公認会計士）事務所がサポートします。

＜第4章　参考文献＞

ＴＫＣ全国会公益法人経営研究会『公益社団・財団法人の組織運営』ＴＫＣ出版、2016年9月

中村雅浩、中野千恵子『新公益法人の移行・手続きパーフェクトガイド』ＴＫＣ出版、2010年9月

中村元彦、中村友理香、寺内正幸『目からウロコの公益法人100問100答　制度・会計・税務　改訂版』税務経理協会、2015年6月

熊谷則一、清水謙一『改訂版　一般社団法人一般財団法人の実務　設立・運営・税務から公益認定まで』全国公益法人協会、2016年4月

2. 世界最高水準のセキュリティ体制

第5章

非営利法人の税制

Q01 収益事業とはどのようなものなのですか。

A 法人税法上の収益事業とは、限定列挙された34の事業で、継続して事業場を設けて行われるものをいいます。

1．収益事業とは

法人税法上の収益事業とは、以下の34の事業（その性質上その事業に付随して行われる行為を含む）のいずれかに該当し、かつ「継続して行われるものであること」「事業場を設けて行われるものであること」が要件となります（法人税法施行令第5条第1項）。

物品販売業	不動産販売業	金銭貸付業	物品貸付業	不動産貸付業
製造業	通信業	運送業	倉庫業	請負業
印刷業	出版業	写真業	席貸業	旅館業
料理店業その他の飲食店業		周旋業	代理業	仲立業
問屋業	鉱業	土石採取業	浴場業	理容業
美容業	興行業	遊技所業	遊覧所業	医療保健業
技芸教授業	駐車場業	信用保証業	無体財産権の提供等を行う事業	
労働者派遣業				

2．付随行為

前述の3要件（限定列挙された34の事業のいずれかに該当・継続して行われるものであること・事業場を設けて行われるものであること）を満たしていなくても、収益事業に係る事業活動の一環として、またはこれに関連して行われる「付随行為」も、収益事業として課税対象になります。「法人税基本通達15－1－6」に例示されています。

図5.1　付随行為の例

①出版業を行う公益法人等が行うその出版に係る業務に関係する講演会の開催またはその出版物に掲載する広告の引受け。 ②技芸教授業を行う公益法人等が行うその技芸の教授に係る教科書その他これに類する教材の販売及びバザーの開催。 ③旅館業又は料理店業を行う公益法人等がその旅館等において行う会議等のための席貸し。 ④興行業を行う公益法人等が放送会社に対しその興行に係る催し物の放送をすることを許諾する行為。 ⑤公益法人等が収益事業から生じた所得を預金、有価証券等に運用する行為。 ⑥公益法人等が収益事業に属する固定資産等を処分する行為。

3．収益事業課税の考え方

公益法人等は、個々に利益を追求するものではなく、社会全体の利益を追求する性格を持っているため、原則として営利法人と同様の課税をされることはありません。そのため、公益法人等の所得のうち、収益事業から生じた所得以外の所得については、法人税を課さないとされています（法人税法第7条）。収益事業以外の事業である会費、寄付金、または補助金・助成金などに課税が行われると、それを財源とする事業の存続が危うくなる恐れがあるからです。

しかし、営利法人と競合する34の限定列挙された事業については、課税の公平性の観点から法人税が課税されることになっています。

Q02 非営利法人における会費にも課税されることがあるのでしょうか。

A 非営利型法人である一般社団法人・一般財団法人やNPO法人では、収益事業に該当する場合のみ課税されます。会費は対価性のない収入であり、限定列挙の34事業にも含まれていないため、収益事業の課税対象となりません。

支払われた会費は、法人の本来の目的である事業を通して、結果的に、不特定多数の者の利益に寄与するものと考えられ、対価性のない収入になります。そのため、34の事業に含まれることもなく収益事業の課税対象となりません。

ただし、名目が会費であっても、雑誌の購読会員の会費・スポーツクラブの会費のように、提供するサービスとの間に明らかな対価関係があるものは、収益事業となることがあります。この場合、そのサービスが前掲（208頁）の34の収益事業に該当するのであれば、課税の対象になります。

なお、普通法人である一般社団法人・一般財団法人が受け取った会費は、すべて法人税の課税対象になりますのでご留意ください。

会費に消費税は課税されるのか？

消費税は、国内において事業者が事業として対価を得て行う資産の譲渡、資産の貸付け及び役務の提供に課税されますので、商品の販売や運送、広告など、対価を得て行う取引のほとんどは課税の対象となります。

一方、法人がその団体としての通常の業務運営のために経常的に要する費用を会員に分担させ、その団体の存立を図るというようないわゆる通常会費については、資産の譲渡等の対価に該当しないとされています（消費税法基本通達5−5−3）。

つまり、一般社団法人・公益社団法人、またはＮＰＯ法人が会員から受け取る年会費は、通常の業務運営のために経常的に要する費用を会員に分担させ、その団体の存立を図る性質のものと考えられ課税対象となりません。

なお、一般財団法人や公益財団法人が賛助会員から受け取る賛助会費については、寄付金の性格が強く対価性がないのが一般的であり、課税対象となりません。

Q03 国や地方公共団体からの補助金にも課税されるのですか。

A 収益事業を行う公益法人等は、国・地方公共団体等から交付を受ける補助金・助成金等のうち、収益事業に係る収入または経費を補填するために交付を受けるものは、収益事業の収益として課税されます。

公益法人等の所得のうち、収益事業から生じた所得以外の所得については、法人税を課さないとされています（法人税法第7条）。

通常、公益法人等が受ける補助金、助成金、寄付金等の対価性を有しない収益を受ける事業は、収益事業の34事業（208頁）に該当しないことから、収益事業の収益に計上する必要はありません。ただし、国・地方公共団体等から受ける補助金・助成金等のうち、収益事業に係る収入または経費を補填するために受けるものは、収益事業の収益に計上します（法人税基本通達15−2−12）。

一方、固定資産の取得又は改良に充てるために受ける補助金等は、その固定資産が収益事業の用に供されるものである場合であっても、収益事業に係る益金の額に算入しません。なお、その固定資産の減価償却費又は譲渡損益の計算の基礎となる取得価額は、自己資金だけでなく、補助金等を含む実際の取得価額により計算します（法人税基本通達15−2−12）。

Q04 実費弁償で行う事業とはどのようなものですか。

A 実費弁償とは、委託者から受ける手数料等の額が、その業務のために必要な費用の額を超えないことをいいます。事務処理を受託する事業を実費弁償で行えば、その事業は収益事業にはなりません。

1. 実費弁償方式の趣旨

公益法人等が、収益事業の請負業のうち、事務受託の性質を有する業務を行う場合において、その業務が法令の規定、行政官庁の指導またはその業務に関する規則・規約・契約に基づき、実費弁償（委託者から受ける金額がその業務のために必要な費用の額を超えないこと）により行われるものであり、かつ、あらかじめ一定の期間（概ね5年以内の期間）に限って所轄税務署長の確認を受けたときは、その確認を受けた期間については、公益法人等の収益事業としないものとされています（法人税基本通達15－1－28）。

この実費弁償の内容について、『法人税基本通達逐条解説』（税務研究会出版局）に次のように記載されています。

> 「実費弁償方式」とは、その委託により委託者から受ける金額がその業務のために必要な費用の額を超えない、ということであるが、要するに、当該公益法人等において、その事業により剰余金が生じないような仕組みになっているという意味であるから、具体的には、①個々の契約ごとにその都度実費精算が行われるもののほか、②ごく短期間（おおむね翌年度中。やむを得ない事情がある場合には、翌々年度中）に実費精算が行われるもの及び③手数料等の額が法令（例えば計量法等）により実費弁償の範囲内で定められており、剰余金が生じた場合には手数料を減額する等の適正な是正措置を講ずることになっていることを主務官庁が証明するものが、ここでいう「実費弁償方式」に当たるものとして認められるものと考えられる。
> （佐藤友一郎 編著『法人税基本通達逐条解説』九訂版 1417頁）

ここでいう「その業務のために必要な費用の額」(つまり実費相当額) には、その業務に直接要する経費のほか、その受託にかかる業務の用に供される固定資産の減価償却費、修繕費、租税公課、人件費のうち当該業務に係るものとして配賦すべき間接的な経費も含まれると考えられます。また、「①個々の契約ごとにその都度実費精算が行われるもの」については、当該剰余金をその委託者に返還することと解されます。

2. 実費弁償の確認

当該業務が実費弁償により行われているかどうかは、概ね5年以内の期間に限って、あらかじめ税務署長の確認を受けることとされており、その確認を受ければ、その確認を受けた期間は、その業務は収益事業としては取り扱われないことになります。この確認を受ける場合には、図5.2のような「実費弁償による事務処理の受託 (請負業) に係る事業の確認届出書」を作成の上、所轄税務署長に提出する必要があります。なお、「1. 実費弁償の方法」には、事業内容、対価 (手数料等) の計算方式、その精算方法等を説明することになります。

図5.2　実費弁償による事務処理の受託（請負業）に係る事業の確認届出書

実費弁償による事務処理の受託（請負業）に係る事業の確認届出書

令和__年__月__日
○○税務署長殿

納税地　－
法人名　－
代表者氏名　－
収益事業の細目　－

当法人が行う事務処理の受託に係る事業については、法令の規定（行政官庁の指導又は当該業務に係る規則、規約若しくは契約を含む。）において、次の方法により行うことになっており、かつ、現にこれに基づいて事業を行っておりますので、法人税基本通達15-1-28（実費弁償による事務処理の受託等）の定めの適用を受けたく関係書類を添えて届け出ます。

1. 実費弁償の方法

2. 確認を受ける期間　　自　　年　　月　　日　至　　年　　月　　日

3. 添付書類
（1）過去2年間の収支決算書、事業報告書等
（2）収支予算書、事業計画書等
（3）法令の規定、規則、規約、行政官庁の（確認）証明書
（4）その他（　　　　　　　　　　　　　　　）

Q05 研修会の受講料等には課税されますか。

A 同じ研修会の受講料であっても、①自らが主催する研修会と、②請け負って実施する研修会とで、課税対象かどうかをそれぞれ分けて整理する必要があります。

1．自らが主催する研修会

自らが主催する研修会について、その研修会の内容が、収益事業の技芸教授業に該当する場合、研修会の受講料等は法人税の課税対象となります。技芸教授業は、22種類の技芸（洋裁、和裁、着物着付け、編物、手芸、料理、理容、美容、茶道、生花、演劇、演芸、舞踊、舞踏、音楽、絵画、書道、写真、工芸、デザイン、自動車操縦、小型船舶操縦）が限定列挙されています。

2．請け負って実施する研修会

他団体や地方公共団体等から請け負って実施する研修会は、「法人税基本通達15－1－29」で、その研修会が収益事業の技芸教授業（請負業以外の33の収益事業）に該当するかどうかを判定した場合は、その研修会は請負業には該当しないものとされています。

つまり、請け負って実施する研修会も、その内容が収益事業の技芸教授業に該当する場合、研修会の受講料等は法人税の課税対象となります。該当しなかった場合には、改めて請負業としての判定はしないこととなります。

○法人税基本通達15－1－29

公益法人等の行う事業が請負又は事務処理の受託としての性質を有するものである場合においても、その事業がその性格からみて令第5条第1項各号《収益事業の範囲》に掲げる事業のうち同項第10号以外の号に掲げるもの（以下「他の特掲事業」という）に該当するかどうかにより収益事業の判定をなすべきものであるとき又は他の特掲事業と一体不可分のものとして課税すべきものであると認められるときは、その事業は、同項第10号《請負業》の請負業には該当しないものとする。

Q06 シンポジウム等の広告協賛金は課税されますか。

A 収益事業に広告協賛に関する事業は含まれていないため、広告協賛金は収益事業の課税対象となりませんが、「付随行為」に該当するかどうかを判断する必要があります。

法人税が課税される収益事業には、広告協賛に関する事業は含まれていません。そのため、広告協賛の収入は収益事業の課税対象となりませんが、「付随行為」に該当するかどうかを判断する必要があります。

付随行為とは、収益事業に係る事業活動の一環として、または関連して行われる行為を指し、収益事業の課税対象となります。例えば、上記質問にあるシンポジウムが収益事業に該当しないものであれば、広告協賛は付随行為にはならず、広告協賛金の収入には課税されません。

なお、シンポジウムが参加費を徴収するなど有料で開催され、その内容が限定列挙された技芸を教授するものである場合には、収益事業（技芸教授業）に該当し、その広告協賛金も付随行為として課税対象になります。

Q07 調査研究の委託料は課税対象になりますか。

A **調査研究の委託料は、収益事業の「請負業」に該当することが考えられますので、課税されます。**

請負業とは、役務の提供に対して報酬を得ることをいい、事務処理の委託も含まれます。つまり、他の者の委託に基づいて行う調査、研究、情報の収集及び提供等は請負業に該当します（法人税基本通達15－1－27）。上記質問では、委託料を対価とする受託事業（調査研究）と考えられますので、収益事業の請負業に該当します。そのため、調査研究業務の委託料は、請負業として課税されます。

なお、法令の規定に基づき国又は地方公共団体の事務処理を委託された法人の行うその委託（法人税法施行令第5条第1項第10号）などは請負業であっても収益事業から除かれています。

また、収益事業に該当する場合でも、その事業がいわゆる実費弁償により行われていることにつき税務署の確認を受けた場合には、収益事業に該当しないものとして取り扱われます（法人税基本通達15－1－27）。詳細は本章Q4（212頁）を参照してください。

Q08 指定管理を受けた場合には課税されますか。

A 指定管理を受けた場合、通常その多くが法人税法上の請負業として課税されます。なお、指定管理者として収受する指定管理料には、余剰を返還する特約等が付されており、当該事業が実費弁償により行われ、そのことについて所轄税務署長の確認を受けたときは、法人税法上の収益事業としないものとされています。

1．指定管理者制度とは

指定管理者制度とは、自治体が有する公共施設（公の施設）の運営を民間も担えるようにした制度です。本制度は、多様化する住民ニーズに、より効果的、効率的に対応するため、公の施設の管理に民間のノウハウを活用しながら、住民サービスの向上と経費の節減を図ることを目的とするものです。この制度が導入されたことによって、公益社団法人・公益財団法人、一般社団法人・一般財団法人、ＮＰＯ法人をはじめ、民間事業者を含めた幅広い団体が公の施設の管理運営を行うことが可能となりました。

「公の施設」とは、自治体が住民の福祉を増進するために設置するもので、住民が利用する施設をいいます。文化・教育施設、都市公園、県・市営住宅、病院、スポーツ施設などが挙げられます。

2．指定管理者の収入

指定管理者の収入には、①自治体が管理運営にかかる費用として指定管理者に支払う委託料（指定管理料）、②施設の利用者が、施設の利用時に支払う使用料・利用料（利用料金）などがあります。

これらが収益事業に該当するかどうかは自治体と締結する基本協定書・年度協定書の内容から判断することになりますが、その多くが法人税法上の請負業に該当するものと考えられます。

3．実費弁償方式

指定管理料に関し「指定管理者業務に係る収支の余剰の取扱いに関する協議書」等で、期末にその余剰を返還するなどの特約が付されている場合は、自治体から受ける指定管理料の額がその業務のために必要な費用の額を超えないこととなり、実費弁償に該当することも考えられます。このように、実費弁償により行われるものであり、かつ、あらかじめ一定の期間に限って所轄税務署長の確認を受けたときは、その確認を受けた期間については、法人税法上の収益事業としないものとされています（法人税基本通達15-1-28）。実費弁償方式については、本章Q4（212頁）を参照してください。

Q09 介護保険事業や障害者福祉事業、児童福祉事業などの福祉サービス事業には法人税は課税されるのでしょうか。

A 福祉サービス事業は法人税法施行令第5条の34業種にはありません。福祉サービス事業の内容に応じて34業種にあてはめて判断していくことになります。

1．福祉事業とは

福祉とは、人々の幸福で安定した生活を公的に達成しようとすることをいいます。福祉事業は、大きく高齢者福祉事業、障害者福祉事業、児童福祉事業に分かれます。高齢者福祉事業は、介護保険法、老人福祉法などに基づいて行われる事業です。障害者福祉事業は、障害者総合支援法に基づき行われる事業です。児童福祉事業は、児童福祉法や、子ども・子育て支援法に基づいて行われる事業です。

2．福祉サービス事業と法人税

我が国の社会福祉は従来、いわゆる措置制度といわれ、福祉サービスを必要としている人に対し、行政が必要性を判断して利用者のサービスを決定するという方法で行われてきました。実際にサービスを実施するのは、行政あるいは社会福祉法人でした。行政が主体で行う措置制度の下では、法人税の課税が発生する余地がありませんでした。したがって、当然、34業種に福祉サービス事業が掲げられることはありませんでした。

2000年に措置制度から契約制度へ転換し、利用者が自由にサービス提供者を選択することができることとなり、福祉サービス事業は一般の法人でも参入できるようになりました。この時点で、福祉サービス事業が34業種に追加されるか否かの議論はありませんでした。

3．介護保険サービス事業

介護保険サービス事業については、2000年の6月に、「介護サービス事業に係る法人税法上の取扱いについて」という個別通達が出されました。そこには、①介護サービス事業（次の②～④は除く）は医療保健業、②福祉用具貸与事業は物品貸付業、③特定福祉用具販売業は物品販売業、④住宅改修は請負業とされていました。

34業種の医療保健業に該当する場合には、社会福祉法人が行う医療保健業は非課税になる（法人税法施行令第5条第29項ロ）ため、社会福祉法人が行う介護サービス事業は非課税、ＮＰＯ法人などの非営利法人が行う介護保健事業は課税ということになります。

4．児童福祉サービス事業

ＮＰＯ法人や一般社団法人などが、児童福祉法に基づく保育や育児サービス事業などを行う場合に法人税が課税されるかどうかについては明確ではありませんでした。34業種に、社会福祉サービス事業や児童福祉サービス事業はありませんし、医療保健業でないことは明らかです。

保育サービス事業や育児サービス事業については2016年、国税庁の事前照会に、「ＮＰＯ法人が児童福祉法に基づく小規模保育事業の認可を受けて行う保育サービス事業に係る税務上の取扱いについて」が出ており、また、国税庁の質疑応答に、「一定の水準を満たすものとして地方公共団体の証明を受けた認可外保育施設において公益法人等が行う育児サービス事業に係る収益事業の判定」が出て、いずれの文書でも、これらの施設が、都道府県知事から一定の質を担保している等の証明書の交付を受けている施設の場合には、収益事業に該当しないものとする旨が明示されています。

児童福祉法に基づく児童福祉サービス事業には、他にも障害のある学齢期児童が学校の授業終了後に通う放課後等デイサービス事業がありますが、国税庁からの質疑応答は示されていません。放課後等デイサービス事業等は認可外保育施設と同じ児童福祉法に位置づけられており、収益事業にならないとして更正の請求が認められているという事案も報告されています。

5．障害福祉サービス事業

障害福祉サービス事業については、2003年に支援費サービス事業は医療保健業であるという文書回答事例がありました。しかし、その後、障害福祉事業は制度が変わり、支援費制度は廃止され、障害者自立支援法、障害者総合支援法へと変わっていきました。また、ＮＰＯ法人や一般社団法人が行う障害福祉サービス事業の中で中心を占めている障害者の就労を支援する事業などを、医療保健業と解釈することは無理がありました。このため、障害福祉サービス事業に法人税が課税されるかどうかは判断が分かれていました。

2017年7月に、国税庁から「ＮＰＯ法人が障害者総合支援法に規定する障害福祉サービスを行う場合の法人税の納税義務について」という質疑応答事例が出ました。質疑応答事例では、障害福祉サービス事業は、原則として医療保健業に該当するが、仮に医療や保健といった要素がないサービスを提供しているような場合には、請負業に該当し、法人税の納税義務があるとしています。ただし、その障害福祉サービスが、実費弁償方式である場合や、その障害福祉サービスに従事する者の半数以上が身体障害者等であり、かつそのサービスが身体障害者等の生活の保護に寄与している場合については、収益事業に含まれないものとされるため、その場合には法人税の納税義務はないとしています。

しかし、この質疑応答のとおりであれば、請負業には非課税措置がない社会福祉法人が行う就労支援事業等にも課税されることになります。また、保育サービス事業が非課税になり障害福祉サービス事業が請負業で課税になる理由も明確でなく、専門家からも疑義が出ています。

Q10 収益事業を開始・廃止した場合には、どのような手続きが必要ですか。また、新たに法人を設立したときの税務関係届出について教えてください。

A 収益事業を開始・廃止したときや行政庁から公益認定を受けたときなど、法律で定められた届出の要件となる事実等が生じたときは、各種届出書を納税地の所轄税務署長に対し、その提出期限までに提出しなければなりません。

1．提出すべき各種届出書

収益事業を新たに開始したときや行政庁から公益認定を受けたときなど、法律で定められた届出の要件となる事実等が生じたときは、次のとおり各種届出書を納税地の所轄税務署長に対し、その提出期限までに提出します。

図5.3 各種届出書一覧

届出事由	届出書名	提出期限
一般社団・財団法人を設立したとき（設立時に非営利型法人の要件に該当していないときに限る）	法人設立届出書	法人設立の日（設立登記の日）以後2月以内
従業員等に対する給与等の支払を開始するとき	給与支払事務所等の開設届出書	開設の事実があった日から1月以内
収益事業を開始したとき	収益事業開始届出書	収益事業を開始した日以後2月以内
収益事業を廃止したとき	収益事業廃止届出書	収益事業を廃止した後速やかに
行政庁から公益認定を受けたとき又は公益認定を取り消されたとき	異動届出書	異動後速やかに
非営利型法人以外の法人が非営利型法人となったとき	異動届出書	異動後速やかに

非営利型法人で収益事業を行っているものが非営利型法人以外の法人となったとき	異動届出書	異動後速やかに
非営利型法人で収益事業を行っていないものが非営利型法人以外の法人となったとき	普通法人又は協同組合等となった旨の届出書	普通法人に該当することとなった日以後2月以内
非営利型法人が青色申告の承認を受けようとするとき	青色申告の承認申請書	収益事業を開始した日から3月を経過した日と、収益事業を開始した事業年度終了の日といずれか早い日の前日まで

出典：「一般社団法人・一般財団法人と法人税（平成26年3月）国税庁 各種届出関係」から抜粋・一部加筆

上記のとおり、法人税の収益事業の確定申告を青色申告書によって提出しようとする場合には、収益事業を開始した日以後3月を経過した日とその事業年度終了の日とのうちいずれか早い日の前日までに、「青色申告の承認申請書」を納税地の所轄税務署長に提出しなければなりません。

2. 収益事業を廃止した場合

公益法人等が収益事業を廃止した場合には、収益事業を廃止した後速やかに「収益事業廃止届出書」を納税地の所轄税務署長に提出します。

①「非収益事業は継続」、②「清算結了による事業廃止」、どちらかを選択するものとし、それぞれ①「収益事業廃止年月日」、②「清算結了をした年月日」を記載しなければなりません。また、「収益事業を開始した年月日」の記載欄もありますので、収益事業開始時に提出した「収益事業開始届出書」を保管しておく必要があるでしょう。

なお、次の点に留意ください。

□非収益事業を継続する場合、事業年度は、変更されませんので留意してください。
（例）3月決算法人が12月31日に収益事業を廃止した場合
事業年度（自）4月1日－（至）3月31日
申告期限 翌5月31日（2か月以内）

□清算結了による事業廃止の場合、事業年度が変更されますので、留意してください。
（例）3月決算法人が12月31日に清算結了した場合
事業年度（自）4月1日－（至）12月31日
申告期限 翌1月31日（1か月以内）

（国税庁「収益事業廃止届出書の記載要領等」より抜粋）

3．収益事業を行わなかった場合

収益事業を開始する予定で、税務署に収益事業開始届出書と青色申告の承認申請書を提出したものの、実際には収益事業を行わなかったというケースもあると思います。このような場合には、税務署にあらかじめ連絡の上、収益事業を行わなかった旨を記載した文書を申告期限までに税務署に提出することが一般的と考えられます。

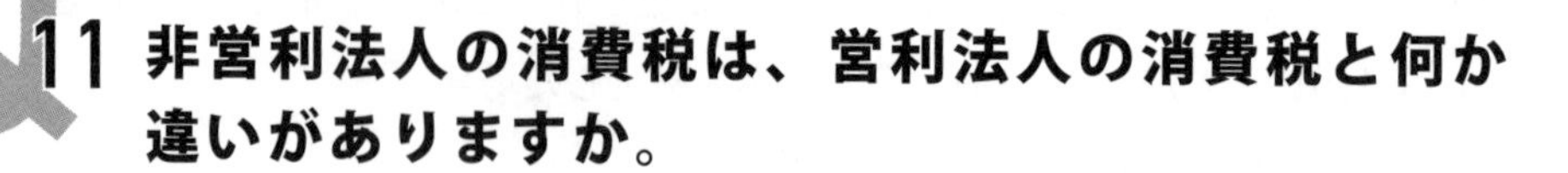

Q11 非営利法人の消費税は、営利法人の消費税と何か違いがありますか。

A 営利法人においては、消費税の納付税額は、その課税期間の課税標準額に対する消費税額からその課税期間中の課税仕入れ等に係る税額（仕入控除税額）を控除して算出します。非営利法人である一般社団法人・一般財団法人、公益社団法人・公益財団法人は、消費税法別表第三に記載されており、仕入控除税額について「消費税法第60条」（国、地方公共団体に対する特例）に規定する特例が適用されます。

消費税法では、国、地方公共団体、別表第三に掲げる法人または人格のない社団等が補助金、寄付金、会費などの対価性のない収入（特定収入）を得ている場合には、課税仕入れ等の税額は、通常の課税仕入れ等の税額から特定収入に係る課税仕入れ等の税額を控除した残高に相当する金額とすると定められています（消費税法第60条第4項）。

別表第三に掲げる法人として、一般社団法人・一般財団法人、公益社団法人・公益財団法人、社会福祉法人、宗教法人等が含まれています。また、ＮＰＯ法人は、別表第三に掲げられていませんが、ＮＰＯ法第70条第2項により、別表第三に掲げる法人とみなすとされています。

この仕入控除税額の特例を適用する考え方は、「国、地方公共団体や公共・公益法人等と消費税 令和2年6月 国税庁」に、次のように記載されています。

> 国、地方公共団体、公共・公益法人等（人格のない社団等を含みます。）は、本来、市場経済の法則が成り立たない事業を行っていることが多く、通常は租税、補助金、会費、寄付金等の対価性のない収入を恒常的な財源としている実態にあります。
>
> このような対価性のない収入によって賄われる課税仕入れ等は、課税売上げのコストを構成しない、いわば最終消費的な性格を持つものと考えられます。

また、消費税法における仕入税額控除制度は、税の累積を排除するためのものですから、対価性のない収入を原資とする課税仕入れ等に係る税額を課税売上げに係る消費税の額から控除することは合理性がありません。

そこで、国、地方公共団体、公共・公益法人等については、通常の方法により計算される仕入控除税額について調整を行い、補助金等の対価性のない収入（特定収入）により賄われる課税仕入れ等に係る税額について、仕入税額控除の対象から除外することとしています。

（「国、地方公共団体や公共・公益法人等と消費税 令和2年6月 国税庁」4頁）

なお、これ以外には消費税法では特段の規定はありませんので、原則として非営利法人と営利法人でその取り扱いに違いはありません。

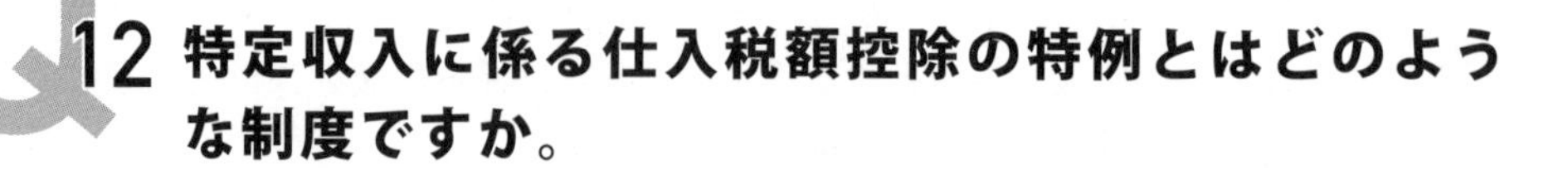

Q12 特定収入に係る仕入税額控除の特例とはどのような制度ですか。

A 簡易課税制度を適用せず、一般課税により仕入控除税額の計算を行う場合で、特定収入割合が5%を超えるときは、「特定収入に係る仕入税額控除の特例」が適用されます。

1．特定収入に係る仕入税額控除の特例

簡易課税制度を適用せず、一般課税により仕入控除税額の計算を行う場合で、特定収入割合が5%を超えるときは、「特定収入に係る課税仕入れ等の税額」は仕入税額控除の対象とはなりません。

この場合は、下記のことから「特定収入に係る課税仕入れ等の税額」を控除した後の金額が仕入控除税額となります。

> ①課税期間中の課税売上高が5億円以下、かつ、課税売上割合が95%以上のときに計算した調整前の仕入控除税額
>
> or
>
> ②課税期間中の課税売上高が5億円超または課税売上割合が95%未満のときにおける個別対応方式もしくは一括比例配分方式の区分に応じて計算した調整前の仕入控除税額

したがって、仕入控除税額の調整がある場合の納付税額は、次の計算式で計算した金額となります。

納付税額	＝	課税標準額に対する消費税額	－	調整前の仕入控除税額（通常の計算方法により計算した仕入控除税額）	－	特定収入に係る課税仕入れ等の税額

2．特定収入割合

特定収入割合は、次の計算式で計算します。

$$\text{特定収入割合} = \frac{\text{特定収入の合計額}}{\text{課税売上高（税抜）} + \text{免税売上高} + \text{非課税売上高} + \text{特定収入の合計額}}$$

特定収入とは、会費、寄付金、補助金等の資産の譲渡等の対価以外の収入で、その全部または一部が課税仕入れ等に充当される可能性があるものをいいます。詳しくは本章Q 13（230頁）を参照してください。

図5.4　仕入控除税額の計算の特例のイメージ

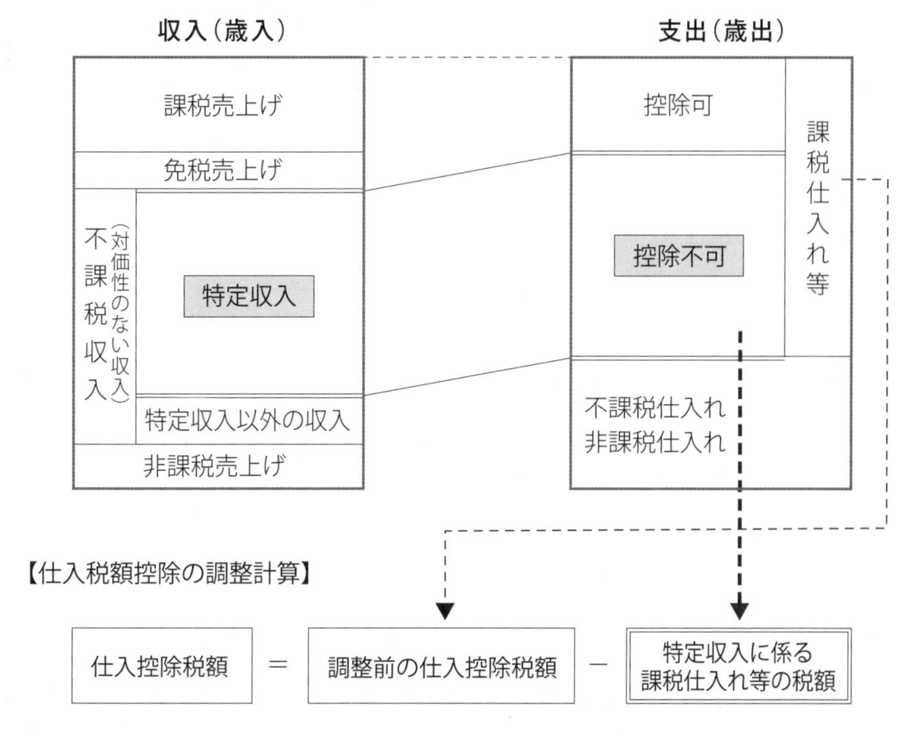

出典：「国、地方公共団体や公共・公益法人等と消費税 令和2年6月 国税庁」より抜粋

Q13 特定収入とはどのようなものですか。

A 「特定収入」とは、資産の譲渡等の対価に該当しない収入のうち、政令で定める収入以外のものをいい、主に補助金、寄付金、会費などが該当します。

「特定収入」とは、資産の譲渡等の対価に該当しない収入のうち、政令で定める収入以外のものをいいます。例えば、次の収入が該当します（消費税法基本通達16−2−1）。

①租税
②補助金
③交付金
④寄付金
⑤出資に対する配当金
⑥保険金
⑦損害賠償金
⑧負担金（資産の譲渡等の対価に該当しないもの）
⑨他会計からの繰入金（資産の譲渡等の対価に該当しないもので、国・地方公共団体に限ります）
⑩会費等（資産の譲渡等の対価に該当しないもの）
⑪喜捨金等（資産の譲渡等の対価に該当しないもの）
⑫特殊な借入金等

なお、「政令で定める収入」とは、①通常の借入金等、②出資金、③預金・貯金及び預り金、④貸付回収金、⑤返還金及び還付金、⑥特定支出（給与、利子、土地購入費、特殊な借入金等の返済など）にのみ使用することとされている収入（人件費補助金、利子補給金等）があげられています。

非営利法人では、国・地方公共団体等からの補助金・助成金、寄付金、または会費・入会金が特定収入として多く見受けられます。

図5.5　特定収入の位置づけ

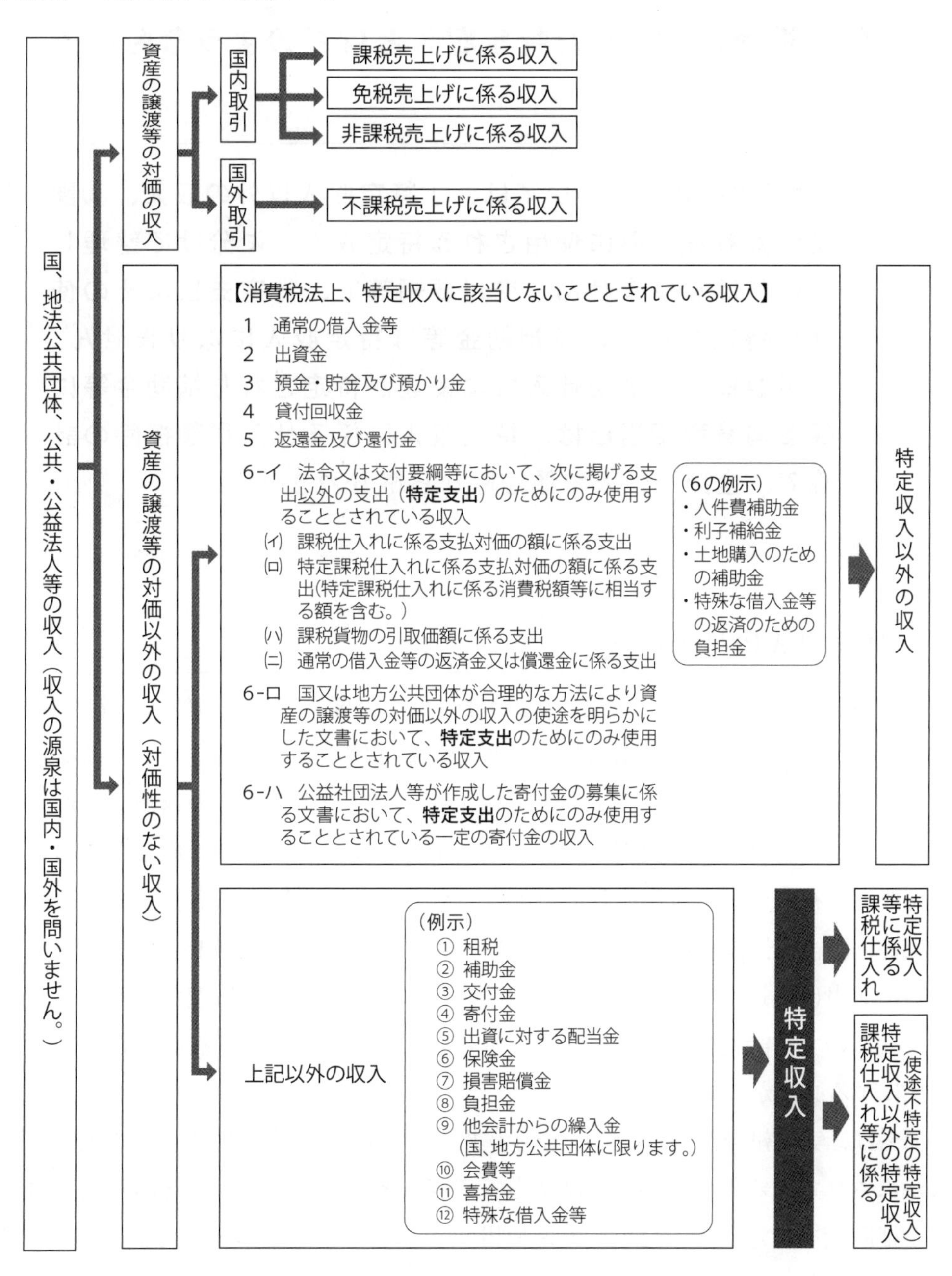

出典：「国、地方公共団体や公共・公益法人等と消費税 令和2年6月 国税庁」より抜粋

Q14 使途が特定された特定収入とはどのようなものですか。

A 「使途の特定」については、①特定収入以外の収入、②課税仕入れ等のみに使用される特定収入、に分けて整理しなければなりません。交付要綱等で、特定支出にその使途が特定されている補助金等は特定収入になりません。交付要綱等で課税仕入れに使途が特定された補助金等に係る消費税相当額は、特定収入に係る仕入税額控除の計算で、全額が仕入税額控除から除かれます。

1．特定収入以外の収入

行政からの補助金等は、一般的に法令または交付要綱等でその使途が定められ、交付要綱等で使途が特定支出に特定されている補助金等は、特定収入にはなりません。特定支出は、給与、利子、土地購入費、特殊な借入金等の返済などが該当します。この場合の交付要綱等には、補助金等を交付する者が作成した補助金等交付要綱、補助金等交付決定書のほか、これらの附属書類である補助金等の積算内訳書、実績報告書を含むこととされています（消費税法基本通達16−2−2）。

特定支出に使途が特定されている補助金等は、課税仕入れに使われることがありませんので、課税仕入れを減額する特定収入に係る仕入税額控除の特例計算の対象にする必要がないのです。

例えば、実績報告書において、通勤手当（課税仕入れ）として支出した金額が明らかにされている部分に係る補助金を特定収入とし、給料として支出した金額に係る補助金を特定支出のためにのみ使用することとされている収入として特定収入に該当しないものとして取り扱って差し支えありません。

2．課税仕入れ等のみに使用される特定収入

交付要綱等で、車両や器具備品、ソフトウェア、あるいはそれ以外の課税仕入れに係る経費等に使途が特定されている補助金等は、課税仕入れに使われることが明らかな補助金等であるため、「課税仕入れ等に使途が特定された特定収入」と

して、その消費税相当額が仕入税額控除から全額除かれます。

適格請求書等保存方式（インボイス制度）導入による非営利法人への影響

複数税率に対応した消費税の仕入税額控除の方式として、適格請求書等保存方式（いわゆるインボイス制度）が令和5年10月1日から導入されます。この適格請求書等保存方式においては、税務署長に申請して登録を受けた課税事業者である「適格請求書発行事業者」が交付する「適格請求書」等の保存が仕入税額控除の要件となります。

適格請求書発行事業者の登録を受けられるのが、課税事業者のみであるため、免税事業者はそもそも適格請求書発行事業者の登録ができません。そのため、課税事業者は、免税事業者が発行する請求書等では仕入税額控除ができなくなります。

このインボイス制度が公益法人等にどのような影響を与えるのでしょうか？

例えば、講師料の支払いが多い公益法人等のケースでは、講師料の支払先の多くが免税事業者の場合、その仕入税額控除が認められず、講師料を支払う公益法人等が消費税相当額を負担し、納税することになります。これにより、インボイス制度導入前よりも運転資金が流出し、事業運営に影響を及ぼすことも考えられます。

Q15 個人が公益社団法人・公益財団法人や認定ＮＰＯ法人へ寄付をした場合の寄付金控除とはどのような制度ですか。

A 寄付をした金額を所得金額から差し引く寄付金控除と、寄付をした金額を所得税額から差し引く寄付金特別控除があります、前者は所得控除方式、後者は税額控除方式といわれています。

1．寄付金控除とは

寄付金控除とは、納税者が公益社団法人・公益財団法人や認定ＮＰＯ法人などに特定寄付金を支出した場合に控除を受けるもので、個人が寄付をしやすいようにするための制度です。

特定寄付金とは、次のものとされています。

① **公益社団法人・公益財団法人**

教育又は科学の振興、文化の向上、社会福祉への貢献その他公益の増進に著しく寄与するものと認められた公益社団法人・公益財団法人に対する寄付金で、その法人の主たる目的である業務に関連するもの

② **認定ＮＰＯ法人**

認定ＮＰＯ法人に対する寄付金で、特定非営利活動に係る事業に関連するもの

一般社団法人・一般財団法人や認定を受けていないＮＰＯ法人への寄付には寄付金控除の適用はありません。寄付をした金額を所得金額から差し引く所得控除方式のことを「寄付金控除」といい、所得税額から差し引く税額控除方式のことを、「寄付金特別控除」といいます。

2．所得控除方式（寄付金控除）

所得控除方式の寄付金控除は、次の計算式で計算した金額を所得金額から控除します（所得税法第78条）。

寄付金控除額 ＝ その年中に支出した特定寄付金の額の合計額 －2,000円

ただし、特定寄付金の額の合計額は所得金額の40%相当額が限度です。

このことで、実質的に寄付をした分に相当する額の所得にかかる所得税が免除されるのと同じ効果を得ることができます。

３．税額控除方式（寄付金特別控除）

（1） 税額控除方式導入の経緯

寄付金控除は、従来、所得控除方式しかありませんでした。所得控除方式は、多額の寄付をされる方や高額所得者には大きなメリットがありますが、寄付をする人の税率によりその支払う税額への影響が違ってくるため、少額の寄付には効果が限定的でした。

そこで、寄付文化の醸成のために、少額の寄付をしやすくする制度として、2011年に寄付をする人の税率に関わらず控除ができる税額控除方式が導入され、所得控除と税額控除の選択制となりました。

（2） 税額控除方式の計算方法

税額控除方式の寄付金特別控除は、次の算式で計算した金額を、所得税額から控除します（租税特別措置法第41条の18の2、41条の18の3）。

寄付金特別控除額 ＝（その年中に支出した特定寄付金の額の合計額 －2,000円）×40%

ただし、特定寄付金の額の合計額は所得金額の40%相当額が限度です。

また、寄付金特別控除額は、その年分の所得税額の25%が限度になります。

税額控除方式は、基本的に寄付をする人の税率に関わらず、効果が一定です。所得税の税率が高い高額所得者でない限り税額控除のほうが効果は高くなります。

（3） 税額控除方式を選択できる法人

税額控除方式は、認定ＮＰＯ法人（特例認定ＮＰＯ法人を含む）は、特別の手続きをすることなく適用されます。

一方で、公益社団法人・公益財団法人については、一定の要件を満たし、所轄庁の証明を受けた法人にのみ適用されます。

税額控除団体として所轄庁の証明を受けるための要件は、認定ＮＰＯ法人になるための要件であるパブリック・サポート・テストをクリアしていること[1]などです。パブリック・サポート・テストは、実績判定期間（原則として直前5事業年度）において、3,000円以上の寄付金をした者が、年平均100人以上いること[2]または経常収入金額に占める寄付金などの収入の割合が1/5以上であることです。

つまり、公益社団法人や公益財団法人が税額控除を受けるためには、一定の寄付を受けており、そのことについて所轄庁に申請をして証明を受ける必要があります。

図5.6　寄付金控除と寄付金特別控除の計算方法

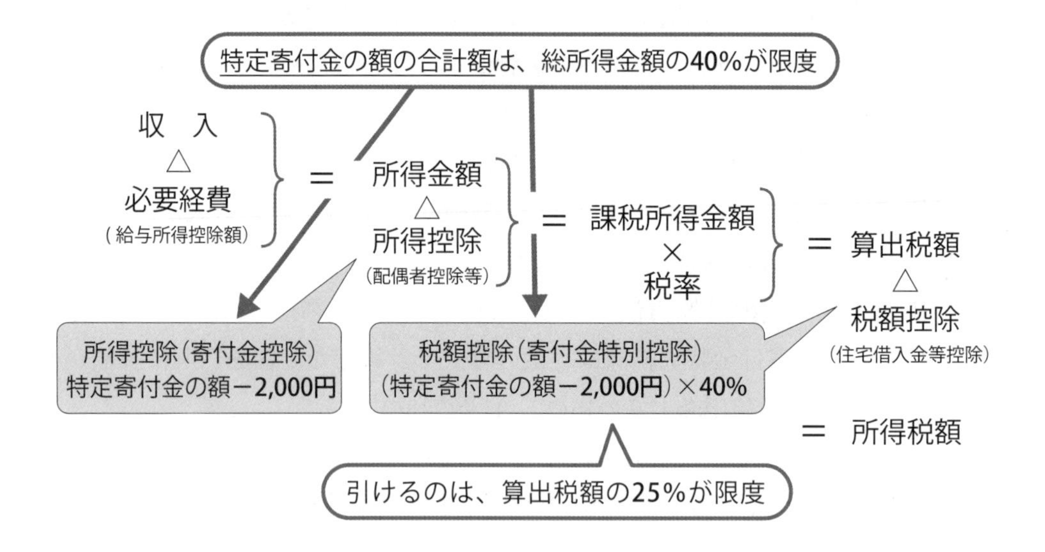

1　他に、事業報告書、役員名簿、定款等の閲覧等、認定ＮＰＯ法人の認定要件と同程度の情報公開に関する要件を満たす必要があります。

2　公益目的事業費用が1億円に満たない年度については、特例計算があります。

Q16 法人が公益社団法人・公益財団法人や認定NPO法人へ寄付した場合の優遇措置があると聞きました。どのようなものですか。

A 法人が公益社団法人・公益財団法人や認定NPO法人へ寄付した場合には、一般の寄付金の損金算入限度額とは別枠で特別損金算入限度額が設定されます。

1．法人が支出した寄付金の損金算入

株式会社などは、国や地方公共団体への寄付金や指定寄付金については、その全額が損金になり、それ以外の寄付金は一定の限度額までが損金に算入できます。

損金に算入できる金額は、その寄付をする法人の資本金等の額や所得の金額に応じた計算式があります。

一般社団法人・一般財団法人や認定を受けていないＮＰＯ法人への寄付は、「一般の寄付金の損金算入限度額」までが損金に算入され、それを超えた部分については損金に算入することはできません。

公益社団法人・公益財団法人や認定ＮＰＯ法人への寄付は、一般の寄付金の損金算入限度額とは別に、「特別損金算入限度額」が設定されています。

2．一般の寄付金の損金算入限度額

一般の寄付金の損金算入限度額は、次の計算式で求めます（法人税法施行令第73条）。

$$\text{損金算入限度額} = \left(\text{資本金等の額} \times \frac{\text{当期の月数}}{12} \times \frac{2.5}{1,000} + \text{所得の金額} \times \frac{2.5}{100} \right) \times \frac{1}{4}$$

所得の金額は、支出した寄付金の額を損金に算入しないものとして計算します。

3．特別損金算入限度額

公益社団法人・公益財団法人や認定ＮＰＯ法人等に対する寄付金は、次のいずれか少ない金額が損金に算入されます（法人税法第37条第3項）。

①特定公益増進法人[3]、認定ＮＰＯ法人に対する寄付金の合計額
②特別損金算入限度額

特別損金算入限度額は、次の計算式で計算します（法人税法施行令第77条の2）。

$$\text{特別損金算入限度額} = \left(\text{資本金等の額} \times \frac{\text{当期の月数}}{12} \times \frac{3.75}{1{,}000} + \text{所得の金額} \times \frac{6.25}{100}\right) \times \frac{1}{2}$$

特定公益増進法人、認定ＮＰＯ法人に対する寄付金のうち、損金に算入されなかった金額は、一般の寄付金の額に含めます。

図5.7　法人が寄付をした場合の取り扱い

寄付金の種類	取り扱い
国又は地方公共団体に対する寄付金	支出額の全額を損金算入
指定寄付金	
特定公益増進法人（公益社団法人、公益財団法人を含む）に対する寄付金	一般寄付金とは別枠で寄付金の額の合計額と特別損金算入限度額とのいずれか少ない金額の範囲内で損金算入
認定NPO法人に対する寄付金	
一般の寄付金（上記以外）	一般の寄付金の損金算入限度額の範囲内で損金算入

3　特定公益増進法人には、公益社団法人、公益財団法人以外に、独立行政法人、社会福祉法人、学校法人なども含まれます（所得税法施行令第217条）。

Q17 不動産や株式を寄付した場合には、どのような注意点がありますか。

A 寄付をした不動産や株式に含み益がある場合に、みなし譲渡課税が課される可能性があります。ただし、一定の要件を満たすものとして国税庁の長官の承認を受けたときは、みなし譲渡課税が非課税になる制度があります。

1．みなし譲渡課税

みなし譲渡課税とは、個人が法人へ無償または著しく低い価額で資産を譲渡した場合に、時価で譲渡したものとみなして、贈与または譲渡した資産の含み益に所得税を課税するものです（所得税法第59条第1項）。

公益社団法人・公益財団法人や一般社団法人・一般財団法人、NPO法人への不動産や有価証券など現物の遺贈、贈与の場合にも、その不動産や有価証券に含み益があると、みなし譲渡が課税される可能性があります。

2．みなし譲渡の非課税規定

上記1．の場合において、その寄付が教育または科学の振興、文化の向上、社会福祉への貢献その他公益の増進に著しく寄与することなど一定の要件を満たすものとして国税庁長官の承認を受けたときは、みなし譲渡所得税について非課税とする制度が設けられています（租税特別措置法第40条）。

一定の要件は、以下のものをいいます。

要件1　寄付が教育または科学の振興、文化の向上、社会福祉への貢献その他公益の増進に著しく寄与すること。

要件2　寄付財産が、その寄付日から2年を経過する日までの期間内に寄付を受けた公益法人等の公益目的事業の用に直接供され、または供される見込みであること。

要件3　寄付により寄付をした人の所得税の負担を不当に減少させ、または寄付をした人の親族その他これらの人と特別の関係がある人の相続税や贈与税の負担を不当に減少させる結果とならないと認められること。

この租税特別措置法40条の適用を受けることができるのは、公益社団法人・公益財団法人や認定ＮＰＯ法人などだけでなく、認定を受けていないＮＰＯ法人、非営利徹底型一般社団法人・一般財団法人（144頁参照）でも可能です。

３．買換資産の特例

（１） 買換特例

租税特別措置法第40条の制度の適用を受けた寄付財産を受け入れている場合、原則は寄付財産をそのまま公益目的事業に利用しなければならず、法人の都合で寄付財産を譲渡した場合には非課税承認が取り消され、公益法人等に課税されることになります。ただし、特例として、2年以上公益目的事業の用に直接供した後に、同種の資産等に買換え、かつ1年以内に買換資産を公益目的事業の用に直接供した場合等には非課税承認が継続されます。

（２） 特定買換資産の特例

公益社団法人・公益財団法人、認定ＮＰＯ法人が、国税庁長官の承認を得て非課税措置を受けた寄付財産に関し、公益法人があらかじめ行政庁に申請し、証明を受けた「基金」に組み入れて管理している場合には、その寄付財産を譲渡した場合でも、譲渡した収入金額の全部をもって買換資産を取得し、これをまた「基金」の中で管理すれば、非課税承認が継続します。

ただし、この特例を受けるためには、譲渡の日の前日までに公益法人等が一定の書類を所轄税務署長宛に提出すること、及び基金の証明を受けた事業年度以降、基金明細書を毎年継続して行政庁に提出することが必要になります。

図5.8 「特定買換資産の特例」のイメージ図

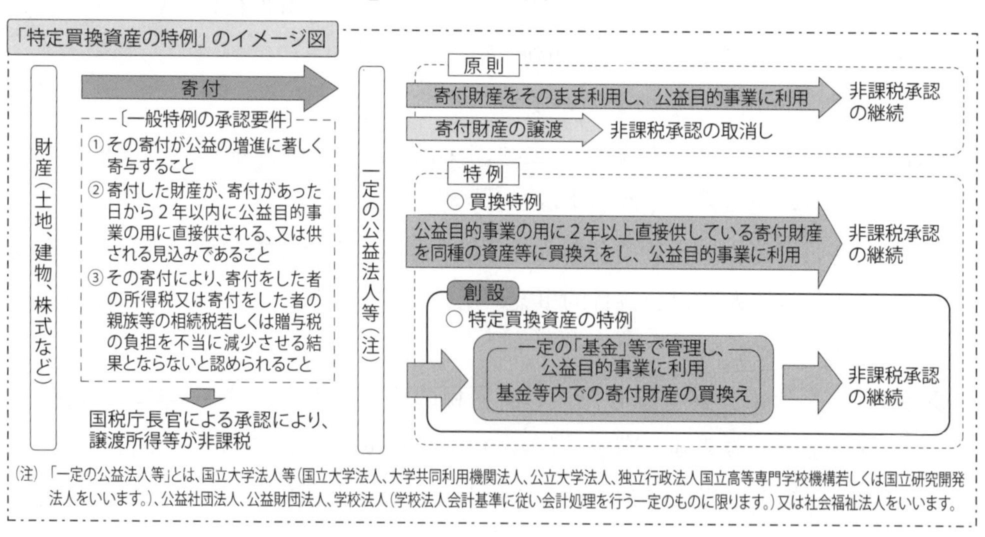

＜出典：国税庁ホームページ＞

４．承認特例制度の拡充

租税特別措置法40条の非課税規定は、国税庁長官の承認を受けるまで、通常1～2年かかるといわれています。しかし、公益社団法人・公益財団法人、認定ＮＰＯ法人が受けた現物の寄付で、以下の要件が全て満たされている場合には、国税庁長官に非課税特例の承認申請書を提出した日から1か月以内（有価証券の場合は3か月）にその申請について承認がなかったとき、または承認しないことの決定がなかったときは、その申請について承認があったものとみなされます。

①寄付をした人が寄付を受けた法人の役員等及び社員並びにこれらの人の親族等に該当しないこと
②寄付財産が、一定の公益目的事業または特定非営利活動に係る事業に充てるための基金に組み入れる方法により管理されていること
③寄付を受けた法人の理事会において、寄付の申出を受け入れること及び基金に組み入れること等が決定されていること

なお②の基金は、特定買換資産の特例で説明した基金と同じであり、あらかじめ行政庁に申請し、証明を受けた「基金」であり、証明を受けた事業年度以降、基金明細書を毎年継続して行政庁に提出しなければいけません。

租税特別措置法40条は、非営利徹底型一般社団法人・一般財団法人や認定を受けていないＮＰＯ法人でも適用を受けることが可能ですが、特定買換資産の特例及び承認特例は、公益社団法人・公益財団法人、認定ＮＰＯ法人しか受けることができません。

Q18 遺贈寄付をした場合の税制上の取り扱いはどうなりますか。

A 遺言で寄付をした場合には、相続税の対象から外れます。相続人が相続財産を寄付した場合には、公益社団法人・公益財団法人、認定ＮＰＯ法人への寄付で、一定の要件を満たしている場合には非課税になります。

1．遺贈寄付とは

遺贈寄付とは、亡くなった方が、財産の全部または一部を非営利団体に寄付をすることをいいます。近年、遺言を書く方が増えていることや子どもがいない方が増えていることもあり、遺贈寄付を希望する人は増えてきています。

遺贈寄付には、大きく分けると「遺言による寄付」と「相続財産の寄付」があり、それぞれ課税関係が違ってきます。

また、不動産などの現物資産を寄付する場合には、みなし譲渡課税が発生する可能性があります。

2．遺言による寄付

（1） 遺言による寄付

遺言による寄付とは、遺言で財産をどこの団体に寄付をするのかを指定し、その遺言どおりに実行されるものです。寄付者は被相続人になります。

（2） 遺言による寄付の場合の相続税

遺言による寄付の場合、遺言で財産を取得した非営利法人には相続税は課税されません。これは、公益社団法人・公益財団法人、認定ＮＰＯ法人などの税制優遇団体だけでなく、一般社団法人・一般財団法人、認定を受けていないＮＰＯ法人であっても同様です。ただし、その遺贈により遺贈をした者の親族その他これらの者と特別の関係がある者の相続税の負担を不当に減少する結果となると認められる場合には、これらの法人を個人とみなして相続税が課税されます（相続税法第66条第4項）。

また、一般社団法人・一般財団法人でも非営利型法人以外の法人の場合には、遺贈により取得した財産に法人税が課税されます[4]。

（3） 遺言による寄付の場合の所得税

遺言による寄付は、被相続人からの寄付ですので、寄付先が公益社団法人・公益財団法人、認定ＮＰＯ法人等の税制優遇団体である場合には、被相続人の準確定申告で寄付金控除を適用することができます。

３．相続人による相続財産の寄付

（1） 相続人による相続財産の寄付とは

相続人による相続財産の寄付とは、遺言に基づいたものではなく、相続人が相続により取得した財産を寄付する場合をいいます。寄付者は相続人になります。

（2） 相続財産の寄付の場合の相続税

相続人が相続財産を寄付した場合には、原則として相続人に相続税が課税されます。しかし、寄付先が、国、地方公共団体や、公益社団法人・公益財団法人などの特定公益増進法人、認定ＮＰＯ法人であり、相続税の申告期限までに寄付をした場合には、相続税が非課税になります（租税特別措置法第70条）。

（3） 相続財産の寄付の場合の所得税

相続財産の寄付は、相続人からの寄付ですので、寄付先が公益社団法人・公益財団法人、認定ＮＰＯ法人等の税制優遇団体である場合には、相続人の確定申告で寄付金控除を適用することができます。

4　家族が支配している一般社団法人として、一定の要件に該当する場合には、特定一般社団法人等としてその一般社団法人等の純資産のうち一定の金額に相続税が課税されます（相続税法第66条の2）。ただし、非営利型一般社団法人や公益社団法人が特定一般社団法人等に該当することはありません。

図5.9　遺贈寄付・現物寄付の税務上の取り扱い

	相続税	所得税
遺言による寄付	原則として相続税の対象にならない。 租税回避行為とされた場合には、法人を個人とみなして相続税を課す。	寄付先が公益法人等である場合には、被相続人の準確定申告で寄付金控除。
相続人による相続財産の寄付	原則として相続税の対象になる。 公益法人等に相続税の申告期限までに寄付している場合には非課税になる。	寄付先が公益法人等である場合には、相続人の確定申告で寄付金控除。
不動産、株式等の寄付	上記と同じ	含み益がある場合には、みなし譲渡課税の可能性。 一定の要件を満たしていることについて国税庁長官の承認を受ければ非課税。

Q19 非営利法人に寄付をした場合に、租税回避行為とされるのはどのような場合ですか。

A 寄付者またはその親族などの贈与税または相続税が不当に減少する結果となる場合に、法人を個人とみなして贈与税または相続税を課税します。ただし、一定の要件を満たしていれば租税回避行為とはされません。

1．非営利法人に対する寄付の取り扱い

ＮＰＯ法人、非営利型一般社団法人・一般財団法人や公益社団法人・公益財団法人において、寄付金は収益事業には該当しませんので法人税は課税されません。贈与税や相続税も、個人に対して課税される税金ですので原則として課税されません。

しかし、これらの法人を使って租税回避行為を行うことも考えられます。例えば、一般財団法人をつくり、そこに財産を寄付した上で、その寄付金を原資にして子どもに給与を支払うといったことを行い、贈与税や相続税を不当に免れるということも出てくるかもしれません。

そこで、贈与または遺贈があった場合において、その贈与者または遺贈者の親族その他これらの者と特別の関係にある者の贈与税や相続税の負担が不当に減少する結果となると認められる場合には、これらの法人を個人とみなして贈与税または相続税が課税されます（相続税法第66条第4項）。その場合に、法人税を支払っている場合には、その支払った法人税は控除されます。

2．不当減少要件に該当しない場合

贈与税または相続税の負担が不当に減少する結果となるかどうかの判断は難しいものがあります。そこで、次に掲げる要件を満たすときは、贈与税または相続税の負担が不当に減少する結果となると認められないものとしています（相続税法施行令第33条第3項）。

①法人の運営が適正であるとともに、役員等のうち親族等の占める割合が三分の一以下とする旨の定めがあること
②関係者に特別の利益を与えないこと
③残余財産等が国等に帰属する旨の定めがあること
④公益に違反する事実がないこと

このうち、特に問題となるのが、①のなかの「法人の運営が適正であること」です。「法人の運営が適正であること」については、相続税法個別通達で、法人の種類ごとに、運営が適正であるための要件が記載されています。

例えば、一般社団法人であれば、理事の定数は6人以上、監事の定数は2人以上であること、役員等にはその地位にあることのみに基づき給与等を支給しないことなど、7つの要件が掲げられています。

ただし、寄付者がその法人の理事、監事、評議員、職員やその親族等でない場合には、「その法人の運営が適正であること」の要件は問わないこととしています[5]（相続税個別通達 昭和39年6月9日「持分の定めのない法人に対して財産の贈与等があった場合の取り扱いについて」第2−14）。

図5.10　不当減少にならないための要件

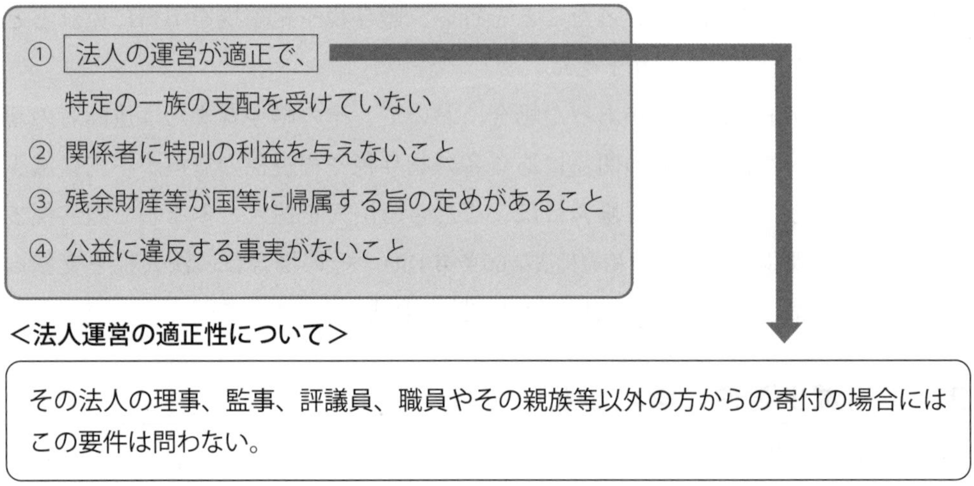

① 法人の運営が適正で、
特定の一族の支配を受けていない
② 関係者に特別の利益を与えないこと
③ 残余財産等が国等に帰属する旨の定めがあること
④ 公益に違反する事実がないこと

<法人運営の適正性について>

その法人の理事、監事、評議員、職員やその親族等以外の方からの寄付の場合にはこの要件は問わない。

5　非営利型以外の一般社団法人・一般財団法人の場合には、相続税施行令第33条第4項に掲げる要件の1つでも満たさないときは、贈与税又は相続税の負担が不当に減少する結果となると認められます。

<第5章　参考文献>

脇坂誠也『Q＆A　一般社団法人・一般財団法人の設立・会計・税務ハンドブック』清文社、2019年6月

若林孝三、鈴木博『令和元年版　実例問答式　公益法人の税務』大蔵財務協会、2019年10月

田中義幸『一般社団法人一般財団法人の税務・会計Q＆A　税理士からの相談事例100』第一法規、2019年12月

田中義幸『公益法人等における収益事業の判定実務』新日本法規、2010年10月

第6章

NPO法人、一般社団・財団法人、公益社団・財団法人の比較

設立法人の種類を選択する際の視点

Q01 法人を立ち上げるにあたり、株式会社のような営利法人と一般社団法人やＮＰＯ法人のような非営利法人のどちらを選ぶのかで迷っています。どのような視点で考えればよいのでしょうか。

A 「①支援的な資金やボランティアを必要としているのか」「②意思決定の迅速性を求めるか、合意形成を重視するのか」「③非営利法人であることに起因する信頼性を求めるのか」「④課税関係に違いはないのか」という4つの視点から考えることが重要です。

1．支援的な資金やボランティアを必要としているのか

（1） 株式会社の株主の3つの権利

株式会社の株主には、以下の3つの権利があります。

① 株主総会における議決権
② 配当請求権
③ 残余財産分配請求権

①の「株主総会における議決権」は、原則として、その株式会社に出資した割合に応じた議決権が付与されます。

②の「配当請求権」は、配当金などの利益分配を受け取る権利のことです。

③の「残余財産分配請求権」は、会社の解散などに際して、残った会社の資産を分配して受け取る権利のことです。

「残余財産分配請求権」があるということは、その株式会社に対して、株主は「持分がある」ということです。つまり、その株式会社の純資産（資産－負債）のうち、一定割合分については、その株主のものになります。

（2） 一般社団法人やＮＰＯ法人における社員の権利

一般社団法人やＮＰＯ法人の社員（議決権を持つ会員）については、上記①の「議決権」はありますが、②の「配当請求権」と③の「残余財産分配請求権」がありません。「配当請求権」と「残余財産分配請求権」がないということは、社員は、

その一般社団法人やＮＰＯ法人に対する「持分がない」ということです。

つまり、どんなにその一般社団法人やＮＰＯ法人が財産を持っていたとしても、それは社員のものではなく、最後は、国や地方公共団体、他の公益法人などに贈与されるものであり、誰のものでもないということになります（非営利型以外の一般社団法人の場合には、最後の社員総会等で、社員への分配が可能です）。

一般社団法人やＮＰＯ法人のような非営利法人の場合は、創業者が一生懸命に頑張って法人を成長させたとしても、何らかの理由でその法人を去らなければいけないことになった際、その創業者には、一般社団法人やＮＰＯ法人に対する財産上の権利はありません。

（３） 支援的な資金を求めるのかどうか

これまでの解説の内容から考えると、法人を立ち上げるに当たり、非営利法人よりも株式会社のような営利法人のほうがよいと思えるかもしれません。しかし、「持分がない」ということが法人を運営していく上で、信用の担保になることもあります。

社会課題を解決するような事業を行うに当たって、多くの人から支援的な資金を獲得する必要が出てくるときもあります。寄付金や助成金を受けたり、ボランティアとして参加をしてもらったりするなどです。

「持分がある」株式会社が寄付を受けたり、ボランティアで協力してもらった結果、利益が発生したりすると、それは株主のものになります。会社の純資産が株主のものになる組織に、寄付をしたりボランティアでの協力をしたりということは、なかなか考えにくいのではないでしょうか。

寄付やボランティアを受けられるのは、その組織の財産は誰のものでもないということが前提で成り立っています。支援的な資金やボランティアなどの無償の役務の提供などが必要である場合は、「持分のある」株式会社ではなかなか難しいと思います。

２．意思決定の迅速性を求めるか、合意形成を重視するのか

株式会社のような営利法人と一般社団法人、ＮＰＯ法人のような非営利法人とでは、議決権の取り扱いに大きな違いがあります。株式会社は、出資の割合に応じた議決権がありますが、非営利法人は、原則として、社員総会の議決権は1人1票です。定款に記載しておけば特定の者に議決権を加増させることが可能ですが、認定ＮＰＯ法人は、社員の表決権が平等でなければなりませんし、公益社団法人・公益財団法人も議決権に関して不当に差別的な取り扱いをすることが禁止されて

います。

株式会社で事業を行う場合には、ベンチャーキャピタルなどから多額の出資を受けるような場合は除けば、少数の株主で事業を始めることが多いのではないかと考えられます。仮に3人で行うにしても、1人が株式の過半数を所有すれば、基本的にはその1人だけで意思決定ができます。

一方、非営利法人は、原則として1人1票なので、3人の中で意見が割れたら多数決です。仮に3人のうち1人が中心になって事業を進めてきたとしても、ほかの2人と対立して、中心になった1人が追い出されてしまうということもあり得ます。

株式会社は、中心となる1人（通常は代表取締役）の判断で、ある程度の事業を進めることができますが、非営利法人は合意形成がとても重要になります。

一般社団法人は、法律で理事会や社員総会の運営が厳密に定められていますし、ＮＰＯ法人は社員が最低でも10名以上必要です。理事会や社員総会で、お金の使い方や事業の進め方などについて合意形成をしていきます。非営利法人は面倒なのです。なぜそのような面倒な手続きが必要なのかというと、それだけ多くの人から理解を得て、支援を受ける必要があるからです。

営利法人を選択するか非営利法人を選択するかということは、そのような面倒な手間をかけても、多くの人との合意形成を大切と考えるか、あるいはスピード重視で意思決定を簡略化するか、という視点も重要になってきます。

3．非営利法人としての信頼性を求めるか

教育や医療、保育、高齢者介護といった準公共財を提供する場合に、非営利法人であることで、利用者からの信頼が得られやすいケースがあります。

資格認定事業などを行う場合、株式会社などの営利法人で行うよりも、非営利法人が主催する資格のほうが信用が高まるということがあります。また、行政との契約をする場合に、非営利法人であることが有利に働くケースもあります。

このような信頼性は、非営利法人が利益を分配することが制約されていること、非営利法人が誰の所有物でもないことに起因しているといわれています。非営利法人であることに起因する信頼性を求めるのかどうか、ということも判断要素として考えられます。

4．課税関係に違いはないのか

株式会社などの営利法人は、すべての所得に対して課税がされる、全所得課税となっています。一方、一般社団法人やＮＰＯ法人等の非営利型法人は、収益事

業課税となります。

収益事業課税の場合には、会費や寄付金、助成金等の対価性のない収益は、原則として課税されません。また、収益事業課税は34業種に限定列挙されていますので、34業種に該当しない事業は対価性のある事業であっても課税されません。

例えば、セミナーや資格養成講座などを行う場合には、34業種の中の技芸教授業に該当しますが、収益事業として課税される技芸教授業は、限定された22の技芸に限られますので、それ以外の技芸の教授であれば課税されません。

また、公益社団法人・公益財団法人や認定ＮＰＯ法人になれば、寄付者への優遇措置など、さまざまな特典もあります。

お亡くなりになる方が財産の全部または一部を寄付する遺贈寄付なども、全所得課税が適用される営利法人で受けることは難しいでしょう。

そのような課税の違いをどう考えるのか、という視点も必要です。

多額の資金調達を要するときは、非営利法人は不向き

非営利法人は、株式会社のように株式という形で大型の資金を調達することは難しく、上場することもできませんので、多額の資金を調達する必要がある場合には不向きです。

図6.1　営利法人と非営利法人を選択する場合の判断指針

支援的な資金が必要か？		持分のない非営利法人は支援的な資金が集めやすい。
意思決定の迅速性を求めるか？ 合意形成を重視するか？		非営利法人は多くの人を巻き込むために合意形成のための手間がかかる。
非営利法人としての信頼性を求めるか？		準公共財、資格認定、行政との取引などで非営利法人の信頼性が求められるケースがある。
課税の違いをどう考えるのか？		全所得課税と収益事業課税の違いがあるとともに、寄付者への優遇措置などもある。

Q02 株式会社、合同会社、一般社団法人、NPO法人の設立や運営に係る費用の違いはどうなっているのでしょうか。

A 定款認証手数料、設立時に貼る定款の印紙代、設立登記の際の登録免許税、役員の任期と登録免許税の4つの視点で違いがあります。

1．定款認証手数料

準則主義である株式会社、一般社団法人は、定款を作成した後に公証人の認証を受け、法務局に登記して設立します。公証人の認証手数料が6万円かかります。

株式会社や一般社団法人は、株主（社員）と役員は別の人であるという前提があります。株主と役員の間で争いが起こる可能性があるため、定款の内容について公証人の認証を受けることで、その効力を担保する必要があります。

同じ準則主義である合同会社の場合には、出資者とそれを運営する人が同じ人になるため、定款の内容で争いがあることが想定されず、公証人による認証は不要で、定款認証手数料もかかりません。

一方、ＮＰＯ法人は、行政の管轄が一部残る「認証主義」をとっています。定款を認証するのは、所轄庁という行政機関であり、認証にかかる手数料はかかりません。

2．定款に貼る印紙代

法人設立の際に、定款に貼る印紙代は、株式会社、合同会社などの営利法人の場合には4万円かかりますが、一般社団法人、ＮＰＯ法人などの非営利法人の場合は非課税です。

印紙税法では、課税対象となる定款が規定されており、株式会社、合名会社、合資会社、合同会社などは規定されていますが、一般社団法人、ＮＰＯ法人などの非営利法人は規定されていません。ただし、株式会社、合同会社についても、定款を電子認証で申請すれば非課税になります。

3．法人設立の際の登録免許税

法人設立の際の登録免許税は、株式会社は、資本金額の7/1,000で、最低15万円。合同会社の場合は、資本金額の7/1,000で、最低6万円になります。

一般社団法人は、合同会社の最低金額と同じ6万円です。

ＮＰＯ法人は登録免許税はかかりません。ＮＰＯ法人は登録免許税法で、課税される法人として掲載されていません。

4．役員の任期と登録免許税

役員の任期は、法人格によってさまざまです。株式会社は、最長10年まで可能で、合同会社は任期がありません。

一方、一般社団法人は、理事は最長で2年、監事は最長で4年です。

ＮＰＯ法人は、理事、監事ともに2年です。

理事の登記にかかる登録免許税は1万円ですが、ＮＰＯ法人は登録免許税がかからないのは設立登記の場合と同様です。

図6.2　株式会社、合同会社、一般社団法人、ＮＰＯ法人の設立や運営に係る費用の違い

	株式会社	合同会社	一般社団法人	ＮＰＯ法人
定款認証手数料	5万円	0円	5万円	0円
定款に貼る印紙代（電子認証の場合）	4万円 （0円）	4万円 （0円）	0円	0円
設立登記の際の登録免許税	最低15万円	最低6万円	6万円	0円
役員の任期と登録免許税	最長10年 1万円	任期なし	理事は最長2年 監事は最長4年 1万円	理事、監事 とも最長2年 0円

Q03 ＮＰＯ法人と一般社団法人で、設立時に考えるべきこととして、どのような違いがあるのでしょうか。

A 「事業の内容」「設立の手続き」「社員」「役員」の４つの視点から見ていくことにします。

１．事業の内容

（1） ＮＰＯ法人

ＮＰＯ法人は、特定非営利活動を行うことを主たる目的とする公益法人です。特定非営利活動は、不特定かつ多数の者の利益の増進に寄与するもので、ＮＰＯ法別表に掲げる20分野のいずれかに該当するものです。共益的な活動や利益を稼ぐための活動を主たる目的として行うことはできません。

（2） 一般社団法人

一般社団法人は、行うことのできる事業に制約はありません。公益事業だけでなく、構成員に共通する利益を図ることを目的とする事業を行うことや収益を目的とする事業を行うことについての制約もありません。

２．設立の手続き

（1） ＮＰＯ法人

ＮＰＯ法人は、所轄庁の認証を受けて設立される認証主義をとっています。具体的には、所轄庁に必要な書類を揃えて申請をし、1か月間、公衆に縦覧し、3か月以内に認証、不認証の通知がされます。認証された場合は2週間以内に登記を行い、ＮＰＯ法人が成立します。

定款の作成や設立総会の開催なども含めると、ＮＰＯ法人を設立するまでには、通常4か月～6か月かかるといわれています。

（2） 一般社団法人

一般社団法人は、株式会社と同様に準則主義をとっています。定款を作成し、公証人役場で公証人が定款の認証をした後に、登記を行い、一般社団法人が成立します。

公証人役場での定款の認証はほとんど時間がかかりませんので、ＮＰＯ法人よりも短い期間で設立することが可能です。

3．社　員

（1）ＮＰＯ法人

ＮＰＯ法人は、社員は10名以上であることが求められています。また、社員の資格の得喪に関して不当な条件を付してはいけません。これは、ＮＰＯ法人に対して多くの人が参加しやすい、参加を基盤とした活動を要件付けている項目です。ただし、活動目的からくる合理的な制約は可能です。

（2）一般社団法人

一般社団法人は、社員は2名以上で設立ができます（設立後1人になっても解散しません）。また、社員の資格の得喪についての規定もありません。ただし、公益社団法人を目指す場合には、ＮＰＯ法人と同様に、社員資格の得喪に不当に差別的な条件を付けていないことが公益社団法人の要件なので注意が必要です。

4．役　員

（1）ＮＰＯ法人

ＮＰＯ法人は、理事は3名以上、監事は1名以上をおかなければいけません。任期は、理事、監事ともに2年以内で定款に定める期間とすることになっています。ただし、再任することは問題ありません。また、各役員と配偶者・親族の数が役員総数の3分の1以下であるなどの親族制限があります。

（2）一般社団法人

一般社団法人は、理事は1名以上、監事は置かないことも可能です。ただし、理事会を設置する場合には、理事は3名以上、監事は1名以上設置することになっています。

また、法人税法上の非営利型一般社団法人になるためには、三親等以内の親族が理事総数の3分の1を超えて含まれてはいけないという理事の親族制限があるため、非営利型法人になるためには、理事を3名以上置く必要があります。また、役員の任期は、理事は2年以内、監事は4年以内となっています。これは、ＮＰＯ法人よりも会社法における株式会社と同じような規定の仕方をしています。

図6.3　ＮＰＯ法人と一般社団法人の設立時の違い

	ＮＰＯ法人	一般社団法人
事業の内容	特定非営利活動（公益活動）を主たる目的とする	事業に制約はない
設立の手続き	所轄庁の認証を受けて設立 （認証主義）	公証人の認証を受けて設立 （準則主義）
社員	10名以上必要。社員の資格の得喪に不当な条件を付さない	2名以上で設立
役員	理事3名、監事1名以上	理事1名、監事はおかなくても可 ただし、非営利型法人になるためには、理事を3名以上置く必要がある

Q04 ＮＰＯ法人と一般社団法人では、社員総会や理事会の運営でどのような違いがありますか。

A ＮＰＯ法人は、法律上の規定はそれほど多くなく、定款自治に多くを任せるとともに、所轄庁による一定の監督と情報公開でガバナンスの有効化を図っています。一方、一般社団法人は所轄庁がない代わりに、法律を細かく定めることで適正な運営を図っています。

1．社員総会の招集通知

（1） ＮＰＯ法人

ＮＰＯ法人は、社員総会を招集する場合には、その社員総会の日より少なくとも5日前（定款で5日以上にすることは可）に、定款で定めた方法に従って行います（40頁参照）。通常は、定款で理事長が招集権者になります。

（2） 一般社団法人

一般社団法人は、社員総会を招集する場合には、社員総会の原則1週間前までに理事が招集します。ただし、社員総会に出席しない社員が書面または電磁的方法によって議決権を行使することができる場合には、社員総会の2週間前までに招集します（117頁参照）。

理事会を設置している一般社団法人の場合には、総会の招集は理事会の決議を経なければいけません。

2．理事会開催日と社員総会開催日の間

（1） ＮＰＯ法人

特に規定はありません

（2） 一般社団法人

理事会を設置している一般社団法人では、理事会と定時社員総会の間を2週間以上空けなければなりません（127頁参照）。

３．社員総会の決議事項

（１） ＮＰＯ法人

ＮＰＯ法人では、①定款の変更、②解散、③合併の3つが法定の定款決議事項です（41頁参照）。それ以外の決議事項は定款で定めれば、理事会の決議事項にすることが可能です。

（２） 一般社団法人

一般社団法人の場合には、以下の事項は社員総会の決議を経なければなりません。

①理事及び監事の選任又は解任	②計算書類の承認	③定款の変更
④基本財産の処分又は除外の承認	⑤残余財産の処分	⑥役員等の責任の一部免除
⑦事業の全部の譲渡	⑧合併契約の承認	
⑨定款の規定により残余財産の帰属が定まらない場合の残余財産の帰属		
⑩社員の除名	⑪基金の返還	⑫解散

例えば、役員の選任、解任は、ＮＰＯ法人の場合には理事会で行うことも可能ですが、一般社団法人の場合には必ず社員総会で選任、解任することになります。

４．理事会の運営

（１） ＮＰＯ法人

ＮＰＯ法人は、理事会は法律上の制度でないため、理事会の運営は定款で定めることになります。定款に定めれば、理事会に出席できない理事は、書面による議決権行使をすることができます。

（２） 一般社団法人

一般社団法人は、理事会は法律上の制度であり、運営方法について法律上細かく定められています。理事は、自ら理事会に出席し、議決権を行使することが求められ、代理出席や書面による議決権行使をすることができません（111頁参照）。

５．監事の理事会出席義務

（１） ＮＰＯ法人

法令上、特に規定はありません。

（２） 一般社団法人

監事は理事会に出席する義務があります（133頁参照）。また、理事会の議事録は、代表理事と監事が署名、または記名押印しなければなりません。

6．情報公開について

（1） ＮＰＯ法人

ＮＰＯ法人は、情報公開により公益性を担保するという考え方があるため、他の法人にはない、幅広い情報公開制度が組み込まれています。

定款や役員名簿、事業報告書、計算書類等の法人の事務所での備置き、閲覧・謄写だけでなく、所轄庁の窓口で、一般市民が誰でもこれらの書類の閲覧・謄写をすることができます。設立認証申請時および定款変更の認証申請時には所轄庁のホームページで公表されます。また、ＮＰＯ法人ポータルサイトでは、ＮＰＯ法人の最新の定款や役員名簿、過去3年間に所轄庁に提出された事業報告書や計算書類等を誰でもダウンロードすることができます。

（2） 一般社団法人

一般社団法人は、法人の事務所での書類の備置き、社員および債権者への閲覧・謄写の請求があった場合の開示の義務があります。事務所に備置きをする書類の範囲は、ＮＰＯ法人よりも広く、そして備置き期間も長くなります。例えば、社員総会、理事会の議事録や会計帳簿等は、10年間、備置き義務があります。

図6.4　ＮＰＯ法人と一般社団法人の社員総会や理事会の運営の違い

	ＮＰＯ法人	一般社団法人
社員総会の招集通知	社員総会の原則5日前までに招集	社員総会の原則1週間前までに招集 書面決議等の場合には2週間前
理事会開催日と社員総会開催日	規定はない	定時総会の場合には2週間以上空ける
社員総会の決議事項	定款変更、解散、合併が法定決議事項。それ以外の事項は定款で定めれば理事会決議事項可	社員総会の法定決議事項が多数ある
理事会の運営	理事会に出席できない理事の書面による議決権行使可	理事は、自ら理事会に出席し、議決権を行使することが求められる
監事の理事会出席義務	規定はない	理事会に出席する義務がある
情報公開	所轄庁での一般市民による閲覧・謄写、ポータルサイトで公開	法人の事務所での閲覧・謄写

Q05 ＮＰＯ法人と一般社団法人・一般財団法人では、税法上はどのような違いがありますか。

A 「法人税」「法人住民税均等割」「登録免許税」の3つの視点から違いを見ていきます。

1．法人税

（1） ＮＰＯ法人

ＮＰＯ法人は、法人税について、収益事業課税が適用されます。

ここでいう「収益事業」とは、ＮＰＯ法でいう「その他の事業」とはまったく別の概念です。法人税法では、普通法人や個人と直接の競争関係に立っている事業について、ＮＰＯ法人などの公益法人に課税しないと、競争が不公平になるので、そのような事業には課税するという基本的な立場に立っています。

（2） 一般社団法人・一般財団法人

一般社団法人・一般財団法人は、法人税について、2階建ての制度になっています。非営利型法人は、ＮＰＯ法人同様に収益事業課税が適用されます。一方、非営利型法人以外の一般社団法人・一般財団法人は、株式会社と同様に、すべての所得に対して課税がされます。

一般社団法人・一般財団法人の非営利型要件は、税務署に申請して承認を受けるものではありません。したがって、非営利型要件を満たしていると考えていたら、実はその要件を満たしていなかったということであれば、過去に遡ってすべての所得に対して課税される可能性があります。定款の記載方法や理事の親族制限などは形式要件になりますが、「特定の個人又は団体に特別の利益を与えること」など事実認定に基づく要件もあります。

図6.5　ＮＰＯ法人と一般社団法人・一般財団法人の法人税の取り扱いの違い

ＮＰＯ法人	一般社団法人・一般財団法人
収益事業課税	非営利型法人➡収益事業課税 非営利型以外の法人➡全所得課税 事実認定等により全所得課税にされることもあり得る

２．法人住民税の均等割

法人住民税（法人都道府県民税及び法人市民税）には、法人税額に応じて課税される「法人税割」と、法人税を支払っていない場合でも課税される「均等割」に大きく分けられます。

このうち、「法人税割」は、ＮＰＯ法人、一般社団法人・一般財団法人ともに収益事業を行っている場合にのみ課税されます。

「均等割」は、収益事業を行っている場合は課税されますが、収益事業を行っていない場合には、自治体により減免制度があります。

ＮＰＯ法人の場合には、ほとんどの自治体に減免制度があり、収益事業を行っていない場合には、免除申請をすることで、均等割が免除されます。

一方、一般社団法人・一般財団法人の場合には、均等割の減免制度がある自治体とない自治体があります。

例えば、東京都の場合にはＮＰＯ法人には均等割の減免制度がありますが、一般社団法人・一般財団法人は非営利型であっても均等割は免除の対象になりません。一方、神奈川県や横浜市などは、ＮＰＯ法人だけでなく非営利型一般社団法人・一般財団法人であっても、収益事業を行っていない場合には、均等割の減免制度があります。

図6.6　ＮＰＯ法人と一般社団法人・一般財団法人の法人住民税均等割の違い

ＮＰＯ法人	一般社団法人・一般財団法人
収益事業を行っていなければ、ほとんどの自治体に減免制度あり	収益事業行っていない場合の減免制度の有無は、自治体によりさまざま

３．登録免許税

法人設立時に登記をする場合には、6万円の登録免許税が課税されます。そのほかにも、役員の変更や、本店等の登記をする場合にも登録免許税が課税されます。

ＮＰＯ法人の場合には、この登録免許税はすべて非課税になります。しかし、一般社団法人・一般財団法人の場合には、非営利性が徹底された法人、共益活動を目的とする法人であっても登録免許税は課税です。

図6.7　ＮＰＯ法人と一般社団法人・一般財団法人の税金の取り扱い

	ＮＰＯ法人	非営利性徹底法人 共益活動目的法人	その他の一般社団法人 ・一般財団法人
法人税、法人住民税 法人税割等	収益事業課税		全所得課税
法人住民税均等割	収益事業無しなら 免除	自治体によりさまざま 東京都は収益事業なしでも課税	
登録免許税	非課税	課税	

Q06 財団法人はどのような場合に選択するのでしょうか。

A 財団法人は設立者の意思を実現することを目的にした法人で、自分の意思を後世に残したい、という方に合った法人です。複数の人が集まり、その合議により、目的変更等も柔軟に行っていきたい法人は、社団法人のほうが好ましいと考えられます。

1．財団法人を選択する場合とは

（1） 自分の意思を後世に残すために財団をつくる

財団法人は、財産を拠出した設立者の意思を実現するための法人です（13頁参照）。自分の意思を後世に残したいという方にはふさわしい法人です。設立者は、財団法人に対して持分がありません。したがって、財団法人に拠出した財産は、相続税の対象から外れます。一方で、設立者やその親族が評議員や理事になることは可能です。設立者やその親族が理事になったとしても法律的に特別な地位が与えられるわけではありませんが、財団法人が設立者の意思を実現するための法人と考えれば、当然、その影響力は大きくなります。

財団法人を設立することで、社会貢献をしながら相続税対策をするということは従来から行われてきました。ただし、以前は、それを行うことができたのは、上場企業の創業者などの一部の人だけでした。しかし、2008年の公益法人改革で、財団法人を設立するハードルが下がりました。

例えば、中小企業のオーナー社長などで、成功した人が、自分の思いを後世に伝える手段として、財産を拠出して相続税対策と社会貢献活動を両立させるという人が増えてくる可能性があります。アメリカには、ファミリー財団といわれる小規模な財団法人が非常にたくさんあります。必ずしも子どもが会社を継ぐということがふさわしくないケースもあるかもしれません。そのような場合には、財団法人に子どもを従事させるということも考えられます。

（2） 企業や行政（地方公共団体等）が拠出金を出し合って財団法人をつくる

企業や地方公共団体等の行政がお金を出し合って非営利法人を設立する場合には、財団法人が選択される場合が多くあります。特に多額の資金が必要な場合には、拠出金という形で、設立時の財産を集める財団法人が選好されます。従来は、拠出された資金の運用益で財団法人の事業資金を捻出するという方法がとられていましたが、近年では、運用益で運営していくことは難しくなってきており、事業資金の確保が課題の一つとなっています。

社団法人は、社員が継続的に意思決定をしていくのに対し、財団法人は、拠出者は、設立時にその目的を定めますが、設立後の法人運営に係る意思決定には基本的には関わりません。もちろん、評議員や理事として、企業の役員や行政の職員などが関わることがありますが、資金を拠出した企業や行政は、その財団法人が行うことを応援するという立場であり、社員という形で意思決定に関わる社団法人とは位置づけが違います。

2．財団法人を設立する際の注意点

財団法人を設立する際にはいくつか注意が必要です。財団法人を設立するためには、最低でも300万円の拠出金が必要であり、設立後も、純資産が2事業年度連続で300万円を割ると解散することになります。そして、この拠出金は資本金とは違いますので、全所得課税が適用される場合には、法人税が課税されます。一般財団法人の非営利型以外で設立すると、拠出金に課税されますので、財団法人は非営利型で設立するのが一般的だと思います。非営利型一般財団法人の場合には、理事のうち特定の親族は3分の1以下であるという要件があります（144頁参照）ので、設立者やその親族が理事になることは構いませんが、理事が3人の場合には2名は親族以外である必要があります。

また、租税回避行為とされないように注意する必要もあります。財団法人に対する拠出が相続税または贈与税を不当に減少する結果となると認められる場合には、財団法人を個人とみなして相続税や贈与税が課税されます。

不当に減少する結果となると認められないための要件として、相続税法施行令33条では、細かい要件が定められています（245頁参照）。

3．一般財団法人のままか、公益財団法人を目指すのか

財団法人として設立する場合に、公益財団法人を目指すのか、一般財団法人のままでいるのかの判断も求められます。

公益財団法人になると寄付者に対する優遇措置がありますので、公益財団法人になった後に設立者が拠出する資金には、寄付金控除が適用されます。また、設立者以外に、広く一般からの寄付も集めたい場合には、公益財団法人にしたほうが集めやすくなります。また、株式などの有価証券を拠出した場合には、公益財団法人になると配当金や利息などの運用益は源泉所得税が非課税になりますが、一般財団法人の場合には、源泉所得税が課税されます。また、公益財団法人の場合には、公益目的事業は法人税が非課税になるというメリットもあります。

一方で、公益財団法人になると、事業に制約が生じる場合があったり、事務負担のコストが増えたりするなどのデメリットもあります。一般財団法人の場合にも、拠出した財産は原則として相続税の対象から外れますので、あえて一般財団法人のままでいるという選択肢も考えられます。

Q07 一般社団法人・一般財団法人が公益社団法人・公益財団法人を目指すメリットは何でしょうか。

A 一般社団法人・一般財団法人が公益社団法人・公益財団法人に移行するメリットとしては、「①公益目的事業が非課税になるなど、税制上のメリットが大きい」「②寄付を主要な財源としている法人は寄付を集めやすくなる」「③公益性を強調することで信用力が高まる」などがあげられます。

1．公益目的事業が非課税になるなどの税制上のメリットが大きい

（1） 公益目的事業が非課税になる

非営利型の一般社団法人・一般財団法人は収益事業課税が適用されます。収益事業課税では、寄付金や会費などは非課税になりますが、34業種に該当すると課税の対象になります。

一方で、公益社団法人・公益財団法人になると、その事業が法人税法上の収益事業に該当していたとしても、公益認定法の公益目的事業と認定されれば非課税になります。

例えば、書籍を出版して継続して販売するような場合には、収益事業課税が適用される非営利型一般社団法人では、出版業として課税対象になりますが、公益社団法人になり書籍を販売する事業が公益目的事業の一部とされればその事業は非課税になります。

また、収益事業を行う場合にも、収益事業で得た所得金額の50%または公益目的に使用する部分までみなし寄付金が認められます。

非営利型一般社団法人・一般財団法人で多額の法人税を支払っている場合には、公益目的事業が非課税になることで大きなメリットになることがあります。

（2） 配当金や利息の源泉所得税が非課税になる

公益社団法人・公益財団法人になると、有価証券の配当金や利息の源泉所得税が非課税になります。

2．寄付を主要な財源としている法人は寄付を集めやすくなる

公益社団法人・公益財団法人は特定公益増進法人に該当するため、公益社団法人・公益財団法人に対する寄付者にも寄付の控除を受けられるなどの優遇措置が認められています。

具体的な優遇措置は以下の3つです。

①個人が公益社団法人・公益財団法人に寄付をした場合に寄付金控除が受けられる。
②法人が公益社団法人・公益財団法人に寄付をした場合に、損金に算入できる金額の限度額が拡大される。
③相続人が相続財産を公益社団法人・公益財団法人に寄付した場合に、寄付をした財産の相続税が非課税になる。

公益社団法人・公益財団法人になると上記のような優遇措置があるので、寄付者は寄付をしやすくなります。そのため寄付を主要な財源として公益目的事業を行っている場合には、寄付を集めやすくなるということがいえます。

3．公益性を強調することで信用力が高まる

公益社団法人・公益財団法人は、移行後はその名称中に「公益社団法人」もしくは「公益財団法人」を用いなければなりません。

名称の面から「公益性」があると判断してもらえるため、社会的に公益性が特に要請されている事業、例えば、社会インフラを支えるための事業等は、そのサービスの利用者にとってもわかりやすくメリットといえるでしょう。

また、行政庁の監督を必要とする事業を行っている法人は、行政機関との兼ね合いで公益認定を受けることが望ましい法人もあります。

Q08 一般社団法人・一般財団法人が公益社団法人・公益財団法人になるデメリットは何でしょうか。

A 一般社団法人・一般財団法人が公益社団法人・公益財団法人になるデメリットとして、「①事業の制約」「②公益認定基準による制約と事務負担増」があげられます。

1．事業の制約

（1） 公益目的事業比率を遵守する必要がある

遵守しなければならない公益認定基準の一つに、公益目的事業を50％以上実施しなければならないという制約があります（公益目的事業比率）。

会員相互の利益の追求を主たる事業の性格とする事業の場合は、公益目的事業に該当しません。また、認定法別表各号に掲げられていない種類の事業を実施している場合や、不特定かつ多数の者の利益の増進に寄与するものではない場合は、公益目的事業に該当しません。

上記のような事業を行う場合にも、常に公益目的事業比率を遵守して行う必要があります。

（2） 事業内容の変更や追加をする場合に手続きが必要

事業内容を変更する場合や新たな事業を行う場合には、公益認定等委員会などに、変更の認定手続きが必要になります。変更の認定を受けるまで事業を実施することができないため、当初考えていたタイミングで事業を開始できないなど、時間的な制約を受けることがあります。

2．公益認定基準による制約と事務負担増

（1） 財務3基準の遵守など

公益社団法人・公益財団法人であり続けるためには、財務3基準（公益目的事業比率、収支相償、遊休財産額の保有制限）の遵守が必須です（第4章Ｑ4～Ｑ6（163～170頁）参照）。また、財務3基準以外の公益認定基準も同様に遵守しなければなりません。

また、役員等の欠格要件が定められており、組織の機関設計にも制約があります。

これらの事項を担保するために、常に要件を満たしているのかを考慮しながら経営をしていく必要があり、また、公益目的事業と収益事業等を区分経理するなど会計処理も複雑になります。

（2） 定期提出書類の提出など

公益社団法人・公益財団法人になると、毎事業年度、定期提出書類を行政庁に提出します。定期提出書類には、事業年度開始日の前日までに事業計画書等に係る提出書と、定時社員総会、評議員会終了後の提出する事業報告等に係る提出書があります。また、事業内容の変更に伴う変更認定申請、役員変更に伴う変更届出、数年に一度の立入検査などがあり、事務負担が大幅に増加します。これらの業務の一部を委託する場合には、コストが増加することもあります。

Q09 ＮＰＯ法人が認定ＮＰＯ法人を目指すメリット・デメリットは何でしょうか。

A ＮＰＯ法人が認定ＮＰＯ法人になるメリットとしては「寄付を集めやすくなること」「みなし寄付金が使えること」「信用力が高まること」などがあげられます。デメリットとしては「事務負担の増加」「認定を更新できなくなったときに信用力が低下する可能性がある」などが考えられるでしょう。

1．ＮＰＯ法人が認定ＮＰＯ法人になるメリット

（1） 寄付を主要な財源としている法人は寄付を集めやすくなる

認定ＮＰＯ法人になると、寄付金についての優遇措置を受けることができます。優遇措置は以下の3つです。

①個人が認定ＮＰＯ法人に寄付をした場合に寄付金控除が受けられる。
②法人が認定ＮＰＯ法人に寄付をした場合に損金に算入できる金額の限度額が拡大される。
③相続人が相続財産を認定ＮＰＯ法人に寄付した場合に寄付をした財産が相続税が非課税になる。

上記①の寄付金控除には「所得控除方式」と「税額控除方式」がありますが、認定ＮＰＯ法人（特例認定ＮＰＯ法人を含む）はどちらの方式も受けることができます。

（2） みなし寄付金が適用されることで法人自身の税制上のメリットがある

みなし寄付金とは、法人税法上の収益事業で得た利益を収益事業以外の事業に使った場合、それが200万円または所得の50％まで、寄付金とみなして損金に算入できるという制度です。収益事業で利益が生じるＮＰＯ法人にとってはメリットがあります。

（3） 信頼性の向上

企業や行政と取引をする場合などは、認定ＮＰＯ法人であることで、一定の評

価がされることもあります。

2．ＮＰＯ法人が認定ＮＰＯ法人になるデメリット

（1） 事務負担の増加

認定ＮＰＯ法人になる場合には、所轄庁の認定を受ける必要があります。認定書類には、寄付者名簿など作成に労力を要する書類もあり、書類提出後は、所轄庁の実地調査もあります。

また、認定後は、毎事業年度終了後3か月以内に提出する書類が増えます。寄付者名簿は提出の必要はありませんが、毎事業年度作成しておく必要があります。

（2） 認定を更新できないときの信用力の低下

認定ＮＰＯ法人は、一度認定されても5年ごとの更新が必要です。更新する場合には、所轄庁の実地調査を受けます。

公益社団法人・公益財団法人の場合には、公益認定が取り消されたりしない限りは、公益法人でなくなることはありませんが、認定ＮＰＯ法人では、寄付が集まらずパブリック・サポート・テストがクリアできないなど、認定要件を満たしていなければ更新できず、“認定ではない”ＮＰＯ法人になる可能性は十分にあります。その場合に、今まで認定ＮＰＯ法人であったのが“認定ではない”ＮＰＯ法人になり、信用力が下がってしまうという可能性もあります。

ただし、認定ＮＰＯ法人が、更新できずに“認定ではない”ＮＰＯ法人になったからといって更新前の税制上の優遇措置には影響しません。

Q10 寄付集めがしやすい法人格を選ぶ際に、認定ＮＰＯ法人と公益社団法人・公益財団法人ではどちらがよいでしょうか。

A 寄付者に対する優遇措置はほぼ同じです。認定を受けるための手続きや認定されるまでにかかる時間、認定後の取り扱いなどは大きく違いますので、それらを総合的に考えて判断する必要があります。

１．税制上の違い

認定ＮＰＯ法人、公益社団法人・公益財団法人ともに、税制上の優遇を受ける法人ですが、その税制上の優遇措置は完全に同じではありません。

（1） 寄付者の優遇措置について

認定ＮＰＯ法人、公益社団法人・公益財団法人ともに、寄付者の優遇措置として以下の3つがあります。

①個人が寄付をした場合に寄付金控除の対象になる
②法人が寄付をした場合に損金に算入する枠が広がる
③相続人が相続財産を寄付した場合に寄付をした財産について相続税が非課税になる

このうち、②と③については、認定ＮＰＯ法人、公益社団法人・公益財団法人ともに同じですが、①の寄付金控除については若干の違いがあります。

認定ＮＰＯ法人は、所得控除と税額控除のいずれか有利な方法を選択できますが、公益社団法人・公益財団法人は、原則としては所得控除しか適用がなく、税額控除は、税額控除団体になるための申請を所轄庁に提出して税額控除団体である旨の証明を受けなければいけません。

このような違いはあるのですが、ある程度、寄付金を集めようという団体であれば、公益社団法人・公益財団法人の場合でも税額控除団体になれますので、認定ＮＰＯ法人を目指すのか、公益社団法人・公益財団法人を目指すのかを考えるときに、寄付者の優遇措置には違いはほとんどないと考えてよいのではないでしょうか。

（2） 法人自身の優遇措置

法人自身の優遇措置は、公益社団法人・公益財団法人と認定ＮＰＯ法人では違いがあります。

① 公益目的事業非課税

公益社団法人・公益財団法人は、公益目的事業を行えば非課税になります。また、収益事業等を行っている場合でも、収益事業等の利益の50％または50％超の繰り入れをすることができます。

一方、認定ＮＰＯ法人の場合には、収益事業で得た利益のうち50％または、200万円までがみなし寄付金として認められます。

例えば、出版業を営む法人で、その出版業が公益目的事業となった場合に、公益社団法人・公益財団法人だと非課税になりますが、認定ＮＰＯ法人の場合には、出版業により得た利益はいったん収益事業として課税対象になった上で、その利益の50％または200万円までは損金算入ができます。この部分では、公益社団法人・公益財団法人のほうが有利になります。

ただし、公益目的事業が非課税になることのメリットを享受できるのは、収益事業課税が適用された場合に法人税を支払う必要がある法人だけです。収益事業で経常的に利益が発生しないような法人であれば、公益目的事業が非課税になるメリットはそれほど大きくない、あるいは、まったくないケースもあります。

② 配当金や利息に対する源泉所得税が非課税

公益社団法人・公益財団法人は、配当金や利息に対する源泉所得税が非課税になります。

一方で、認定ＮＰＯ法人にはこの規定はないので、配当金や利息に源泉所得税が課税されます。

株式などの有価証券を所有していなければ、この違いはほとんど無視できる程度の金額になると考えられます。しかし、多額の有価証券を所有し、配当金や運用益が多額になるような法人にとってこの違いは大きいといえます。

したがって、有価証券の配当金や運用益の財源が大きくなる法人は、認定ＮＰＯ法人よりも公益社団法人・公益財団法人のほうがメリットが大きいということになります。

２．認定申請時の違い

（1） 公益社団法人・公益財団法人

公益社団法人・公益財団法人は、一般社団法人・一般財団法人として設立し、その後、公益認定委員会などに公益認定申請をして認定を受けます。

公益認定申請は、将来の計画に対して認定をしていきます。その計画されている法人の活動内容が公益社団法人・公益財団法人としてふさわしいのかどうかについて判断されます。

一般社団法人・一般財団法人として設立した後に、すぐに公益社団法人・公益財団法人として申請をすることも可能です。

（2） 認定ＮＰＯ法人

認定ＮＰＯ法人は、過去の実績に対して認定をしていきます。初回の認定申請については、過去2事業年度の実績に基づいて認定申請をします（63頁参照）。

設立から1年を超えていないと申請できませんので、申請できるのは、一番早くて設立から3期目で少し時間がかかります。

また、過去の実績に対して認定していきますので、実績判定期間に、特定法人の役員の3分の1要件（48頁参照）など何らかの要件をクリアできない場合、その要件を是正してから申請することになります。そうなると申請するのが2年以上先になります。

３．公益性の判断の違い

（1） 公益社団法人・公益財団法人

公益社団法人・公益財団法人は公益目的事業の実施を主たる目的とする法人です。公益目的事業に該当するかどうかは、同様の事業を行っている他の法人（営利法人、医療法人等）との活動内容の違いや、誰を対象とした事業なのか、地域の限定や対象者の限定など、事業を限定する場合に合理的理由があるか、といった視点から公益性が判断されます。奨学金の支給など、事業内容を理解することが容易で、ある程度ほかの公益法人でもすでに取り組まれているような事業については、それほど審査にも時間がかからずに認定される可能性が高いですが、他の公益法人ではまだあまり取り組まれていないような活動を目指していたり、活動内容が複雑な場合には、公益認定の手続きに長い期間かかるケースもあります。

（2） 認定ＮＰＯ法人

認定ＮＰＯ法人では、寄付者名簿の正確性や法律違反をしていないか、認定要件に合致しているのかなど、細かい要件を問われますが、活動内容の公益性については、それほど問われることはありません。一般市民が公益性を判断するというパブリック・サポート・テストを基本にしているためです。

パブリック・サポート・テストをクリアするには、一定数あるいは一定割合の寄付金や助成金を受けている必要がありますので、寄付金や助成金を経常的に受けられる法人になれるかどうかがポイントになります。

4．認定後の手続きの違い

（1） 公益社団法人・公益財団法人

公益社団法人・公益財団法人になった後は、定期提出書類の提出が必要です。定期提出書類は、事業年度開始日の前日までに提出する事業計画書等に係る提出書と、定時社員総会、評議員会終了後に提出する事業報告等に係る提出書があります。また、公益目的事業等の内容や種類を変更する場合や新たな事業を追加する場合等は、変更や新たな事業を行う前に変更認定申請をして、あらかじめ行政庁の認定を受ける必要があります。

また、数年に一度の行政庁の立入検査があり、立入検査の結果によっては、行政庁から報告徴収が求められたり、勧告を受けたりすることがあります。

（2） 認定ＮＰＯ法人

認定ＮＰＯ法人になった場合には、事業年度終了後3か月以内に役員報酬または給与の支給に関する規程や前事業年度の収益の明細、認定基準に適合している旨および欠格事由に該当していない旨を説明する書類など一定の書類を提出する必要があります。過去の実績に対して認定をしていく制度なので、事業計画の提出や事業内容を変更、追加した場合についての申請は必要ありません（定款変更が必要な場合には、所轄庁の認証を受ける必要があります）。

また、認定期間は5年間です。5年後に再度認定の申請をし、実績判定期間（原則、直前5事業年度）の要件を満たしているかについて所轄庁の認定を受けることになります。要件を満たしていれば、そのまま更新がされますが、要件を満たしていなければ、認定ＮＰＯ法人ではなくなります。

図6.8　公益社団法人・公益財団法人と認定ＮＰＯ法人の違い

	公益社団法人・公益財団法人	認定ＮＰＯ法人
寄付者に対する優遇措置	個人が寄付した場合の寄付金控除 法人が寄付した場合の損金算入限度額の拡大 相続人が相続財産を寄付した場合の非課税	
法人に対する優遇措置	公益目的事業非課税 みなし寄付金（50% or 公益法人特別限度額） 利子や配当金の源泉所得税非課税	みなし寄付金（200万円 or 所得の50%まで）
認定申請時	将来の計画に対して認定	過去の実績に対して認定
公益性の判断	活動内容についての公益性を公益認定等委員会などが判断	寄付金を一定数あるいは一定割合集めたかどうかで公益性を判断
認定後の手続き	定期提出書類（事業計画等）の提出 定期提出書類（事業報告等）の提出 公益目的事業の内容変更の場合の申請 数年に一度の立入検査	前事業年度の収益の明細等の提出 5年ごとの更新

＜第6章　参考文献＞

岡本仁宏『公益社団法人と認定特定非営利活動法人との相違とその意味～日本における公益的社団法人の構造把握に向けて～』独立行政法人経済産業研究所、2018年5月

脇坂誠也『社会起業家のためのＮＰＯ・新公益法人Q&A』三和書籍、2009年12月

◆著者紹介

脇坂誠也（わきさか せいや）

税理士、行政書士、中小企業診断士。脇坂会計事務所（東京都目黒区）所長。ＴＫＣ全国会公益法人経営研究会専門研究委員、認定ＮＰＯ法人ＮＰＯ会計税務専門家ネットワーク理事長などを務める。著書に、『Ｑ＆Ａ一般社団法人・一般財団法人の会計・税務ハンドブック』清文社、『基礎からマスターＮＰＯ法人の会計・税務ガイド』清文社（共著）などがある。

石川広紀（いしかわ ひろき）

税理士、ＣＦＰ®。石川広紀税理士事務所（愛知県名古屋市）所長。ＴＫＣ全国会公益法人経営研究会部会長・専門研究委員、全国公益法人協会講師などを務める。全国公益法人協会機関誌『公益・一般法人』にて、「公益・一般法人における『業務提携・合併・事業移管』の判断基準」（No.1000）、「一覧表で示す！！ アウトソーシングできる業務・できない業務」（No.989）などを執筆。

これはよくわかる！
社団・財団・ＮＰＯ法人の運営・会計・税務

2021年５月25日　第１版第１刷
2024年４月９日　第１版第７刷

定価 3,520円（本体3,200円＋税10％）

著　者　脇　坂　誠　也
　　　　石　川　広　紀

発行所　株式会社ＴＫＣ出版
〒162-0825 東京都新宿区神楽坂2-17 中央ビル2階
TEL（03）3268-0561

ISBN978-4-905467-57-1